JN261881

Next 教科書シリーズ

教育政策・行政

安藤 忠・壽福 隆人 編

弘文堂

はじめに

　今次の学習指導要領改正によって、いわゆる「ゆとり教育」が終焉することとなった。いろいろな批判に晒されながらも、新しい価値観のもとで行われてきた約20年間の教育が失敗であったと私たちは思ってはいないが、時代の大きな変化や複雑化する国際情勢のなかで再び新たな教育価値を求めなければならない時代が来たのであろう。

　2007年3月OECDは「教育格差と格差の世襲」「教育格差の現状」「教育格差と国際比較」を発表して、日本の子どもに貧困が広がりつつあることを指摘した。一億総中流化と教育機会の平等を信じて疑わなかった日本国民への強烈な警告であった。現代の日本には貧困のために教育機会を十分に与えられずにいる子どもが存在していることを指摘したのである。今その流れを食い止められているのかといえば、けっしてそうではなく、一層進展しているようにさえ思われる。

　これまで日本の教育政策は学習指導要領のなかに端的に示されていると言われてきたが、本書は単にその学習指導要領を解説するものではない。教育政策や教育行政を基本的な視点から問い直し、説明していくことを目的としている。とくに、近代日本教育史のなかに、教育政策や行政の問題を位置づけて、日本の教育政策が歩んできた道を問い直しながら未来を指向するものである。

　本書の執筆陣は、近代日本の教育政策史研究者の第一人者であった故土屋忠雄先生の薫陶を受けた研究者を中心に構成され、この分野を将来支えていく若手研究者を加えた。近代日本約140年間の教育政策と教育行政を本書を通して問い直していきたいと考えている。それに必要な前近代の教育政策と日本の教育政策に大きな影響を与えた米国の教育政策についても独立した章を設けた。

　また、私たちは教育政策や教育行政に関する学習は教職課程を履修する学生にのみ必要な学習課題とは考えていない。どの時代の政府もどの政党も必ず教育政策について言及しているし、中央行政、地方行政における教育行政の役割は大変大きい。それは財政支出の割合を見ても明らかである。

したがって、本書は法学部や経済学部をはじめ多くの専攻領域で学習している学生にも学習して頂けることを目的として編纂した。社会人としてあらゆる領域から日本を支える人々にとっても必須の教養として学んで頂きたい教育政策と教育行政の基本的な課題を本書において提起した。大学のテキストとしてのみならず、一般教養書としても利用できるように配慮して編纂した。

　本書の出版にあたっては、日本大学法学部教授池村正道先生からお話をいただき、弘文堂編集部の絶大なご協力をいただいた。とくに、弘文堂世古宏氏のご助言やご教示なくして本書を刊行することはできなかった。ここに記して謝意をあらわしたい。

2013年1月

執筆者を代表して　壽福隆人

目次 ▍Next教科書シリーズ『教育政策・行政』

はじめに…ⅲ

第1章　教育政策と教育行政の基本原則…1

1　「教育政策」「教育行政」学習の意義…2
　　A.公教育と義務教育…2　　B.義務教育制度の発達…4
　　C.わが国の義務教育制度…7　　D.各国の教育行政の特色…9

2　わが国の教育政策と教育行政の変遷…13
　　A.教育行政制度の出発…13　　B.教育政策の転換と教育行政…14
　　C.教育行政体制の確立…15　　D.義務教育制度の確立…16
　　E.戦時体制下の教育…16　　F.戦後教育行政の再建…17
　　G.教育行政の民主化…18

3　戦後教育の進展と教育行政…19
　　A.戦後教育行政の原理…19
　　B.教育政策の修正と教育行政原理の揺らぎ…20
　　[コラム] 基本的人権と教育…22

　　●考えてみよう…23

第2章　近代国家成立前の教育政策…25

1　近代国家成立以前の教育政策を考える視点…26
　　A.聖徳太子の教育政策…26　　B.古代ギリシア「スパルタ」の教育政策…29

2　日本古代の学制にみる教育政策…33
　　A.律令体制と官吏養成…33　　B.大学寮にみられる教育政策…34

3　義務教育を生み出した教育政策…39
　　A.プロイセン義務教育政策の狙い…39　　B.「一般地方学事通則」の内容…40
　　C.「一般地方学事通則」にみられる教育政策の評価…41

4　昌平坂学問所にみる日本近世の教育政策…42
　　A.昌平坂学問所…42　　B.寛文異学の禁…42　　C.寛政異学の禁…43
　　D.寛政の改革期からの幕府の教育政策…43

5　日本近世の欧米文化受容政策…44
　　A.蘭学…45　　B.洋学…46
　　[コラム]「秀才」…48

　　●考えてみよう…49

第3章　近代日本の公教育政策…51

1　近代教育発足当時の教育政策と行政…52
    A. 近代化スタート時における拝外主義と海外教育情報の移入…52
    B. 学制の制定と国民教育政策…54　　C. 拝外主義から排外主義への転換…56

2　公教育発展期の教育政策と行政…59
    A. 森文政期の教育政策…59　　B. 天皇制国家体制確立と教育行政…60
    C. 学校制度・教育内容の統制強化と国定教科書制度の成立…63

3　大正期・戦時体制下の教育政策と行政…65
    A.「新教育」の普及・隆盛と世界の潮流…65
    B. 国家体制の再編と教育政策…68
    C. 戦時下の国家総動員体制における教育行政…69
    D. 植民地における統治政策としての教育政策…71

4　公教育政策を支えるもの…74
    A. 近代日本の教員養成政策…74
    B. 政策の周知及び議論の場としての教育審議会・議会…77
    [コラム] 近代化における「国際性」と「独自性」…81

    ●考えてみよう…82

第4章　アメリカの教育政策と教育行政…83

1　アメリカにおける公教育の発展と教育政策・行政…84
    A. 教育政策と教育行政におけるアメリカ…84　　B. 植民地の形成と社会…84
    C. 植民地における学校の形成…85　　D. 植民地教育法とその後の展開…86
    E. その他の植民地の動向…88　　F. 公立学校の運営…89
    G. 大学教育の濫觴…91

2　教育委員会制度…91
    A. アメリカ独立革命と合衆国憲法…91　　B. 合衆国憲法と修正条項…93
    C. 教育委員会制度の成立…94　　D. 連邦政府の教育政策への関心…97
    E. 合衆国教育省の誕生…98　　F. 州・地方の教育行政組織…99
    G. 州・地方の教育行政の機能…102

3　戦後から1970年代の教育政策・行政…103

4　1980年代の教育政策と行政…105

5　現代のアメリカの教育政策・行政…107
    A. NCLB法…107　　B. 大学生の学習成果…108
    C. オバマ政権と教育改革…109

6　『米国教育使節団報告書』と日本の教育…111
    [コラム] 大学生の学習成果が問われている…113

    ●考えてみよう…114

第5章　戦後教育改革後の教育政策と行政…115

1　戦後教育改革期の教育政策と行政…116
A. 戦後教育改革への遡及…116
B. 軍国主義的・超国家主義的教育の払拭…116　　C. 戦後教育改革の提言…119
D. 戦後教育改革の実施…121

2　教育基本法（旧）と行政(1)…123
A. 教育基本法（旧）の性格…123　　B. 教育基本法（旧）の三構成…123
C. 教育基本法（旧）と学校教育法・関係法令…125

3　教育基本法（旧）と行政(2)…134
A. 社会教育…134　　B. 政治教育と宗教教育…137　　C. 教育行政…139

4　中央教育審議会の動向と教育政策・行政…141
A. 中央教育審議会の動向…141　　B. 中教審の教育政策・行政…143
C. 臨時教育審議会の設置と教育改革…149

●考えてみよう…151

第6章　現代の教育政策と行政…153

1　2000年代の教育政策諮問機関…154
A. 2000年代における首相直轄の諮問機関…154　　B. 教育改革国民会議…154
C. 教育再生会議…155

2　「ゆとり教育」批判と教育政策の転換…156
A.「ゆとり教育」の誕生とその本質…156
B. ゆとり教育批判の始まりと文部科学省の方針転換…158
C. 2008年における学習指導要領の改訂…160

3　教育基本法と教育政策・行政…163
A. 教育基本法（旧）の改正…163　　B. 新教育基本法の中身…165

4　その他の教育政策…171
A. キャリア教育の推進…171　　B. 特別支援教育…172
C. 教師の資質向上政策…174

5　今日の教育政策・行政の課題…177
A. 今日の教育政策の傾向…177
B. 教育振興基本計画にみる今日の教育政策…179
［コラム］学力調査…183

●考えてみよう…184

第7章　日本の徳育政策と行政…185

1　戦前の徳育政策…186
　　A. 明治期の教育政策と修身科教育…186
　　B. 大正期の教育政策と修身科教育…192
　　C. 昭和前期の教育政策と修身科教育…194

2　戦後の道徳教育政策…197
　　A. 新学制期の道徳教育…197
　　B.「道徳」の時間の特設と道徳教育の新たな展開…201

3　徳育政策の課題…210
　　A. 学校と家庭・地域社会との連携の強化…210　　B. 国を愛する心の育成…211
　　C. 道徳の教科化…212
　　［コラム］道徳教育充実のために…213

　　●考えてみよう…215

参考文献…216

資料編…218

索引…276

第 1 章 教育政策と教育行政の基本原則

本章のポイント

　今日、教育は社会における公共的課題であり、国家と深くかかわっている。もともと教育は、基本的には私的な営みであったが、国家・社会の発展の過程を経て、今日、近代国家はいずれも公教育としての教育制度、教育行政制度を整え、国民の教育要求の増大に応えて、なおその充実、進展を図ってきている。公教育は、国民全体に開放され、公の資金によって維持され、公の支配に属する教育である。各国は教育政策を策定し、その具体化のために教育制度、教育行政制度を作り上げる。公教育としてそれぞれの国で整えられる教育制度、教育行政制度は、国の歴史的な社会事情、政治的、経済的な体制によってそれぞれ独自なものになる。この章では、公教育思想の理念の下に具体化されていく教育行政のあり方を考えてみる。

1 「教育政策」「教育行政」学習の意義

A 公教育と義務教育

　庶民大衆のための教育は近代以前、家庭、私塾、寺院、教会などで行われるのが一般的であり、私的な営みであった。

　近代社会・国家の発展とともに、庶民大衆の教育を、私的な条件におくのではなく、社会の責任において組織的に行うべきであるとされ、公的組織によって国民のための普通教育が作り出されることになった。

　これを近代社会における公教育（public education）という。

　この特徴は、近代社会組織である国や地方公共団体による公的組織によって学校を設置し、公費によってこれを維持し、人間としての市民ないし国民としての基礎的、一般的教育（普通教育）をすべての人々が受ける（教育の機会均等）、そのような義務づけをすることである。

　つまり、公教育は、公立、無償、義務という三つの要素によって成り立っているのである。したがって、近代公教育制度を特徴的にとらえると、義務教育制度が中心的に考えられる。

　この教育体制は、近代社会を形成していった欧米諸国において、19世紀にほぼ形成されたものであり、わが国も近代国家形成（明治維新後）によって、この公教育制度を実現しようとしていったものである。

　このように、公教育体制というものは、近代的な社会体制や国家体制の出現によって、組織されたものである。その要因をさぐると、国家の独立と統一を目指すナショナリズム（nationalism）と、労使双方が実際的に一般的教育を要求する資本主義と市民的権利がすべての階級に認められ、人間的権利となり、その権利としての教育の機会均等を要求する民主主義とがとらえられる。それぞれの国の公教育-義務教育制度は、この要因の強弱によってその性格・内容が異なってあらわれ、今日に至っているのである。

　近代国家は、国家の独立と維持・発展を図るために、公教育の装置として学校教育制度を作り上げ、義務教育制度を付与するのである。

　国家の独立・発展のための明確な目的を設定し、その目的の実現のためにふさわしい学校制度・教育内容を示すのが教育政策として現れる。

教育は人間の歴史とともに始まるが、社会の進展とともに意図的・計画的に行われる教育が増大していく。とくに、近代社会を迎えることによって国家は教育を重要な関心事とし、その主要部分を立法によって制度化するようになる。ここに近代公教育が成立する。そして、組織化され制度化されたこの公教育制度としての学校教育制度は当然のこととして管理運営の機能を伴い、教育行政活動が展開されることになる。つまり、国家が教育制度である学校教育制度を法的に整備し、公教育制度を成立させたときに、本格的な教育行政制度が成立するのである。

　一般に、「公教育」とは、国民の教育を受ける権利を保障することを目的とし、「公営」「公開」「公益」の原理にたって制度化された教育をいう。このような公教育は、教育の機会均等を制度的に保障するために、さらに、「義務制」「無償制」「公共性（中立性）」の原理を共通にもっている。しかし、歴史的には、それは、初等教育の義務化に関する法的規定に始まった。

　公教育思想の芽生えは、16世紀の宗教改革を先導したドイツのルター（Martin Luther）の教育改革論に見ることができる。ルターは、福音主義の立場からすべての人々の就学の必要を主張し、そのための学校（「国語学校（vernacular school）」）の設置と、子どもを就学させる義務を説いた。ルターの主張は、ドイツ各地に影響を与えたが、中でも、1672年、ゴーダ公国で制定された「義務教育法」は、世界最初の完全な義務教育法といわれている。さらに、18世紀の絶対主義国家においては、教育事業は、国家の重要政策の一つとみなされるようになる。たとえば、プロイセンのフリードリヒ大王（Friedrich der Große）の制定した「一般地方学事通則」（1763）は、すべての子どもの就学を強制し、国家（国王）に対して忠実な臣民を育成し、富国強兵を図ったのである（第2章を参照）。

　こうした国家主義的強制教育に対して、フランス革命時には、国家目的のための公教育とは異なった、いわゆる近代公教育思想が誕生した。革命政府のもとで、コンドルセ（Marquis de Condorcet）は革命議会に「公教育の一般組織に関する法案」（1792）を提出した。これは、コンドルセの「公教育論」をうかがわせるものとしてよく知られている。

　コンドルセの公教育思想の要点は次のようになる。
①教育の自由が第一の原則になっている。私的な教育機関の設立も利用も

まったく個人の自由に委ねられるとされ、教育の私事性の原則が貫徹されていた。
②国民教育は公権力の当然の義務とされ、公教育は人民に対する社会の義務とされている。
③平等の原理から、教育の機会均等の原則が導き出される。
④道徳教育や人間形成にかかわる教育と知育とを区別し、学校教育を知育に限定している。
⑤教育を政治や宗教の権力から独立させている。

コンドルセは、教育を国民の基本的人権と位置づけ、すべての国民に対して国家が公費をもって無償で準備すべきものとした。この、コンドルセの公教育論は、後に近代公教育の構造を考えるに際しての基礎理論とされるようになり、公教育制度の義務・無償・中立の3原則を導き出していくうえで重要な役割を果たすことになった。

しかし、この近代公教育思想に基づいた国民的公教育制度が欧米諸国で全国的な規模で成立するのは、19世紀後半以後まで待たなければならなかった、その成立を促したのは、国家の独立と統一を目指すナショナリズム（Nationalism）、労使双方が教育を強く要求する資本主義の成長、すべての人に教育の機会を要求する民主主義であった。

アメリカにおいてはマサチューセッツ州の教育長であった、マン（Horace Mann）によって公営・無償・中立を原則とする学校制度（common school）が作られたのを皮切りに、1870年代までに、同様の制度が他の州に拡大をしていった（第4章を参照）。

イギリス、フランス、ドイツなどの国でも同様の公教育制度が19世紀末から20世紀初頭までに確立した。

当然、教育政策・教育行政・教育制度（とくに義務教育制度）は、その国のあり方、国が求める国民像によって違ってくる。

B 義務教育制度の発達

近代公教育の理念と、その制度化がはっきりと求められたのは、フランス革命（1789）においてである。革命政府は、自由民権体制に相応した国民教育の普及発展を目指し、「人権宣言」に基づく進歩的な教育計画を意図し、

「全ての市民にとって共通な公教育制度、しかもそのうち、すべての人にとって欠くことのできない教育機関については、無償の公教育制度を創設し組織する」(フランス憲法第1章) と宣言した。人民が主権を持ち、人民が自ら法をつくり、自ら国を統治する民主国家が健全に運用されるためには、主権者である一人ひとりの人民が啓蒙され、教育されなければならない。そのためにすべての人民を対象にした公立・無償の普通教育が必要であるとされたのである。ここでは、身分・地位・男女の差別なくすべての人間に教育を受ける権利を認め、この教育は親が子どもを保護し、教育するという権利であり、同時に自然から与えられた義務であるとされた。そして、この親の義務が共同化されたものを公共化された学校が負うものである。したがって、学校は公費によって設置され、その設置・管理は社会の義務、政府の義務とされたのである。

　教育を受ける権利を国民の基本的人権の一つと位置づけ、全国民に対して国家が公費をもって無償で初等普通教育を準備すべきものとした。これは、公費、無償、非強制の国民教育制度の考え方であり、従来の強制教育としての義務教育とは対照的な考え方であった。

　一方、これとは発想を異にして、国家的権力によって公教育を組織する体制が出てきた。ドイツのプロイセンでは、絶対主義国家をつくり出すために、「教育令」(1717) が出され、その後フリードリヒ大王は、「国家の真の福祉、国家の利益、国家の繁栄のために、国家に所属している人民を啓蒙し、教育することが必要である。それによって、国家はそれぞれの部門において有能、有為で彼らにゆだねられねばならぬいろいろの職務を、手際よく処理できる一定数の臣民を確保する」というような目的によって、各地方に普通教育を行う義務教育の初等学校をつくらせた。「一般地方学事通則」により、学校を国家の管理体制の下においたのである。

　さらにナポレオン戦争に敗れた後、ナショナリズムが強く起こり、教育への期待がよく示された「プロイセン学校制度に関する法案」が出された。ここに、公費によって維持され、公の監督を受け、すべての者に公開される学校を国民教育機関として設置することが示されている。国民は、7〜14歳までこの教育機関に就学する義務を負うようにされたのである。1825年にはこの義務出席制が強化され、1833年には授業料を廃止して義

務就学が内実化するようにした。また1871年、統一ドイツ帝国が成立し、新しい帝国を発展させる手段として国民教育制度の組織化をした「学校監督に関する法律」をつくり、学校と教会との分離を図り、学校の監督を国家の任務とし、「一般学校規定」を公布して、普通教育の拡充を図り。その義務就学制を確立したのである。

　これに対し、イギリスでは、まったく性格の違った義務教育制度が生まれてきた。19世紀の初頭、資本主義の発達によって産業革命がもたらされ、多くの年少者が工場で過酷な労働に従事しなければならない状況になった。この事態から子どもを保護し、教育することが求められたのである。これは初期資本主義の時代に慈善学校として始められた組織を生かしていった。さらに1802年「徒弟健康風紀法」（いわゆる「工場法」）が制定され、子どもたちを過酷な労働から解放し、時間を得た子どもたちを収容する施設として初等学校がつくられるようになった。これは、はじめ民間の団体によって経営され、国が補助をするという形をとった。しかし、これでは不十分であるとして、1850年に「全国公立学校協会」をつくり、公費によって維持され、無月謝ですべての児童に公開される学校を設けることが要求された。このような要求の高まりによって、1870年「初等教育法」が誕生した。

　初等教育に対する国家の責任が明らかにされたが、これを発展させ、1876年の「教育令」により初等教育への就学義務制が決められ、1880年にはほぼ確立された。1891年には、小学校は大部分無月謝制となり、公共の体制が一応、完成されるに至ったのである。

　このように近代資本主義の発展の過程の中で公教育体制をつくり、無償の義務教育制にまでもっていったのはイギリスだけでない。

　アメリカにおいて、これがより典型的に行われた。アメリカではすでに1776年の「独立宣言」とともに、民主社会を建設するために民主的な公教育制を作り出すべきことが求められた。この理想の実現は時を要したが、1830年代になると、産業社会の発展とともに、具体的なものになっていった。この産業社会の労働力の担い手である労働者階級、市民勤労大衆が、「自由人が是認できるような教育制度は、貧民には与えられていない。あらゆる個人が成人に達するまで十分な教育を」と労働者大会で要求をすることとなった。

また資本家達も、教育によってよりよい労働力が得られる教育は社会投資であると考えるようになり、この二つの社会階層の要求をつなぎ合わせて教育の必要性が力説された。マン、バーナード（Henry Barnard）によって、公立学校設置運動が進められたのである。1834年、ペンシルベニア州で、「無償学校法」（Free School Law）が成立し、身分による差別のない全国民共通の無償義務教育初等教育制度を出現させた。

そのため、保守的な政治家や教会関係者から激しい反対が出たが、これを克服して1860年頃には、ほとんどの州で初等教育機関を8年制の公立学校として確立していった。

C わが国の義務教育制度

わが国では、1872（明治5）年「学制」の発布によって近代学校教育制度が発足した。この近代学校教育制度はフランスの学校教育制度に倣って、学区制を基本にしていた。初等教育機関としての小学（校）、中等教育機関としての中学（校）、高等教育機関の大学の三種類であった。その主とするところは、全国民にあたえられる初等教育機関、小学（校）であった。この小学（校）には、身分、貧富にかかわりなくなくすべての国民が同一に学ぶ制度をつくり上げた。しかし、初等教育機関への就学率は、当時の社会状況や就学規定の緩やかさのためになかなか高まらなかった。

近代国家の形成の基礎がかたまり、富国強兵の国家目的が明らかになるとともに、この目的をとげるための統一的な国民教育が求められた。この国家目的に基づく国民教育を徹底させるためには、初等教育機関の充実、確立を図らなければならないと、1886（明治19）年「小学校令」を公布した。これは、わが国最初の義務教育法ともいわれるもので、6歳から14歳までを学齢とし、尋常小学3年ないし4年の修業を義務とした。授業料は、両親の負担としたが、1890（明治23）年「小学校令」を改正し、小学校の設置を市町村の義務とし、1900（明治33）年の「小学校令」改正により義務教育の無償制を実現させた。また雇用労働によって児童の義務就学が妨げられてはならないことを定め、義務修学年限を4年に確立した。1907（明治40）年には、さらに修業年限を6年に延長し、義務教育は一層徹底した。修業年限の延長にもかかわらずこの時期に就学率は男女平均で90％を超える

ようになった。大正期（1914～）になると第一次世界大戦の影響のもと、教育制度の再編が求められ（臨時教育会議の設置1917～1919）初等教育の充実もなされたが、年限延長にまでは至らなかった。昭和になって、軍国主義的、国家主義的傾向が強まり、この目的に基づく教育の再編充実が求められた。そして1941（昭和16）年、8年を義務とする国民学校（初等科6年、高等科2年）が「国民学校令」によって誕生することとなった。また、それ以前に初等教育を終わり、上級教育機関に進学しない者にも、「青年学校」という7年ないし5年の定時制義務課程を与えるようにした。以上のように、明治初期より1945（昭和20）年までこのように義務教育は作られてきたのであるが、この義務教育は、国家の命令によって、国民が義務を負う強制教育であった。この形態は、ドイツのプロイセンのものと類似している。

　1945（昭和20）年、敗戦をさかいにして、わが国は民主主義国家として再生し、民主主義社会を建設するために、教育が求め直されたのである。教育はこの社会に主権を持つ「国民の権利」であるとされた。国民の一人ひとりが「教育を受ける権利」を持つものである（日本国憲法第26条）。平等に教育を受ける権利を子どもは持っているのであり、これを保障するために、「すべて国民は保護する子女に普通教育を受けさせる義務を負ふ」（日本国憲法第26条2項）とされた。保護者（親 - 国民）は、教育を与える直接責任者（義務負担者）であるが、その義務は、共同化して社会（政府、行政体）が負うのである。

　それは、教育条件の整備として具体的に示される（教育基本法第16条教育行政）。今日では、国（政府）、地方自治体との適切な役割分担と相互の協力の下に、公正かつ適切に行われるものとなっている。

　したがって、具体的に義務教育は無償にするとされ、保護者、権利当事者に直接負担のかからないように教育条件を整えていくことを行政の責任としているのである。現行の義務教育制度が小学校6年、中学校3年＝9年とし、満6歳より満15歳までの国民の子女はすべてこの学校の課程に入るようにしたのである（教育基本法（旧）、学校教育法の規定）。近代の民主主義の公教育思想に基づく義務教育がここに出現できたのである。

D　各国の教育行政の特色

公教育制度の成立に伴って、各国においては、それぞれ特色ある教育行政制度が成立した。しかし、中央と地方の関係、教育行政と一般行政の関係、教育行政における専門性と民主制の現れ方などは、各国の歴史的社会的条件の下で多様である。次に、現在のフランス、ドイツ、イギリス、アメリカの例を見てみよう。

[1]　フランス

フランスの教育行政の特徴は、中央集権体制であり、教内容も教育行政機関による直接的規制が細部にまで及んでいる。中央集権的教育行政機関であるウニヴェルシテ（université）は、ナポレオンの統治の時代（1799～）に成立した。これは、フランス全域の初等教育から高等教育までを含む組織である。フランス全土をいくつかの大学区に分け、各大学区に一つの大学を置き、大学教授の中から任命された大学区長が同時に大学長になり、大学区内のすべての学校と教員を統括するのである。その上に、文部大臣（文部科学大臣）に相当するウニヴェルシテ総長が置かれるのである。

また、大学区内にはいくつかの県が置かれているが、各県には大学区視学官が置かれ、文部大臣や大学区長の職務を代行し、数人の初等教育視学官はいずれも教育者や教育専門家であり、また、教育行政の各段階には、教員を中心とする専門家集団による審議会が設けられている。このようにして、中央集権的教育行政のもとで、教育の専門家による「専門性」が官僚行政の弊害を除くための役割を果たしている。

[2]　ドイツ

ドイツは、現在、16の州（邦）から成る連邦国家であるが、教育行政の最大の特徴はまず、伝統的に文化政策や文化行政の領域、教育についての権限は連邦にはなく、教育主権は州にあることである。これは「州の文化公権」または「文化連邦主義」と呼ばれる。第二に、教育課程や試験などの内的事項に関しては州（邦）が、学校の設置・維持などの外的事項は、地方公共団体に委ねることになっていることである。一般に、ドイツでは、「国家」とは州（邦）を指し、ナショナルレベルでのドイツ国家については「連

邦」という意味が使われる。したがって、教育の内的事項は「国家権限」に属しているということができる。こうした特色は、1808年以来の伝統であり、それはドイツ帝国の成立、ナチスドイツの成立、戦後の旧西ドイツ時代を経て、1990年の統一ドイツの誕生に至るまで、基本的に、変わっていない。

また、国の教育行政組織についてみると、すでに述べたように、教育法規の国家的規定は、すでに17世紀以来存在してきたが、当時、それらの教育行政を担う明確な独立の組織は存在しなかった。しかし、1787年に、プロイセンで初めて学務局が司法省所属の一部局として設置された後、1817年になって、文部省が設置され、文部大臣が任命されたのである。現在、各州においてもそれぞれ文部大臣と文部省が置かれている。

ドイツの教育行政は、国（州または邦）単位の中央集権を基本としているが、他方、内的事項に対する監督については、専門的教養を持つ視学官によって行われることになっており、また、父母・教員・一般人の参加を保障するために学校委員会も設置されている。これによって、教育行政における専門性と民主性の確保をねらいとしているのである。

[3] イギリス

イギリスにおいては、伝統的に国家は教育に対して不干渉の政策を採ってきた。国家が教育に積極的に関与するようになるのは19世紀以降のことである。1833年の民間学校建設資金への国庫補助金制度は国家の教育への不干渉政策が破棄されたことであった。民間学校への国庫補助金は、当初2万ポンドであったが、その後、年ごとに増額されていった。その際、補助金の交付はキリスト教系の民間団体を通じて行われたのであるが、政府はこれを改め、管理機構を政府部内に設置することとしたのである。

1839年、補助金交付事務を処理するための中央教育行政機構として、枢密院教育委員会が設けられると、同委員会は学校を視察した結果によって補助金の額を決めることとした。その後、1856年に教育局が設けられることにより政府の監督権が強化されることとなった。1862年には、生徒の出席状況と読・書・算の学業成績の結果によって補助金を決定する、いわゆる「出来高払い」(payment by result) とした。公教育を求める声が高まる状

況の下で1870年「初等教育法（Forster Act）」が制定された。

同法には、次のような規定がされている。

①全国を学区に分け、学区ごとに公選による学校委員会を置く。委員会は租税を徴収し公立小学校を設置、監督する。また私立学校には国庫補助をする。

②公立学校における特定宗派の宗教教育は禁止する。私立学校の宗教教育は認めるがそれへの出席は任意とする。

③学校委員会は、3歳から13歳までの子どもの就学を強制できる。

④公立小学校の授業料は特別のほかは徴収する。

この法律はイギリスにおける公教育の基礎になった。

1876年および1880年の立法によって初等教育の義務就学が一部において実現し、1891年には無償制が多くの学校で実施された。1899年には中央教育行政機関として実質上の文部省である教育長が設けられた。他方、地方教育行政については、1870年の初等教育法によって学務委員会が設けられていたが、その後、1902年には、学務委員会が廃止され、地方自治体の参事会（カウンティ）による教育行政となった。

20世紀に入り、1918年のいわゆるフィッシャー法（Fisher Act）によって、14歳までの義務就学および公立学校での授業料の全廃が定められ、これによって初等教育課程の公教育体制が整えられた。その後、「すべての者に中等教育を」のモットーの下で中等学校の改革が進み、1944年、バトラー教育法（Education Act of 1944 ; Butler Act）が制定され、新たに文部省と文部大臣が置かれることになり中央と地方の教育行政体制は国家的統制が強化されることとなった。

ただし、中央と地方の関係の基本は、支配と服従という関係ではなく、視学官による指導と助言による「パートナーシップ」の関係にあった。また、教育行政機関と学校との関係についてみると、教育行政機関は学校の教育内容や方法を規制する権限を持たず、教育課程の決定権や教科書の採択権などは校長や教員の手に委ねられた。したがって、イギリスの教育行政は、専門性の尊重や学校運営の自主性という点で最も徹底したものであった。

しかし、1988年の「教育改革法」は、教育水準を定めるなど、中央によ

る統制を強めると同時に、以前より専門性の尊重を弱める傾向にある。

[4] アメリカ

　アメリカの教育行政の特徴は、地方分権主義にあり、それを具体的に示すのは、教育委員会制度の発展である。アメリカの教育委員会制度を最初につくったのは、アメリカ公教育の育ての親といわれるマンである。彼は、マサチューセッツ州を中心に政治家として活躍する中で、教育への関心は高いものがあり公教育制度の実現に心血を注いだ。彼は公立の民衆初等学校として、コモン・スクール（common school）の設立、また教員を養成する師範学校の設置に意欲的に取り組んだ（第4章を参照）。

　コモン・スクールの教育水準を一定以上に保つためには、州に教育行政機関を設置し、監督を行わせることが必要とされた。1826年、マサチューセッツ州で、町に学務委員会（School Board）、次いで1837年に、州に教育委員会（State Board of Education）をつくり、それぞれ区域内の監督を行わせた。教育委員会は住民による選挙により選出された委員で構成され、その最高責任者として教育長を選任した。1837年、マンはマサチューセッツ州の初代教育長に就任し、その教育体制確立のために貢献した。

　これによって教育委員会制度は他の州にも普及するようになる。

　アメリカの教育行政は、教育委員会制度を基礎に、地域の学区の行政から出発し、次第に州の法律によって整備・規制され、その後、連邦政府が関与してきている。しかし、アメリカの連邦憲法修正第10条では、教育は連邦政府（国家）の権限ではなく、基本的には、各州の権限として認められている。各州はそれぞれ独自の教育行政組織を持っているが、一般的には、州教育委員会が設けられ、一般行政から教育行政の独立を図っている。

　また、教育委員会は、素人教育委員会による合議制機関であり、それに、教育行政の専門家としての教育長が配置され、専門的な助言を行うことになっており、教育行政における民主制と専門性の調和を図ることをねらいとしている。さらに、州内の地方教育行政の基礎単位である学区についても、それぞれ教育委員会が置かれ、同様の機能と役割を果たしている。

　他方、連邦政府に教育事務を扱う官庁が生まれたのは、1867年の連邦教育局の誕生であった。それは、統計・資料の収集、研究・調査が主な仕事

であって、管理・監督の機能を持たなかった。1953年に、連邦教育局は、保健・教育・福祉省の一部局に組み込まれたが、その後、1950年代後半から1970年代にかけて、教育に対する連邦政府の関心が増大するとともに、補助金の交付や助言を通して、アメリカの教育におけるその役割と重要性が著しく増加した。そして、1980年、従来の連邦教育局に代わって、連邦政府13番目の省として連邦教育省が設置され、連邦政府の果たす役割がさらに大きくなった。しかし、アメリカの教育行政が基本的には地方分権主義であり、教育が州の権限であるという事実は変わっていない。

2 わが国の教育政策と教育行政の変遷

A 教育行政制度の出発

廃藩置県により全国の行政の骨格をつくり上げた明治政府は、1871（明治4）年、中央教育行政機関として文部省を設置した。教育事務を統括する文部省の責任者として文部卿が置かれ、翌年公布される「学制」起草への準備を進めた。1872（明治5）年の「学制」は、日本の近代学校教育制度のスタートとなるものであり、その構想は全国を8ブロックに分割する大学区とし、中学区、小学区を設定する学区制を基本とする学校制度であった。大学区には、学区内の学校の監督を行う督学局が置かれ、また、中学区には学区取締りが配置され就学奨励などの事務を分担させる構想になっていた。学区取締りは内務省の派遣官吏である地方官（府知事、県令）の任命であった。実質的には、督学局は十分に機能せず、地方官が大きな役割を果たすことになったのである（第3章参照）。

「学制」は近代国家建設の基礎を築き上げる学校教育を推進する大きな役目を担わされたが、先進国の形態を一気に取り入れたことから、現実社会との間に隔たりがあり、多くの困難と批判を生むようになった。初等教育機関である小学校への就学率が伸び悩んだ。授業料の徴収、学校の経費は民費とされ、学校の設置で国から余分な負担を押しつけられたという意識は庶民には強かったのである。

このため、文部省は、「学制」に代わり、1879（明治12）年に「教育令」を公布した。教育令はアメリカの教育制度の影響を強く受け、学制に比較して地方分権的であり、自由主義的な色彩を備えていたため、「自由教育令」とも呼ばれた。しかし、この立法政策は上手くいかず、かえって各地で学校焼き討ち事件などの混乱をきたし、公教育普及を後退させる事態を招き、翌1880（明治13）年には教育令が再び改正されることになった。

B　教育政策の転換と教育行政

それより先、明治天皇は、1878（明治11）年、北陸・東海地方巡幸の際に教育の実情を視察し、侍講元田永孚（1818～91）に教育に関する聖旨の起草を命じた。元田は、1879（明治12）年に「教学聖旨」を著した。

「教学聖旨」は「教学大旨」と「小学条目二件」からなり、知識才芸よりも仁義忠孝の道徳を確立すべきであり、天皇制国家における小学校教育での道徳教育の重要性を説いているのである。これに対し、内務卿であった伊藤博文は「教育議」を著して元田の主張に反論をした。元田は伊藤の主張に反論しさらに「教育議附議」を著した。これ以後、伊藤を中心とする開明派と、元田を中心とする天皇側近・保守派の間で、国民教育における道徳教育のあり方を巡って「徳育論争」が激しくなっていった。

「自由教育令」は、実情に即し地方の自主性を重んじて教育を振興しようとする趣旨であったが、結果はかえって混乱を生み就学率の低下を見るようになった。また、欧化主義の風潮の中での知育偏重教育に対し、伝統的な価値観や慣習を重視する立場からの批判も強まった。このため、政府は教育政策を転換、推進することとしたのである（第7章を参照）。

1880（明治13）年「教育令」が改正された。先の「自由教育令」に対して国家による統制を強化し、就学率の上昇、道徳教育の振興を図ろうとするものであったので、「改正教育令」と呼ばれる。「改正教育令」は、町村の小学校設置義務を厳しく規定した。小学校の年限は6歳から3年以上8年以下で、年間の授業日は32週以上とし、また3年間毎年16週は就学すべきことを明確にした。また、小学校、中学校ともに「教学聖旨」の趣旨を基にする国民道徳を重視し、修身を学科の首位に置き換えて、道徳教育の強化を図ったのである。修身を教えるための教員の資格・資質に対して「品

行不正ナルモノハ教員タルヲ得ス」と厳格に定めた。翌年、1881（明治14）年には「小学校教員心得」、「学校教員品行検定規則」を定め、教員は、公私の生活を厳しく監視されることとなった。

C 教育行政体制の確立

　1885（明治18）年に内閣制度が発足することにより、戦前の教育行政の体制はその基盤がほぼ確立されることとなった。内閣制度の導入により文部卿に代わり文部大臣職が設けられた。初代の文部大臣には、森有礼（1847〜89）が首相伊藤博文に請われて就任した。森の教育観は「学制」当時と異なるものであり、わが国独自の国体を基本として国家の富強を図ろうとする近代国家主義の教育であった。このことは以後長く日本の教育指導原理として貫かれることとなる。

　森文部大臣は、地方の教育を直接に掌握し、監督するために文部省内に視学官を設置した。教育は「国の事務」とする考えから、国家主義的な観点からの教育制度全般の改革を進めた。1886（明治19）年に諸学校令（「小学校令」「中学校令」「帝国大学令」「師範学校令」「諸学校通則」）を制定した。これらにより戦前の学校制度の基盤が形づくられたといえる。

　1889（明治22）年に、大日本帝国憲法が発布され、教育行政の基礎となる官制等は天皇の大権事項とされる勅令主義が憲法上明らかとなった。

　さらに、1890（明治23）年には「教育ニ関スル勅語」が発布され、天皇制国家を基礎とした、儒教主義に基づく国民道徳が明示され、戦前の学校教育の目的、内容の基礎として大きな役割を果たすことになった。

　「教育ニ関スル勅語」が発布される2週間ほど前に「小学校令」の改正がなされていた。その際、大日本帝国憲法が発布されたのであるから、教育行政に関し、法律を基とする法律主義にすべきではないかとの議論があった。しかし、大日本帝国憲法には教育に関する条項がなく、また教育は第9条に示される「臣民ノ幸福ヲ増進スル」ものとの立場から天皇の大権事項に属するものとみなされた。それにより、帝国議会開設の後も教育についての重要な法制は法律によらず、勅令によって定められる勅令主義とすることになったのである。

D　義務教育制度の確立

　日清戦争後の1900（明治33）年、「小学校令」が改正され義務就学が明確に定められた。尋常小学校4年、高等小学校4年のうち、6歳から尋常小学校の教科を修了するまでを就学の期間と定め、就学義務を負う保護者は親権を行う者またはそれがいないときは後見人であると責任の所在を明確にした。

　このほか就学の免除および猶予について定め、また雇用者による就学の妨害を規制することも定めた。それとともに市町村立尋常小学校の授業料を不徴収とし、義務教育無償の原則を確立したのである。これにより、就学率は年々上昇し、1902（明治35）年には90％を越え、1905（明治38）年には95％以上になった。それとともに男女の差も次第に縮まっていった。

　このような状況のもと、日露戦争（1904～1905）後における国家体制の強化政策の一環として、かねてよりの懸案であった義務教育年限の延長が実現することとなった。1907（明治40）年の小学校令改正により、修業年限を尋常小学校6年、高等小学校2年とし、尋常小学校6年を義務教育としたのである。1909（明治42）年には、就学率は98％に達し、義務教育は名実ともに完成したのである。

E　戦時体制下の教育

　第一次世界大戦（1914～1918）は好景気をもたらしたが、昭和期には世界大恐慌の影響を受けた経済不況は深刻になり、やがて軍部を中心とした全体主義勢力が台頭するようになった。1931（昭和6）年の満州事変に始まる戦火の拡大は、国を挙げて戦時協力体制をとることとなり、教育もまたこうした事態に対応した変革を見るように至った。

　大正期、社会主義思想が進展するなかで、政府は1917（大正6）年、第一次世界大戦後の世界情勢の変化をにらみ、教育制度全般の整備・拡充についての重要な策定を行うために臨時教育会議を設けた。さらに、1924（大正13）年には文政審議会を設置し、国民思想の統一、国民道徳の徹底、軍隊式教育の導入など、国家体制を強化することを建議していったのである。

　昭和期に入り、不況による子どもの悲惨な生活や教員の給与不払い問題などを反映して、教員による社会主義運動は一段と激しさを増していった。

政府は対策として、治安維持、国民思想の統一に努め、その弾圧に乗り出すこととなる。1931（昭和6）年の満州事変以後、教育政策における軍国主義の影がだんだん強まるようになった。この影響のもと、治安対策の一つとして、文部省は1934（昭和9）年に、省内に思想局を新設して教育界の思想統制対策を強めることとした。

　このような事態のもと、議会は教育の刷新に関する建議を行った。政府は1935（昭和10）年に教学刷新評議会、1937（昭和12）年に教育審議会を設け教育の改善についての審議を求めた。そこで行われた教育改革の方策は、「国体ノ本義」を徹底し「皇国ノ道」に帰一させることを根本理念として、そのために国民を「錬成」することであった。

　1941（昭和16）年、従来の小学校令を改正した「国民学校令」が公布され、小学校の名称を変えて国民学校という名称が使われることとなった国民学校は、目的を「皇国ノ道ニ則リテ初等教育ヲ施シ皇国民ノ基礎的錬成ヲ為ス」（国民学校令第1条）と規定された。皇国の道とは皇運を扶翼する道であり、錬成とは児童の全能力を正しい目標に集中させて練磨、育成することであると、説明された。また、国民学校では、義務教育年限を延長し8年とした。しかし、実施は1944（昭和19）年度からであり、戦争の激化によってついに実現することはなかった。

　中等教育段階の学校教育も改革が行われ、すでに1935（昭和10）年に制度化されていた青年学校が、軍部の要請を中心として男子に対する義務制を1939（昭和14）年に定め、5年の修業年限とした。さらに、1943（昭和18）年、中等学校令が公布され、中学校、高等女学校、実業学校が包括して規定された。また、高等学校、専門学校、大学などの高等教育機関も、それぞれ皇国の道に則って国家有用な人物の錬成を行うことが目的とされた。

　1941（昭和16）年に始まった太平洋戦争は、1945（昭和20）年になると、戦況が不利となり、「決戦教育措置要綱」さらには「戦時教育令」が出され、学校教育は機能停止状態におちいり、敗戦を迎えることになる。

F　戦後教育行政の再建

　1945（昭和20）年、日本はポツダム宣言を受諾して太平洋戦争は終結した。連合国軍の占領体制の下に、あらゆる体制の変革が行われ、教育の建て直

しもその一環に加えられ、「教育の民主化」を旗印に改革が進められた。

日本の占領管理機構として GHQ（連合国軍総司令部）が設けられ、同司令部は昭和20年内に相次いで教育に関する四つの重要な指令を発した。

指令の中身は、いずれも戦時中の軍国主義、極端な国家主義を廃し、民主的、平和的な教育体制への変革を求めるものであった。翌1946（昭和21）年3月に、アメリカは日本の教育改革の具体的方策を示すため、「米国教育使節団」を来日させた。米国教育使節団は、教育学者や教育関係者を中心に構成され、二度にわたり来日し「米国教育使節団報告書」を提出している。報告書の内容は6・3・3制の学校制度、9ヵ年の義務教育、男女共学、高等教育の一般への開放、教授法の改革、大学における教員養成、地方分権の教育委員会制度など、教育の全般に及ぶ広範なものである。このことが日本の戦後教育改革に及ぼした影響は多大なものがあり、教育基本法（旧）の制定、単線型学校教育体系の実現、6・3制義務教育制度、教育行政の民主化などの諸改革はおおむねこの報告書に沿って行われた。

G　教育行政の民主化

1948（昭和23）年「教育委員会法」が公布され、教育行政の民主化、地方分権、自主性確保を理念とし、地方教育行政を一般行政から独立させるという画期的な制度として、各地方公共団体に教育委員会の設置が定められた。

新しく設けられた教育委員会は、住民の直接選挙によって選出された委員によって組織され、それまで知事・市町村長に属していた教育・文化に関する事務を管理、執行する独立的な機関となった。教育委員会が地方教育行政に大幅な権限を持つことによって文部省の権限はかなり縮小した。それにより、従来の指揮監督から指導助言を主とする行政方式となり、教育の条件整備の重点が置かれるようになった。

3 戦後教育の進展と教育行政

A 戦後教育行政の原理

戦前の教育行政の否定から出発した戦後の教育行政は次の4原則に則り再建された。①法律主義、②地方分権主義の原則、③一般行政からの教育行政の独立の原則、④指揮監督行政から指導助言行政への転換。

[1] 法律主義

戦前は教育関係の規定は勅令主義を基本原則としていた。天皇の大権事項として教育の基本を定める体制である。教育関係の法令はほぼ勅令によっていた。戦後は、教育に関連する基本的事項は法律をもってするという法律主義の原則が採用された。1946（昭和21）年に制定された日本国憲法には、第26条の「教育を受ける権利」のほか、第20条には宗教教育に関する規定もなされ、教育に関する最も根本的な思想は憲法にうたいこむという方式が採用された。

[2] 地方分権主義の原則

地方分権主義を具体化するものとして、地方教育行政を担うため教育委員会が設置された。教育委員会は地域住民による直接選挙によって選出された委員により組織されることになった。公選制教育委員会制度の誕生であった。

しかし、1956（昭和31）年、新たに「地方教育行政の組織及び運営に関する法律」が成立し、公選制教育委員会制度は姿を消すこととなった。新たに、任命制教育委員会制度が誕生した。同法では、「委員は、当該地方公共団体の長の被選挙権を有する者で、人格が高潔で、教育、学術及び文化に関し識見を有するもののうちから、地方公共団体の長が、議会の同意を得て、任命する」（第4条1項）と規定された。

[3] 一般行政からの教育行政の独立

これは、教育委員会の設置とのかかわりである。教育委員会は、各地方

公共団体に設置される首長部局から独立して設置される行政委員会の一つである。行政委員会は、アメリカの仕組みを戦後日本に取り入れたものであり、①政党または政治の影響から中立でなければならない行政、②技術的専門知識を必要とする行政、③相対立する利害の調整を必要とする行政、について設けられている。教育委員会については、自治立法権（教育委員会規則等の立法を行うことのできる権限）、自治組織権（独立的に教育行政組織を整備できる権限）、自治行政権（教育行政を自治的に進めることのできる権限）が保障され、委員会としての独立が担保されていたが、先の「地方教育行政の組織及び運営に関する法律」によりその権限が後退することになった。

[4] 指導助言行政の導入

戦前の教育行政が中央集権主義を採り、指揮監督行政を基本としたのを転換し、戦後は、指導助言行政が基本とされた。指揮監督行政では、各機関が上下の監督関係をつくり全体として一体となるように構成されるのが原則となっている。指揮監督は法的拘束力を持つ権力作用であり、不服従に対しては法的制裁を発動できる。一方、指導助言は非権力作用であり、日本国憲法の精神に基づき、地方自治を尊重確保する見地に立って、国家の地方公共団体に対する権力的干渉を避けることをねらいとしている。指導助言は法的拘束力を持たず、仮りに従わないとしても法的制裁は発動できない。

今日の、文部科学省と地方公共団体に設置されている教育委員会の関係は、基本的には指導助言関係で組織されていて、教育行政における地方分権主義を尊重する建前となっている。

B　教育政策の修正と教育行政原理の揺らぎ

第二次世界大戦後の国際情勢の変化、朝鮮戦争の勃発により、連合国軍アメリカの対日政策に転換が見られるようになった。1950（昭和25）年来日した「第二次米国教育使節団」が提出した報告書には政策の転換が反映されていた。1951（昭和26）年9月、日本は連合国と平和条約を締結し、翌年、同条約の発効により独立を回復した。条約締結の年、占領下の各種法令の修正を検討する政令改正諮問委員会が、GHQの勧告に基づき設置さ

れた。この委員会が行った各種にわたる審議と答申のなかに、教育制度の改革に関するものが含まれていた。答申では、戦後の教育制度は民主的な教育に資するものであるが、国情を異にする外国の制度を範として実情に即しないものがあり、日本の国力と国情に合った合理的な教育制度に改善すべきであるとされていた。答申を受けて、教育刷新審議会は、恒久的な審議機関を設置すべきであるとし、1952（昭和27）年文部大臣の諮問機関として中央教育審議会が設置されることになった。

　中央教育審議会は、その後、日本経済の復興・成長に伴う社会状況の変化や国民意識の多様化の影響を受け、教育政策・教育行政・教育制度に対する答申を出し、今日まで重要な役割を果たしている（第5章を参照）。

　教育改革の体現として制定された教育基本法（旧）には、教育の中立性が表明されていたが、その後の社会状況の変化の中、国の政策の転換や修正に反発する動きが教育界に強まっていった。この状況に対し、1954（昭和29）年、教員の服務に関して「教育二法」といわれる立法がなされた。「義務教育諸学校における教育の政治的中立の確保に関する臨時措置法」では、特定の政党などを支持しまたは反対させる教育の教唆、扇動を禁止し、「教育公務員特例法」の一部改正により、公立学校教員の政治的行為の制限について、地方公務員法より厳しい国家公務員法を用いるとしたのである。

　また、教育の地方分権、民主化を進めるために設置されることになった教育委員会制度に対し批判がなされ、改革が望まれるようになった。1956（昭和31）年「地方教育行政の組織及び運営に関する法律」が制定された。改正の趣旨は、旧法の理念を引き継ぎながら教育行政と一般行政の調和、国と地方の教育行政の一体化、教育の政治的中立の確保を図るというものであった。改正により委員の選出は、公選制から首長による任命制に、教育長の任命は文部省・都道府県知事の承認を得なければならなくなった。また、教育財政の権限は首長に一元化された。このため、その後の教育委員会の役割・権限が制度発足時より後退し、一方、国・地方公共団体の教育行政に対する権限が強化されることになるという批判が起こってきた。

　現行の教育委員会制度のあり方についてさまざまな議論がなされており、今後の教育政策、教育行政改革議論の中で重要な位置を占め、国家・社会の進展に即応する新しい教育委員会制度のあり方が問われるようになる。

コラム　基本的人権と教育

　近代国家で実施される公教育は、「教育の自由」および「教育を受ける権利」を基本として行われる。それは広く基本的人権として認識されている。いくつかの国では憲法において早くから規定されており、今日では国際的な認識にもなってきている。教育活動は、人間の精神的活動の主要な部分ともいえるものである。思想、宗教、学問、芸術などの精神的内容の自由と、言論、出版、表現などの精神的伝達の自由は、教育にとっても大きなかかわりを持つものである。フランス革命時、1789年に出されたフランス人権宣言には、「思想及び意見の自由な伝達は、人の最も貴重な権利の一つである」(第11条)。また、1831年のベルギー憲法には「教育は自由である。これに対するすべての防圧手段は、これを禁ずる」(第17条)との規定がある。1850年のプロイセン憲法には「学問及びその教授は自由である」(第20条)と規定されている。第二次世界大戦後に制定された憲法にも、日本国憲法をはじめ、とくに教育の自由という表現を規定していないが、学問・教授の自由を規定したものが見られる。イタリア憲法「芸術及び科学は自由であり、その教授も自由である」(第33条、1947)。西ドイツ憲法「芸術及び学問、研究及び教授は自由である。教授の自由は憲法に対する忠実を免除するものではない」(第5条、1949)などである。

　「教育を受ける権利」もまた、フランス革命時にその主張がなされ、「共和国は、……すべての者に不可欠な教育を各人の手の届くところに置かなければならない」(1848)としている。教育に対する国家の責務を明らかにするようになったのは、20世紀に入ってからである。

　1918年、ソビエト共和国憲法には「知識を現実に得ることを勤労者に保障する為に、ロシア社会主義連邦ソビエト共和国は完全な教育を無償で労働者と農民に与えることを、自分の目的とする」(第17条) また、「ソ同盟の市民は教育を受ける権利を有する」(ソビエト社会主義共和国同盟第121条、1936)と規定されている。第二次世界大戦後には、日本国憲法をはじめ、多くの国で制定された憲法に、「教育を受ける権利」の規定がなされている。

考えてみよう

問題
(1) 教育行政における、中央集権主義と地方分権主義について考察してみよう。
(2) 日本国憲法の中の教育に関係ある規定条文を調べてみよう。

解答への手がかり
(1) 日本の戦前の教育行政の基本と、現行の教育行政の基本の違いを見てみることによってそれぞれの特徴が把握できる。
(2) 基本的人権としての社会権、生存権、自由権規定を知ることによって理解できる。

第 2 章 近代国家成立前の教育政策

本章のポイント

　本章のテーマは、近代社会成立前の教育政策を歴史的に検討していくことである。ただし、地域、時間を超えて、すべての歴史上の教育政策について触れていくことは不可能なことだから、特定の地域の特定の時代や人物に焦点を当てて教育政策をみていくことになる。

　教育政策が国家の「政策」として意識的に立案されるようになるのは民族国家が成立して以降のことであるが、それより前の時代にも教育政策はさまざまな形で立案され、実施され、表現されてきた。明らかな「教育政策」とは示されていないもののなかにも、重要な教育政策を見出すこともできる。また、近代以降の教育政策に大きく影響した完成された政策もみられる。

　本章では、比較的身近な事例を取り上げることに留意しながら学習できるように、日本の古代の教育政策と古代ギリシアの教育政策、ヨーロッパ近代直前の教育政策、さらに日本の近世の教育政策について検討していくこととする。

1 近代国家成立以前の教育政策を考える視点

　聖徳太子という日本古代を代表する人物の名前は日本人のほとんどが知っている。彼の人となりや日本古代史上で行ったさまざまな施策は小学校から歴史教育の教材として取り扱われてきているが、聖徳太子の行った政治が教育政策として紹介されることはほとんどなかったと思われる。しかし、聖徳太子の政治は日本の教育政策を大きく転換した重要な施策であったとみることができる。

　また、古代ギリシアの都市国家の一つに「スパルタ」がある。「スパルタ」という言葉は教育用語として今日でもよく使われる。多くの場合、厳しく子どもを育てるという意味で、必ずしも否定的な意味ばかりではないが、この言葉は古代都市国家「スパルタ」の厳しい身分制社会を象徴している。

A　聖徳太子の教育政策

　聖徳太子は6世紀の日本の政治リーダーの一人である。歴史学上この人物の実在を疑う学説が出された時代もあった。それは、後世の人々が彼にまつわるさまざまな伝説的逸話を付け加えてきたためであり、その伝説的な「聖徳太子像」が戦前の学校教育でそのまま教材として重視され、利用されてきた経緯があったためであろうと考えられる。

　しかし現在では、脚色された聖徳太子の存在には多くの疑問を残しつつも、そのモデルになった人物の存在を疑う余地はほとんどない。現在、多くの教科書が「厩戸皇子(聖徳太子)」という表記をとるようになっているが、本章では最も親しみのある表現である「聖徳太子」を用いる。

　さて、日本の古代国家形成に大きな役割を果たした聖徳太子の施策として、歴史教科書のなかでは一般に、①十七条憲法、②遣隋使派遣、③官位十二階の制の三つが紹介されている。この三つの施策について思い起こしながら、これらが日本古代の重要な教育政策であったことを説明していきたい。

[1] 十七条憲法

　十七条憲法は彼の仏教興隆政策とともに論じられることが多いが、実際に仏教について述べている部分は、3条の「仏・法・僧を敬え」のみである。その他の十六ヵ条はすべて儒教の考え方を基礎としている。中央集権国家を完成させるためには儒学的な精神、すなわち天皇に忠誠を誓う精神性が必要とされ、貴族・官僚は儒学的教養を学習することが前提とされていた。つまり、この憲法は役人の心得を示したものであると考えられる。

[2] 遣隋使派遣

　次に、遣隋使派遣について考える。たとえば高等学校日本史の教科書では、遣隋使に関して「607年に小野妹子を第一回遣隋使として派遣し、留学生を同行させた」という記述になっていることが多いだろう。ここではこれを「教育政策」の観点から再評価してみたい。

　日本語を話す人を日本人だと考えることを前提にすると、当時の日本人は文字をもたなかった民族といえる。だから、文字を輸入することになった。文字の輸入とは、単に漢籍や辞書を輸入するという意味ではない。朝鮮半島や中国から文字に長けた氏族や一族を日本へ移住させることである。つまり、文字を使える人たちのために、朝廷が日本国内に農地や住居用の土地を用意し、貴族としての地位を与え、さまざまな特権を付与して、大陸から移住させ、その文字能力を用いて朝廷のために奉仕させるということである。機織りや金属加工の技術などと同様に、文字も技術の一つとして「輸入」されたわけである。このように、当時の日本人が持ち得なかった技術をもって、日本にやってきて朝廷に奉仕した人たちのことを「渡来人」といい、文字能力に長けた人々を「史部（ふひとべ）」と呼んだ。

　したがって、文字が輸入されたことと日本人が文字学習を始めたこととは直結しないのである。文字は、文字能力を用いて朝廷に奉仕し、外交文書や朝廷の蔵を管理した渡来人のなかで学習され継承されてきたのである。

　彼の系図をみると、父方、母方の祖母はいずれも蘇我稲目の娘であって、彼は紛れもなく蘇我氏の一族であり、蘇我氏一族のなかで成長したはずである。そして、この蘇我氏こそ文字能力を用いて朝廷に奉仕するために渡来してきた氏族の代表であり、史部たちを配下に置いた氏族であった。

しかし、その彼が特定の氏族に限らず、広く日本人に教育の機会を提供しようとした点が彼の政策の特徴である。このように考えると、遣隋使派遣という事業は文字学習の方法に大きな転換をもたらした教育政策であったことが明らかとなる。それまで文字能力を用いて朝廷に奉仕した氏族に依存するのではなく、日本の青年を中国に直接派遣し、文字学習の機会を与えようとした政策であったことが見出せるからである。

[3] 官位十二階の制

　最後に官位十二階の制についてみてみたい。これに関しては、歴史教科書の多くが、それまでの氏姓制度の弊害をなくして才能に応じた人材登用を目指した政策であると説明している。人材登用策はそれ自体が教育政策の意味をもつものといって差し支えないが、もう少し具体的にこの政策の意味を考えておきたい。なお、ここで取り上げてきた聖徳太子の政策は、順序からいうとこの官位十二階の制が最も早く、次いで十七条憲法、遣隋使派遣となるのだが、本書では聖徳太子の教育政策を理解しやすくするために順序を入れ替えて説明した。

　聖徳太子に代表される蘇我氏の政権は、中央集権体制の早急な構築を必要としており、中央集権下の官僚には儒学にみられる王権への忠誠心が求められる。したがって、これまで武力を用いて大和朝廷を支えてきた一族や天皇家の神事を司ることを役割とした一族、またさまざまな技術をもって朝廷に仕えてきた諸豪族に、国家に対する忠誠心を「儒学」の教えから学ぶことで求めたのである。

　同時に、この時期にはすでに渡来人と日本人との同化が進んでおり、特殊な技術もその特殊性を失い、広く日本人への広まりがみられるようになっていた。その頃、朝廷における「有能な人材」とは、儒学的な教養を学んでいて、中央集権国家のあり方を理解し、国家の官僚としての倫理観を備えた者であり、それらの人々が人材登用の対象となったわけである。官位十二階の制とは、その政権の中心に実際は蘇我氏が君臨していたわけではあるけれども、制度的には天皇を頂点とした国家の新官僚を登用しようとした政策であり、その背景には「儒学」の学習を必須の条件とした国家の教育政策が見て取れるのである。

したがって、聖徳太子の多岐にわたる政策の背景には、共通して日本古代の中央集権的な国家を構築するための教育政策が存在していたことが明らかとなる。おそらく蘇我氏一族内部では古くから継承されてきたであろう文字学習を基礎とした人材育成を、さらに国家を支える諸豪族にも求める教育政策であったと考えることができる。ここでいう日本人は決して庶民をも含めた日本人ではないけれども、朝廷を支える日本人諸豪族にも文字学習と儒学的教養の学習を求めた教育政策が根底にあって初めて聖徳太子の政治があったということができる。

　さらに、この政策は聖徳太子の時代の政策と片付けてしまうことはできない。後述するが、近世の徳川幕府もその高等教育機関であった昌平坂学問所では学習の中心を朱子学（儒学）に置いた。このことを考えると、聖徳太子の教育政策はその後の日本社会全体に強く影響した教育政策であったとみることができる。

　また、聖徳太子のこの政策は氏族内部で伝承的に学ばれる文字学習のみでは実施できないことを意味しており、広く諸豪族の子弟を教育するための学校の成立を前提としなければならない。その学校は、当初、遣隋使や遣唐使として直接大陸文化を学んだ人たちによって運営された「私塾」が中心となったと考えられるが、やがて律令体制が本格的に構築される頃には、中国の制度に倣った官吏養成のための学校教育制度の構築へとつながっていくこととなる。この点については後に詳しく述べることとする。

B　古代ギリシア「スパルタ」の教育政策
[1] 都市国家スパルタの背景

　スパルタは古代ギリシアを代表する都市国家（ポリス）の一つであるが、はじめにこのスパルタについて説明しておかなければならない。

　スパルタはペロポネソス半島南部、エウロタス川中流域に紀元前10世紀頃、ギリシア北方から南下したドーリス人によって建国された。スパルタがギリシアの強国となり、後にペロポネソス戦争に勝利してギリシアの覇権を握る要因は、ペロポネソス半島南西部に広がる肥沃なメッセーニアを攻撃し、その地域の支配に成功したことにある。メッセーニア人をヘイロタイと呼ばれる奴隷身分とし、周辺住民であるペリオイコイをも従属民

として、その上にスパルティアタイと呼ばれたドーリア人が君臨した。紀元前7～6世紀頃の人口比率でいうと、支配階級のスパルティアタイが3万人、ペリオイコイが12万人、ヘイロタイが22万人といわれていて、1割にも満たないスパルティアタイが武力を用いて支配していた国家であった。スパルティアタイはほとんど生産労働をせず軍事訓練に明け暮れていて、この強力な軍事力がこの国を支えていた。

ただし、スパルティアタイによるメッセーニア支配は決して容易なことではなかったようで、メッセーニア人の反乱（第2次メッセーニア戦争）では手痛い敗戦も経験している。このようなスパルタの置かれた政治的・社会的状況がスパルタの教育政策の基本的条件となった。

[2] スパルタの教育政策

それではスパルタの教育政策に注目していきたい。ヘロドトスやアリストテレスが著書の中で触れている、「リュクルコス制度」（スパルタ教育）と呼ばれる「特異」な教育政策を以下に示してみよう。

- スパルタの教育政策は子どもが生まれる前から始まる。高貴な若者を自分の妻のところに迎え入れ、生まれた子どもを自分の子どもとみなしてもよい。
- 貞淑な女性に感心した場合、その夫に承知させてその女性に子どもを産ませ、同族の子どもとして育てることが許される。

これらのことは私たちには理解しがたいことであるが、子どもを父親の子どもとはみなさず、国家の共有物とみなすところから生ずる教育政策であると考えられる。

- 子どもは父親が勝手に育てることは認められず、レスケーと呼ばれる集会所へ連れて行き、レスケーに控えている長老たちの検査を受け、スパルティアタイとして育てるか否か決められる。健康で強壮に生まれなかった子どもは捨てられることになる。
- 子どもを自分で教育したり、家庭教師を雇い教育を委ねることは許されず、子どもが7歳に達すると統治者リュクルコスのもとに集められ、いくつかの組に配分され、同じ規律の下で共同生活させられた。ここでは子どもたちは同じ物を食べ、ともに遊び、ともに学習した。読み書きも

ここで学ぶことになるが、命令によく服し、戦って勝つことがたたき込まれた。
- 12歳になると、下着を付けさせず、一枚の衣で一年中生活させ、沐浴することも許さなかった。この頃から年長の若者たちと出会い、彼らとともに子どもたちは互いに争い競い合う。それらを老人たちは子どもたち全体の父として教師として監督し、ときには警告し、誰の子どもであろうと厳しい懲罰を与えることもできた。

子どもたちは共同社会の子どもとみなされ、大人たちは誰の子どもにかかわらず注意し、懲罰する点は今日の大人に欠けている点かも知れず、学ぶべき点もみられないわけではない。しかし、以下の点を考えると今日の私たちには理解しがたい点がみられる。
- 子どもたちに焚木や野菜を盗んで来させる。畑に忍び込んだり、会食している大人たちの目を盗んで盗みを働く。見つかると、不手際であるとしてむち打ちされる。子どもたちは常に空腹であったから空腹を満たすために大胆に食物を盗むようになる。

強力な軍事国家をつくるための教育とはいえ、このような教育を政策と呼ぶには、今日の私たちには抵抗感がある。ただし歌や詩に関する教育に熱心であったことも事実で、弁論術や道義的な事柄に強い関心があったことも紹介しておかなければならない。

これらスパルタの教育にみられるスパルティアタイへの教育政策は少数のドーリア人が多数の隷属民を支配していくために行われていたものであり、同時代のギリシアの他のポリスにはみられなかったことである。

[3] アテネの教育政策

ここで、スパルタと対比されるアテネの教育事情を参考にしておきたい。アテネは世界史上実質的な民主社会を建設した最初の国家であるといわれ、これまで述べてきたスパルタとは対照的な国家として知られている。この背景には、アテネが地政学的にみて農業生産に適さず、海外貿易に頼らなければならなかったこと、輸出品の生産のために多くの奴隷をエーゲ海対岸の小アジアから購入しなければならなかったことなどがある。すなわち、商業階級の経済活動の自由と成長を保証する必要から個人主義的な傾向が

強くなり、国家の方針は民会で、個人間の紛争は裁判で、弁論を通して決着していく社会を構成しなければならなかった。このような社会情勢からは、国家が大学や学校をつくり、国家が政策として教育に乗り出すことはなかった。高い授業料を請求して論理学や修辞学を教授する私塾や講演会が広く開かれていたが、その教育を受けることができる富裕層が常に有利な立場にあったことは容易に想像される。つまり民主的で自由な教育政策が執り行われていたとはいえない。

プラトンの理想国家論の中に、「哲人政治」がある。それによると、ポリスが任命する検閲官によって子どものおとぎ話から管理を始め、音楽と体育の2教科から国家の管理の下で教育が始められる。体育では国防に役立つ訓練に重点が置かれ、不適当と判断された者は戦士階級から除外される。戦士階級に残った中から数学・天文学などに長けた者のうち、30歳で行われる試験に合格した者が支配階級に入ることができる。その後、35歳から50歳まで軍事や政治の実務経験を積み、交代で政権を担当するというものである。この哲人政治がアテネで実際に行われたわけではないが、スパルタのそれとまったく対立する思想とはいえない点に注目しておく必要があるだろう。

[4] スパルタの末路

再び、スパルタの教育政策に論点を戻したい。筆者はこのスパルタの教育を「特異」な教育と表現した。しかし、この「特異」な教育は、古代スパルタにのみみられる政策ではないことも述べておかなければならない。戦後民主主義の中で教育を受け、民主憲法の下で生活している私たちには「特異」とみえるこの教育政策が、少数の軍事征服者による政権を安定的に運営していくための政策であったことを考えると、一概に「特異」といってしまうわけにはいかないのである。事実、国家主義や軍国主義を目指した歴史上の国家の多くがスパルタと同様の教育政策を打ち出していた。日本の戦前の教育政策も決してこのスパルタの教育政策と無縁なものではなく、むしろ典型的な例である。また、今日の日本でも「スパルタ教育」という言葉が生きていて、必ずしも否定的にのみ使われているわけではないことも重要である。

しかし、一度はペロポネソス半島の覇権を握ったスパルタではあったが、コリントス戦争に敗れ、メッセーニアが独立すると急速に衰退し、往時の繁栄を示すものがほとんど残らないほど文化的には脆弱な国家であったようである。軍国主義・国家主義を目指した教育政策の末路を暗示する例として、記憶にとどめておくべき重要な教育政策課題である。

2 日本古代の学制にみる教育政策

A 律令体制と官吏養成

　中央集権国家の確立を目指した日本の古代国家が、7世紀以来、大陸先進文化の学習と人材の育成に努めてきたことは、すでに聖徳太子の教育政策を紹介しながら述べた。

　7世紀中期以降の日本は、新たな体制のもとで律令体制の成立に向けて邁進することになった。そのために教育政策は重要な位置を占めることになった。なぜなら、律令体制はその基本に文書主義が存在するからである。たとえば、税制度は戸籍を基本とするわけだが、戸籍は全国で良民から奴卑に至るまですべての人民の男女の別、生年を記録した。この文書量だけでも膨大なものであったことが想像されるが、それに動員される役人も大量に必要とされた。

　「正倉院文書」として7～8世紀の諸官司の事務記録が大量に現存している。その中にはさまざまな工事記録や各役所の出納帳が残っていて、当時大量に事務文書が作成されていたことを物語る。また、長屋王宅遺跡のゴミ捨て場と思われる場所から大量の木簡が出土していることもそれを証明するものである。

　このような事実は、読み書きや計算能力を身に付けた大量の官人（役人）を組織的に養成する制度が成立していたことを意味しており、すでに特定の氏族の技能として氏族内部で継承していくのでは間に合わず、国家の政策として官僚養成が行われていたことを示している。

　官立の教育機関に関する記録としては、中央官吏養成を目的としてつく

られた高等教育機関である「学識(ふんやのつかさ)」が、『日本書紀』の天智10年の記録にみられる。これが発達して改称されたものが、7世紀にはその存在が確認される「大学寮」である。ただし、大学寮が国家に必要な中央官吏養成の中心であったことは間違いないが、この教育機関が官吏養成を一身に背負ったわけではなかった。

奈良・平安時代には、私設の教育機関や学者の私塾など多くの教育機関の成立がみられるし、国家の教育政策の下で諸官庁も独自に官吏養成を行っていたことが知られている。官医の養成を目的とした典薬寮や、陰陽・天文・暦の専門家の養成を目的とした陰陽寮はその代表的なものである。

B 大学寮にみられる教育政策

日本古代の教育政策を詳しく知る史料は『養老令』である。『養老令』には「大学」と「国学」が置かれると書かれている。しかし、中央官吏養成を目的として「大学」が置かれた形跡はなく、実際には式部省に属した「大学寮」と、地方官吏養成の「国学」と「府学」(太宰府)が置かれたものと考えられ、『養老令』の学令にみられる規定は「大学寮」に関するものと考えてよい。

この「大学寮」に関する規定は入学規定、教員規定、教育内容、試験制度にまで及ぶ詳細なものであり、1177(治承元)年の大火で大学寮が消失するまでの約500年間その骨格は変わっていない。日本史上最も長く保持された、人材養成制度を支えるための教育政策といってよいであろう。

[1] 大学寮の制度からみる教育政策

大学寮の制度は中国南朝や朝鮮の学生の影響もみられるが、基本的には唐の制度に倣っている。とくに唐の中流貴族の学校であった「太学」の制度を輸入したと考えられている。

しかし、唐の制度と大きく異なる点がみられるのも事実である。大学寮には、大学寮を運営する官僚の組織と教官の組織の2系列があった。官僚組織は大学の頭(かみ)、助(すけ)、允(じょう)、属(さかん)の四等官に合計6名が配置されていて、養老令の基本的な制度と同じである。特徴的な点は教官の組織である。本科にあたる儒学科には、博士1名、助教2名、中国音を教える音博士(こえのはかせ)2名、

習字教官である書博士2名が置かれ、付属科の数学科には算博士が2名置かれていた。これを唐の太学と比べてみると、書と算の教官が博士の地位にあり、非常に高いことが判明する。これは書・算という実務的・技術的教科を重視する教育政策のあらわれだと考えられる。

大学寮の前身である「学職」時代にすでに博士（儒学の教員）と音博士、書博士が置かれていたことは、『日本書紀』天智・天武紀から知られているが、当時は亡命百済人か渡来系氏族が就任していたものと考えられ、彼らを優遇した制度が継承されたとみることもできる。

[2] 大学寮の入学規定からみる教育政策

大学寮への入学には制限が設けられていた。まず、身分上、五位以上の貴族の子・孫、古くから文筆に携わっていた実績のある渡来系氏族出身の史部の子、八位以上の下級官人の子でとくに志願する者という制限であった。

貴族社会において、五位という地位は重要な境目となる。貴族の圧倒的多数は六位以下の貴族であり、五位以上の貴族がいわゆる特権貴族である。入学規定がこの特権貴族の子・孫と渡来系氏族出身の史部の子を優遇していることは、律令時代の教育政策の意味するところをよく示している。すなわち、大学寮の入学規定からみられる教育政策は、律令体制の確立という新しい時代の到来に対応した政策・制度ではあっても、新しい社会の出現、身分を超えた人的資源の発掘を目指した政策では必ずしもなかったということである。むしろ、新しい時代の到来に対応するために、古くから特権をもった一族の没落を予防し、さらなる支配の強化を狙う政策であったとみられる。

しかし、実際には特権貴族の子弟の入学はほとんどみられず、この政策意図は必ずしも達成されなかったようである。学生の大部分は中・下級貴族の子弟で占められており、大学寮存続期間を通じて大学寮が養成したのは、中・下級官僚がほとんどであった。それは、前に述べた実務的・技術的教科の重視という点とは符合するが、入学規定にみられる本来の政策意図とは必ずしもマッチしたものではなかっただろう。

それでは、あまり入学しなかった特権貴族は没落していったのかという

と決してそうではない。ここで論じている教育政策とは別に、律令政府は「蔭位の制」を設けていて、父祖の地位によって満21歳になると一定の位階が与えられたのである。特権貴族にとっては、大学寮は必ずしも入学しなければならない教育機関ではなかったわけである。

ここで、特記しておきたいことがある。それは平安時代の大学寮に「白丁文章生」がいたことを示す史料が残っていることである。「白丁」は民衆を意味する。一部の教科に限られてはいたが、入学規定にみられる政策意図とは異なり、上層民衆にも教育機会を提供した例外的事例が存在したことは事実である。

次に入学年齢の規定をみておきたい。入学年齢は13〜16歳までと定められていて、9年間で所定の学業を終えなければならないことになっていた。したがって、現在の中等教育と高等教育を併せた学校であったということができる。

大学寮は本来の政策意図とは異なり、中・下級官人の養成にとどまったことはすでに述べたが、大学寮出身の英才が大出世を遂げた例がある。その代表は菅原道真と大江匡房であろう。彼らの伝記から知るところでは、彼らは大学寮入学以前から漢詩文などの学習に励んでいた。日本古代には初等教育に関する教育政策を見出すことはできないが、大学寮入学以前に各氏族内部で何らかの基礎教育・初等教育が行われていたことがわかる。

[3] 大学寮の学習内容からみる教育政策

本科である儒学科は後に明経道と呼ばれることになる。この学科の必須教科書は、孔子の門人曾子が孔子の言葉をまとめ、個人の道徳も国家の政治も「孝」を根本とすることを述べた『孝経』と、孔子の死後弟子たちによってまとめられた孔子の言行録である『論語』であった。いずれも儒学の基本文献である。選択必修科目には、『周易』『礼記』『毛詩』『春秋』（左氏伝・公羊伝・穀梁伝）や『御注孝経』などがあった。

数学科は、実用数学の教科書である『九章』や高等数学教科書である『綴術』などから選択されて学習されていた。後に暦道書も追加された。

ここで、大学寮の数回にわたる改革について触れておきたい。8〜9世紀は日本の律令政治が比較的よく行われていた時代であるが、この頃改革が

図られ、9世紀末に大学寮の組織が最終的に確定する。また、このときが大学寮の最盛期であったと考えられる。その最盛期の体制は明経道（かつての儒学科＝本科）、明法道（法律専攻科）、紀伝道（漢文学・中国史専攻科）算道（かつての数学科）の「四道」となる。明法道では「律」や「令」、紀伝道では『文選』や三史（『史記』『漢書』『後漢書』）がテキストとして使用されたことが後の史料から明らかとなる。

　また、学習順序に関しては明確な規定はない。明らかなのは、音博士から中国音の読みを学んでから、各道の講義を聞いたことくらいである。また、現代では、教育内容や教材、学習順序が規定された学習指導要領が最もよくその教育政策のあり方を示すといわれるが、日本古代の教育政策は教科書や学習順序に関する規定からその政策思想を評価・判断することができない。

　ただし、大学寮はそれに先立つ「学職」から一貫して儒学学習のコースを中心に置き、儒学の基本テキストの学習を続けてきた点を重視すると、儒学の教養を身につけた官僚の育成が律令国家の教育政策であったことが判明する。菅原道真や大江匡房についてすでに触れたが、彼らは紀伝道の英才ともいわれ、9世紀以降、大学寮の中に漢文学隆盛の機運があったことは間違いない。しかし、大学寮最盛期でかつ紀伝道の隆盛期であった頃でも、学生総数480名のうち紀伝道の学生（文章生）はせいぜい40名程度であったと考えられ、学生の大半が明経道の学生であったことは、この教育機関の意味を明確にするであろう。

[4] 大学寮の試験制度からみる教育政策

　大学寮では10日ごとに旬試と呼ばれる試験が行われ、その試験には教科書の暗記が求められた。毎年7月に歳試（年終試）が大学頭によって行われ、この歳試に三度落第すると退学させられた。

　試験が担当教官によってではなく大学寮の管理機構の長である大学頭が執り行ったことは、官吏養成を教育目標の中心に置いていたこの教育機関の性格をよく示している。また、「応挙試」と呼ばれる卒業試験に合格してから式部省が行う国家試験を受け、それに合格してはじめて叙位・任官できた。大学寮での教育が一貫してこの叙位・任官への過程であったことが

よくわかる。

　このような教育政策の下で、各氏族は一族の繁栄のために一族の学生に惜しみない援助を行った。その代表が橘氏の学館院や王氏の奨学院などの「大学寮別曹」である。大学寮の付属機関と位置づけられるが、大学寮のように国家財政によってではなく、国家の教育政策に対応して各氏族が私費を投じてつくった寄宿舎で、一族子弟の学習支援のために衣食を給して学習を支えた。今日的な言い方をすると、国立大学の学生寮を親が建てるようなもので、奇妙といえば奇妙にみえるが、日本古代国家の教育政策が生み出した私的な教育応援施設である。

[5] 大学寮衰退からみえる教育政策

　9世紀末、大学寮が最盛期を迎えていたということは、官吏養成を大学寮で行うという日本古代国家の教育政策が実効性をもって行われていたことを意味する。政府は積極的な財政援助を行ったし、大学寮も実効性重視の学問を教授した。さらに、例外的ではあるが道真や匡房のようなある時代を支えるような人材も輩出していった。

　しかし、10世紀に入ると大学寮は徐々に衰退していく。その最大の原因は律令体制の解体にある。大学寮での官吏養成を必要とした律令体制が解体していったのだから、この教育政策の実効性が失われていくことはある意味当然であった。

　また、本章2節B [2] で明らかにしたように、本来大学寮は五位以上の特権貴族の入学を有利にし、特権貴族にこそ入学を期待していたと思われる。しかし、実際にはその五位以上の子や孫の入学がほとんどみられず、この政策の本来的目標が当初から的外れであった可能性は否定できない。蔭位の制と大学寮の制度ははじめから相容れないものであり、政策の整合性に基本的な問題があったといわなければならない。

　やがて教員の選任にも厳格さが欠け始め、博士家と呼ばれる家柄が成立して世襲化が進むようになった。このような事情が相まって、大学寮とそれを支えた教育政策は衰退し、1177年の大火以降再建されることはなかった。日本史上、最も長く存在した教育政策は大学寮の焼失と共に終演を迎える。

3 義務教育を生み出した教育政策

A　プロイセン義務教育政策の狙い

　法律によってすべての国民が受けることを義務づけられている教育のことを義務教育という。現在の日本の義務教育に関する政策やその意義に関しては他章に任せるとして、ここでは義務教育の発生の過程を検討して義務教育の教育政策的意味について検討していきたい。

　今日、私たちは民主的な国家を維持する重要な教育政策として義務教育をとらえているし、平和で平等な社会を維持する機能として、日本社会の根幹を支える教育政策と考えている。しかし、歴史的にみると、18世紀中期のヨーロッパ絶対主義の時代に、絶対君主が自らの絶対的な権力の所以を臣民に王権神授説を用いて納得させ、従属させるために用いた教育政策が義務教育の始まりであった。

　この問題を明らかにするためには、フリードリヒ大王（1740～1786）が統治したプロイセンをみなければならない。1763年8月12日「一般地方学事通則」が公布された。これが本格的な義務教育の始まりであり、世界初の初等教育令あるといってよい。「本格的な」と表現した理由は、1500年代のザクセン（現在のドイツ東部、旧東ドイツ南部）でルター派領主が国家統治を目的とした義務教育制度を行っていた歴史があり、この経験をもとにフリードリヒ大王は義務教育制度を確立したと考えられるからである。

　また、この義務教育制度は民衆教育政策であったが、その背景には二つの動機があったと考えられている。一つは軍事的動機である。「一般地方学事通則」が公布されたのは七年戦争直後のことで、この戦争ではフリードリヒ大王は幾度かの敗戦を経験して苦戦し、その原因が読み書きのできる下士官の不足にあったと彼が痛感したことである。二つ目の動機は、すでに成果をあげていたベルリンの教員養成所における養蚕技術伝習が、重商主義の経済政策に有用であると彼が感じていたことといわれている。

　記録によれば、彼は成人男子100万人のうち、1割の10万人が読み書きのできる下士官として正確に軍令を伝え軍律を守りさえすれば、強力な軍事力を保持できると考えていた。また、この時期はプロイセンにおいて、

農民層の分解が進んでいた頃であり、養蚕技術を獲得して、半農・半工の農村手工業者が成長し、上層農民層を形成して重商主義経済の中核になると考えていた。いわゆる「富国強兵」の発想がこの民衆教育政策の原点であったと考えられる。

B 「一般地方学事通則」の内容

　26条からなる「一般地方学事通則」は王国内全州のルター派の農民に公布されたが、下敷きとなったのは1754年にミンデン地方で公布された学校令であった。ミンデン地方は今日でも先進地域であるが、当時は近代的な生産関係がすでに成立していて、フリードリヒ大王が期待していた上層農民層が多く出現していた地域であったと考えられる。

　「一般地方学事通則」の代表的な条文からこの教育政策の内容についてみていきたい。

1条　　教育の標準目標：5歳までに就学し、13、14歳まで継続して、キリスト教の必須事項を理解し、読み書きができるだけでなく、教科書で学んだことをこたえられるようになること。

7条　　授業料規定と計算の学習について。

18条　　授業時間：午前中は8時から11時までの3時間、午後は1時から4時までの3時間授業を受ける。

20条　　教科書：新約聖書、ルターの分解教理問答書、ベルリン綴り字及び読み方教科書などルター派宗務局が制定または認可したもの。

21条　　児童は必ず一冊ずつ教科書を持つこと。

　これをみるとわかるように、読み書き計算能力をすべてのプロイセン国民の児童に学ばせようとしている点は画期的なものであると思われるが、就学時間が長いこと、一日の学習時間が長いこと、さらに指定教科書を児童すべてに持たせようとしていたことは驚きである。労働力の一端を担っていた当時の子どもを、このように長期間、長時間学校に通わせ、教科書を買い与える余裕が当時のプロイセン農民にあったのかどうか疑問が残るからである。

　さらに、この義務教育政策は今日の日本や各国にみられるような無償の学校制度ではない。高額な授業料の支払いと、就学を怠った者への罰金が

定められていたから、下層農民の反発は大きかった。授業料は教師の賃金となったから、教師たちは授業料未納者の禁固刑をも含めた完全実施を求めるが、そうすれば下層農民は村を出て行くか、カトリックの学校に子どもを通わせるしかできなくなる。そのため、1764年には授業料規定の実施は教師の収入が十分でない地方だけに限定されることになった。

C 「一般地方学事通則」にみられる教育政策の評価

　10歳以上にもなれば子どもは十分な労働力たり得たわけで、その子どもたちをとくに夏期農繁期に学校に通わせなければならなかったことに対して反発は強かった。フリードリヒ大王に直訴する事件まで起きているが、フリードリヒ大王は「学校は国家の福祉、子供の幸福をめざすものであり、就学期間中はいかなる理由があろうとも登校させること、それだけでなく、この期間は子供は汝らのものではなく、国家のものである。これは朕のかたき信念である」(石井, 1969)という有名な答えを出している。

　ここに、プロイセンで始められた義務教育とその背景にある教育政策の意図を読み取ることができる。教育を国家の福祉といい、子どもの幸福を述べながらも、子どもは国家のものであると考えていたのである。この思想が義務教育発生の教育政策の背景にあった。したがって、義務教育は受けることを絶対君主から命じられた教育として始まったといえる。

　ところで、下層農民から強い反発を受けたこのフリードリヒ大王の教育政策は失敗に帰したのだろうか。そもそもこの教育政策はこれに強く反発した下層農民をも対象とした政策だったのだろうか。フリードリヒ大王が求めたのは読み書きができる10万人の下士官と重商主義経済の中核となる上層農民の成長だったことを思い返すと、下層農民からの反発はフリードリヒ大王にとっては重要な問題ではなかった可能性がある。そう考えると、近代市民革命以後の社会が目指した近代的公教育政策とは相容れない性格の教育政策であったといわなければならない。事実、近代市民革命はこのような絶対主義専制君主による強制的な国民教育を打倒することを目標に掲げることになった。

4 昌平坂学問所にみる日本近世の教育政策

A 昌平坂学問所

　昌平坂学問所は、徳川幕府が直参の旗本・御家人の子弟教育のために運営した幕府直轄の教育機関である。昌平黌とも呼ばれるが、正式名称は「学問所」である。昌平坂に学問所があったから昌平坂学問所と呼ばれるようになったのではなく、学問所付設の聖堂近くの坂道を孔子の誕生の地にちなんで昌平坂と呼ぶようになり、昌平坂学問所と一般に称されるようになった。この問題は、単なる名称の問題ではない。孔子誕生の地の名前を付けてこの学校を呼ぶところに、この学校の性格と幕府がこの学校を通して行おうとした教育政策が見て取れる。

　18世紀に入ってから幕府は文治政治を推し進め、旗本・御家人に身分制社会の頂点に立つものとしての自覚と官吏としての行政能力の育成を求めて、儒学（朱子学）を教学の中心に置いた。この幕府の文教政策の中心となったのが昌平坂学問所である。

　この学問所の前身は上野忍岡にあった林家の家塾である。林家は羅山以来、幕府の儒官として仕え、朱子学を家学としていた。林家の朱子学が幕府の教学の中心に置かれるようになるまでの過程に、幕府の教育政策が読み取れる。その過程で最も重要なものは「異学の禁」である。「異学」とは、儒学の中の特定の思想を正学としたときの、それ以外の学説や思想のことをいう。

B 寛文異学の禁

　最初に出されたのは「寛文異学の禁」である。これは17世紀半ば、岡山藩主池田光政が熊沢蕃山を重用し、藩内庶民の手習教育に努めたことに対し、蕃山が陽明学者であったことから、幕府は京都所司代を通じて光政に禁止を求めたものである。

　また、山鹿素行はもともと林家で朱子学を学んだが、著書『政教要録』の中で朱子学を批判したことから、赤穂藩へお預けの身となった。素行は後に許されて江戸に戻って、古学派（儒学を後世の解説書に頼って学ぶ朱子学な

どの姿勢を批判して、論語などの原点に立ち戻って研究しようとする学派）の祖となる。

「寛文異学の禁」の狙いは、この蕃山と素行の影響力を排除しようとしたところにあるが、そこには当時幕府が進めていた仏教界への統制に対して抵抗した日蓮宗不受不施派弾圧という時代背景があった。また、当時は四代将軍家綱の時代であり、将軍権力に動揺がみられた時代でもあったから、将軍の後見人であった保科正之（会津藩主）の指示があったといわれている。裏を返せば、蕃山と素行の思想が当時大きな影響力をもっていたことを示しているのだが、この事件をきっかけに君臣関係を絶対視する朱子学を「正学」とする幕府の教育政策が強く押し進められることとなった。

1666年は素行が赤穂へお預けとなった年であるが、同じ年、林家では林鵞峰によって家塾の学校化が進められることとなった。林家の家学が官学化していく重要な契機となった事件である。

C　寛政異学の禁

普通「異学の禁」といえば、この「寛政異学の禁」をいうことが多い。これは寛政の改革（1783〜1793）の一環として松平定信のもとで示された教育政策である。寛政の改革は田沼時代の後、天明の大飢饉によって生じた社会不安を鎮めて農村の復興を目指した改革であったが、教育政策においても大きな意味をもった。

18世紀に入ると朱子学の古典解釈を批判した荻生徂徠の学説（古文辞学派）が有力となっていた。これに対し、朱子学派の柴野栗山、尾藤二洲らが中核となって朱子学の勢力挽回の運動が展開された。この運動は、武士の教育と庶民の教化を社会再建の手立てにしようと考えるものであり、朱子学を「正学」とすることを強く主張した。これは同時に他の学派（異学）の研究活動を弾圧し、その学問の存在自体を否定するような運動を伴っていた。その結果、幕府直属の学校としての昌平坂学問所の成立への大きな原動力となり、教育内容も朱子学で統一されていくこととなった。

D　寛政の改革期からの幕府の教育政策

当時、旗本・御家人の中には、役職不足から遊民化する者があらわれ、

社会問題化しつつあった。松平定信は人材登用令を出して、優秀な旗本・御家人子弟に出世の道を開き、同時に幕臣子弟の教育水準を一定に保つ政策を打ち出した。

1793（寛政5）年から家督相続の予定がない次男・三男などを含め、すべての幕府直臣を対象に、3年に一度ずつ青年・成人には「学問吟味」、幼少年には「素読吟味」を実施した。1795年には、7歳で四書（『大学』『中庸』『論語』『孟子』）と『孝経』の中から二つ、8～10歳までに四書すべてを、11～15歳までに四書・五経（『周易』『尚書』『毛詩』『礼記』『春秋左氏伝』）を、と年齢に応じた学習カリキュラムを示している。

さらに1797年には「素読吟味」受験資格年齢を17～19歳までとし、幕臣子弟の青年期の遊民化を防止する重要な政策となっていた。これに及第することは、家督を継げない次男・三男が養子縁組をするときの重要用件ともなったし、優秀な嫡男の中からめざましい出世を遂げる者もその後にあらわれている。かなりの効果をあげた教育政策であったと考えられる。

1797年からは聖堂を幕府直営とし、昌平坂学問所では幕臣子弟のための素読授業を毎日実施するようになった。さらに1801年には諸藩の藩士や郷士・浪人にも開放され、庶民をも受け入れるようになった。これらの一連の教育政策は朱子学を「正学」として位置づけるのみならず、昌平坂学問所が幕臣の正式な教育機関として位置づけられ、日本近世の最高学府として整備されていく重要なきっかけとなった。

明治維新後は新政府の管轄下に置かれ、昌平学校となり、また大学校と改称され、1871（明治4）年廃校処置がとられるまで存続した。

5　日本近世の欧米文化受容政策

中世末期、日本は西洋文明と接触し、高度に進んだ西洋の文明を目の当たりにする。鉄砲は日本の歴史に大きく影響したし、キリスト教は九州地方を中心に急速な広まりを示したように、政権にとって西洋文明の受容への対策は各政権の重要な政策課題であった。徳川幕府は豊臣政権から始ま

ったキリスト教禁教政策を継続し、鎖国政策を完成することになる。

　しかし、これは西洋文明を完全に遮断したことを意味したわけではない。1637年島原の乱において当初苦戦を強いられた幕府は、その頃、ヨーロッパで繰り広げられていた30年戦争（ボヘミアを舞台に展開した宗教戦争）をうまく利用して、新教派オランダとの関係強化に傾倒していく。

　「洋学」という言葉は江戸時代の西洋学術の総称であるが、鎖国後、長崎のオランダ通詞を介して学ばれた学術を「蘭学」と呼び、幕末開港以降英語・仏語などを通じて学ばれるようになった学術を「洋学」と呼ぶのが一般的である。

A　蘭学

　17世紀中は長崎出島に駐在していた医師から西洋医学を学んだ程度であったが、西川如見が記した『華夷通商考』(1695)が刊行されるなど、西洋学術が科学・技術において優れていることは早くから紹介されていた。

　18世紀前半徳川吉宗が八代将軍に就任してから本格的な蘭学研究が始まる。これは、当時の商品経済の発展を背景として、1720年洋書（キリスト教に関する書籍は除外）輸入が認められるところから始まる。西洋の科学・技術を殖産興業に利用しようとした政策意図を明確にもったものであった。

　青木昆陽、野呂元丈にオランダ語の学習を命じ、西洋学術の育成に努めた。この教育政策は享保年間の殖産興業に大きく貢献しただけでなく、その後の田沼時代、西洋学術への強い関心をもつ人々の登場の重要な要因となったと考えられ、前野良沢・杉田玄白らによって刊行された『解体新書』(1774)は最も顕著な成果であったといえるだろう。

　また、享保年間の蘭学政策は日本の天文学の発達に大きく貢献することとなり、それまでの陰陽五行に基づく在来科学から脱して、西洋的科学認識を取り入れた天文方の改暦事業に結びつくことになった。1811年に天文方付属機関として蘭学書翻訳の部局が設置されたのもこの政策の延長上にあるものと考えられる。

　さらに、蘭学研究は西洋事情（地理学）研究でも、重要な役割を果たしている。桂川甫周の『魯西亜志』(1793)、山村昌永の『魯西亜国誌』(1806)などは当時のロシアの南下政策に対応しようとした幕府の要請で翻訳された

ものである。また、1808年には世界地図編纂のため蘭書の翻訳が天文方で行われている。

本章4節で検討したように、この時期は朱子学の「正学」化が進められ、昌平坂学問所の拡充が進められていた頃である。しかし、蘭学と朱子学の学習を幕府が平行して奨励・推進していたわけではない。蘭学が近世幕藩体制の補強の学問として重視されていた事実は否定しがたいが、1828年のシーボルト事件、1839年の蛮社の獄でもわかるように、蘭学者が幕府にとって協力的である限りは保護されるが、幕藩体制維持のためには危険な存在として常に意識されていた点も留意しておく必要がある。

B 洋学

アヘン戦争における清国の敗北は幕府に強い衝撃を与え、西洋の近代的な軍事技術や近代的兵学受容の必要性が求められるようになった。本章5節Aでみたように、蘭学の必要性は幕府の中枢でも認識されていて、蘭学の担い手も、医者・学者だけでなく武士階級の中からも多くあらわれてくるようになる。

さらに、開港後は諸藩も競って蘭学教育機関を設立するようになり、西洋近代科学技術による富国強兵政策の一環として西洋近代科学の学習が始められていく。この頃から、オランダ語だけでなく、英語・フランス語・ロシア語などを通じて西洋近代科学の学習が始められ、後には幕府だけでなく有力な諸藩も留学生を派遣するようになる。

この時期の西洋科学技術の学習を「洋学」と呼ぶ。幕府は長崎海軍伝習所に外国人教師を招いて実地訓練を行える教育機関を設立しているが、「洋学」の中心となったのは「蕃書調所」である。

「蕃書調所」は天文方を源流としていて、幕府が設立した洋学研究の中心機関である。はじめは、天文暦道の研究や地理学の研究、翻訳事業が中心であったが、やがて、外交事業をも行うようになっていった。

ペリー来航を契機に外交関係の重要性と危機感を感じた幕府は、外交・軍事に必要な洋書の翻訳官や通訳の養成を急務と感じ、勝海舟らに命じて特別機関の設立を計画させた。1855年古賀一郎を頭取に任命し、1856年「蕃書調所」は開設された。この機関は翻訳事業を行うだけでなく、それに

必要な人材の育成を目的としていたから、翌1857年からは授業も開始されている。当初は幕臣に限っていたが、200名近い生徒が集まったと伝えられている。後に他藩士にも入学が認められるようになった。

　教員は箕作阮甫・杉田成卿を教授とし、教授手伝として川本幸民・高島五郎など諸藩の医師が当てられた。その後、村田蔵六（後の大村益次郎）、西周、津田真道、箕作麟祥、加藤弘之ら著名な人材が登用されるようになった。これら教授陣の顔ぶれから諸藩出身者が多く登用されたことがわかるが、幕府は幕臣の中から教官の登用を積極的に行おうとした一方、加藤、西らを幕臣に取り立てる方策をとった。昌平坂学問所における「正学」のみではすでに時代に合わなくなっていたことを幕府自体が感じていたとも考えられる。

　しかし、「蕃書調所」はその後順調に発展したわけではなかった。老中阿部正弘の死後、大老となった井伊直弼によって規模縮小がなされるなど、幕末のめまぐるしい政争や政策転換と無縁ではなかった。

　また、時代の流れはすでに朱子学を「正学」とする旧来の教育政策では対応できるものではなく、1860年には英語学科、フランス語学科、ドイツ語学科も設置され、化学、物産学、数学などを研究・教育する学科の新設もみられる。とくに、英学の需要が増加して、生徒総数の半数以上が英学を学ぶ学生となった。一ツ橋に新校舎が落成してからは「洋書調所」と名称も改められ、1863年には「開成所」となり、同所規則が設けられている。

　それによると、学科組織は、語学にはオランダ語・英語・フランス語・ドイツ語・ロシア語があり、専門学科として地理学・究理学・天文学・数学・物産学・化学・器械学・画学・活字学が設けられていた。さらに、西洋哲学・経済学・統計学も研究分野に加えられていった。

　ところで、蕃書調所は出版局としての役割を果たしたことも重要な点である。『英訳対訳袖珍辞書』など多くの辞書を刊行し、幕末から維新にかけて洋学研究の基礎を築いた。また、1862年には海外の新聞記事を翻訳して刊行、横浜で発行されていた英字新聞を翻訳して発行するなど近代ジャーナリズムの先駆ともなった。

　一方、「開成所」の責任者を幕府の陸軍奉行・海軍奉行が兼任するようになって、幕府の軍学校としての性格をももつこととなった。幕府の直轄教

育機関の中心的役割を果たすようになったともいえるのである。

　また、「蕃書調所」に始まる「開成所」は明治新政府樹立後、開成学校、大学南校、南校、東京開成学校、と名称を変えつつ、東京大学の源流の一つとなった。

　明治新政府は薩長を中心とした勢力によって構成・運営されたと一般には考えられていて、日本の近代化は維新に功績があった西南雄藩の下級武士たちによって成されたと考えられている。一概にそれを否定するわけではないが、幕末期の幕府のこの洋学政策なくして、近代化の最前線で活動した人材は確保できなかったと考えるのが自然である。

　皮肉なことに、幕府の教育政策によって育てられた人材が、倒幕勢力を支えて日本の近代化に寄与したことになる。教育政策とはこのように、それを実施した政権にのみ貢献するのではなく、その国の将来、人類の未来に貢献するものであると考える視点を忘れてはならないであろう。

コラム　「秀才」

　この言葉は現在、「勉強がクラスで一番よくできる子」とか「優秀な大学に進学できる優れた学問的知識をもった人」という意味で使われている。

　この語源は中国隋代に始まった教育政策（人材育成政策）である「科挙」にある。もともとは、隋代の科目の一つの名称であった。科挙制度は金や元など周辺民族によって漢民族が支配された時代には行われなかったが、中国史上、一貫して官吏養成の重要な試験制度として20世紀初頭の清代末期まで続けられた。

　唐滅亡後の宋代に旧貴族が多く没落してからは官僚の多くがこの科挙合格者で占められることになった。時代によって異なるが、一般にこの試験は難関で、倍率3000倍、合格平均年齢26歳ともいわれている。

　明・清代に入ると、科挙制度は複雑化するが、科挙受験資格者は国立学校の学生に限られるようになる。そのため官吏を目指す者は国立大学受験を目指すことになる。国立大学受験資格を得るためには童試に合格しなければならず、童試には県試・府試・院試の三段階があり、最終試験である院試は中央から派遣された官吏によって行われた。これに合格して初めて、

国立大学入学資格を得ることになる。この国立大学入学資格を得た者が「秀才」と呼ばれた。ここでいう「秀才」が今日、日本で使われている「秀才」という言葉の直接的な語源であろうと考えられる。

秀才たちは官吏登用の最終試験である「殿試」に合格して晴れて将来が約束される官吏となる。この殿試は皇帝自らが行ったといわれていて、その様子は井上靖『敦煌』の冒頭部分で主人公の夢の中の出来事として描かれていて、「秀才」たちが挑戦する殿試の様子がわかりやすく紹介されているので一読することをお勧めしたい。

ちなみに、本論の中で紹介している「太学」は日本の古代学制の参考となった中国の教育制度であるが、日本には科挙制度は導入されなかった。その主な原因は、蔭位の制と呼ばれる高級貴族子弟優遇政策が日本の古代学制と併存していたことにあったと考えられ、古代日本の教育政策が中下級貴族養成にとどまったためであろうと思われる。

考えてみよう

問題
(1) 古代国家と教育政策との関係を明らかにしてみよう。
(2) 近代社会を生み出した教育政策について考えてみよう。

解答への手がかり
(1) 聖徳太子の政策の意味について考え、その後、国家が何を目的として学校をつくっていったのかを考えてみよう。
(2) 江戸幕府の教育政策を官吏養成と洋学受容の二つの観点から考えてみよう。

第3章 近代日本の公教育政策

本章のポイント

　近世の封建制度下においても人材育成は重視され、そのための教育実践や思想があった。近代になると全国規模での教育機関（学校）が設置されることになる。その最初のものは1872（明治5）年の「学制」であり、欧米の教育制度の模倣・移入という性格をもっていた。それを日本の実情にあわせ修正していく形で徐々に戦前期日本の教育体制が固められていく。はじめは欧米化に傾き過ぎたことへの批判から始まり、日本という「国家」の在り方について模索されるようになり、その流れにおいて天皇制国家体制がつくりあげられていく。さらにその国家体制を周知し、習慣づけ、「国民」をつくる場として、いわば統制のための装置としての期待と役割が学校教育にこめられていくのである。

1 近代教育発足当時の教育政策と行政

A 近代化スタート時における拝外主義と海外教育情報の移入

　明治維新期における政府の国家としての政策は何であったのか。幕末動乱期の一時期において、国の在り方として一つの大きな主張とされたのは「尊皇攘夷」という考えであった。天皇（朝廷）に大政を戻し、異国（外国）の脅威を排除するというこの思想に顕著に示されているように、当時の日本は、植民地政策をとる欧米列強諸国への危機感から動揺していた。あるいはその外圧の危機感により明治の新政権が誕生したといってもよい。アヘン戦争以降のインド（ムガール帝国）・中国（清）の惨状を知る日本にとって、この外圧の中で独立を維持するためには、いち早く近代国家へと転じることが最大の課題とされた。維新政府は文明開化、殖産興業、富国強兵の政策スローガンをあげ、これを推進していく。近代的な文化国家となり、産業を興し資本力をあげること、強い軍事力を保持することこそが、この時期においてとるべき道とされ、そのための施策を中央から発信することとしたのである。そのためには「国民」という意識（ナショナリズム）を育む必要があった。日本やアジア諸国が圧倒された西洋諸国の軍事力や産業も、国民の文化レベルや能力をベースとするものであり、いち早く近代統一国家へと脱皮するための方途として教育、とくに学校に注目が集まるようになった。

　幕末より西洋の学問（洋学）への注目は大きくあったが、従来の教育は多くの場合、武家という階層（身分）に限られるものであり、国民皆学というものではなかった。そのため、国民教育のモデルとして海外教育情報の移入が拝外主義のもと重視されるようになる。

　教育史上の明治維新の開始宣言ともいうべきものが、1870（明治3）年「大学規則」「中小学規則」公布であった。この規則（学校設立計画）の正定本（布告されたもの）は「公文録」資料として保存されている（国立公文書館所蔵）。

　ここでは「大学規則」についてみていこう。その「学科」（学部）として、教科、法科、理科、医科、文科という5学科（学部）構成の大学が構想されていた。1871（明治4）年に文部省が設置される以前に、このような総合大

学像が描かれていたのである。各学科の教育内容も示されている。「教科」には、神教学、修身学があり、ミッション系の学校の影響と思われる。「法科」には、国法、民法、商法、刑法、訟法、万国公法、利用厚生学、典礼学、政治学らの内容が記され、現在の法学部とも大きな差はみられない。「理科」には、格致学、星学、地質学、金石学、動物学、植物学、化学らが置かれ、「医科」に限っては予科と本科とに分けられていた。その内容は解剖学や原病学らの名称がみられるように洋医学を中心としていた。さらに「内科外科及雑科治療学兼摂生法」とあるように内科・外科の分類もあった。「文科」の内容は、紀伝学、文章学、性理学であった。

　以上の通り、ほとんどは西洋風の学科であり、つまり洋学の影響下にあり、その学科課程を模倣したものと考えられる。しかし予定されていた「教材」をみると、その内実の違いがあらわになる。「公文録」資料には「三科必読書目」として「教科」「法科」「文科」で使用する教科書名が数点挙げられている。たとえば「教科」では『古事記』『日本紀』『万葉集』『宣命』『祝詞』などの国学系や、『論語』『大學』『中庸』『禮記』などの儒学系・漢学系の書籍が指定された。同じく「法科」では『令』『残律』『延喜式』『三代格』などが、「文科」でも『五國史』『大日本史』『枕草子』『源氏物語』『史記』『前後漢書』などの書籍が指定されていた。つまり、教科名は西洋に範をとり洋学の影響を受けて新しい科目が設定されたが、その実、内容は教科書や教授方法の問題（不足）もあってか、既成の書物のうち国学系の古典ともいえる復古精神の書物を用いることとしたのである。この「器は洋風で、中身は復古」「外見は西洋を模しても、内実の精神は天皇制（王制）復古」といえるもの（和魂洋才）は、まさに明治維新そのものであり、あるいはその一端を強く示すものといえるのではないか。また略された「三科」以外の学科（理科、医科）であるが、「理科」（西洋科学）については南校（大学南校、開成学校）がその教育機関であり、「医科」については東校（大学東校、後の東大医学部）の管轄下にあったという事情もある。しかし、それでも洋学から脱却しようと構想していたことが次の文書に示されている。

　「公文録」の1870（明治3）年「大学伺」に収められた文書「東校専門生徒留学之儀申立」には、「少年伶之者」を選んでの海外への留学生派遣の必要が訴えられていたが、その理由として、留学生が帰国すれば外国人による

伝習から切り替えることができるとされていた。それが実現されないときは「無限外国教師御雇入」となり「皇国之医学独立」ができないとされ、自国の医学の独立のために必須であるとされたのである。南校についても同年「南校専門生徒留学并教官為質問洋行之儀申立」（6月20日）という同様の提案があった。これらは「日本自前の教育」を求める指摘であるが、維新期において将来の自国独自のシステムへの転換を視野に入れ、その上で積極的に西洋教育情報を吸収しようという政策観があったとみることができよう。

B 学制の制定と国民教育政策
[1]「学制」の成立時に期待されたこと

　日本の近代教育成立過程と、その内容を学ぶ上で最も重要とされるのが1872（明治5）年に制定された全国規模での実施を前提とした日本最初の近代的学校制度に関する基本法令である「学制」である。

　「学制」とは1872年9月4日（明治5年8月2日）教育に関する基本方針を示した学制序文（学事奨励に関する被仰出）が交付され、その翌日文部省布達第14号別冊により学制本文全109章（条）が制定されたにとどまらず、その後1873（明治6）年3月学制二編、同年4月学制追加及び学制二編追加がそれぞれ制定され、また誤謬訂正・改正も加えられて最終的には全213章をもって構成されたものまでを含めることとなる。学制に期待された国民教育政策とはいかなるものであったのかを考えるために、いわゆる「学制序文（学事奨励に関する被仰出）」に記された内容を確認しておきたい。なお、従来の研究においては「被仰出書」と表記されることが多い。現在でいう法令クラスではあるが「太政官布告」という形式であり、文部省でなく太政官名により天皇の意志を示すものであった。その文体は「天皇の言葉」として書かれているので、その締めの部分が「右之通被　仰出候」と記される。文字の空欄部分を闕字（天皇への尊意を示す）と呼ぶが、この形式から、教育史研究者が「被仰出書」と示したのに始まり通説的になっていた。しかし正式には文部省が「御布告書」という名称を付していたのでここでは「学制布告書」としておきたい。なお学制条文は「学制章程」という。

　それでは「学制布告書」（いわゆる「被仰出書」）についてみていこう。まず

「立身出世」について「人々自ら其身を立て其産を治め其業を昌に」するためには「身を脩め智を開き才芸を長ずるによる」ほかはないのであるから「学校の設ある」ことが重要だという。「学問は身を立るの財本」としているように、自立して自由に身を起して生きていくためには学校教育が普及することが必要だと説いている。そして、従来（維新以前）の誤りは「学問は士人以上の事とし農工商及婦女子に至っては之を度外におき」というように士人（武家）以外の者が学ぶ機会がなかったということである。また幕末には武家以外にも「稀に学ぶもの」も出てきてはいたが、それでも「国家の為にす」というように自身のために学ぶという学習観・教育観が根づいていなかった。またその内容も「詞章記誦の末に趨り空理虚談の途に陥り」といったように実利的でない空論の類であったと記されていた。そういう状態であったから「文明普ねからず才芸の長ぜず」という事態となったのである。文明が普及せず、知識技術も成長しなかったことの弊害を明記して、それゆえに文明開化が必要なのだととらえられていた。そのため「人たるものは学ばずんばあるべからず之を学ぶに宜しく其旨を誤るべからず」と、国民皆学と自立のために学ぶということが挙げられていた。今後は「邑に不学の戸なく家に不学の人なからしめん事を期す」と学校設置と義務就学の拡大を目指すことが記された。さらに「幼童の子弟は男女の別なく小学に従事せしめ」とあるように小学校限定ではあっても共学（男女）が明確に記された点も当時の世界史的にみて進歩的なことであった。「ただし」として、従来の学問を士人以上とする考え方、あるいは国家のためにと考える方向性においては「学費及其衣食の用に至る迄多く官に依頼」するように、つまりお金を官側から手当てすることとなっていたが、これはそうでないならば（官費でないならば）学ばないという悪習につながっていた。これらの悪習を捨て去り「一般の人民他事を抛ち自ら奮て必ず学に従事せしむべき」と書いたのは、「受益者負担の原則」（自らの益になるのだから率先して就学せよ）という考えであった。

　このように学制を構想する時、国民教育の目標たる政策イメージとして、①立身出世の自由（「四民平等」の思想を反映している）、②義務就学（国民皆学）、③実学中心の内容、④（男女）共学、⑤受益者であるという考え方が示されていた。これは前時代（封建制度）の教育の不備への批判であり、西洋先進

諸国の近代教育(観)を念頭に置いた改革であったことが示されている。

学制条文(学制章程)には、全国を一般行政区画とは異なる大学・中学・小学の学区に区分して各学区に学校1校を設立させ、全国に8大学、256中学、53,760小学を実現させると計画されていた(第3章)。日本に大学が設置されるのは5年後(複数設置されるのは30数年後)、中学校の設置も遅れたことから、いかに初等教育(小学校)の拡充が重視されていたのかがわかる。

[2] 受益者負担の原則と国民の自立構想

「学制布告書」(被仰出書)に記されたように、学制の特色の一つとして受益者負担の原則がある。学制期が財政難であったことは周知の事実である。確かに大蔵省との折り合いがつかずに学制は制定され、そのために第99章では「教育普及費用としての委託金」(国庫補助金)の金額部分を黒塗りとしたまま公布されたという事実もあった(翌1873年1月に人口1人当たり9厘とする基準が定められた)。しかし、財政的理由だけでなく、「自立」=「受益者負担」という考え方がとられたのではないか。たとえば、「官費」(官金)を用いて学費とすることを旧制度の弊害と述べている。第91章には「生徒衣食ノ費用或ハ官金ヲ以テ之ニ給シ以テ当然トス」と記されていた。これは従前の藩校の制度を指すが、これらを実学でなく、近代的でないと批判をして成り立ったのが学制期の教育構想であった。すべてを政府が負担するのは甘えにつながる。だから「自立」するためにも自らが負担するのが好ましいという思想であった。個人の自立があって、国家への貢献があり得るという封建制度批判ともいえるものである。外国人教師給与や大学、留学生費用など、生徒で負担できないものについては国費で賄うと明確に示されていた。何よりもまずは旧制度(藩)から慣習的にも経済的にも「自立」させ、近代教育の内容を修得させることが、文明開化、殖産興業、富国強兵につながると考えられたのではないか。

C 拝外主義から排外主義への転換

こうして学制は実施されたが、それまでにない近代的学校教育であり、欧米先進諸国の制度を導入するという意味では形式的な移入ととらえるこ

ともできた。実態にそぐわぬということで民衆の反感も強まり、1877（明治10）年前後においては「教則」（教育内容）に関する干渉を緩めざるを得なくなった。学制は廃止に追い込まれ、1879（明治12）年には実態に添わせた教育制度としての「教育令」が公布されることとなる。

　この「教育令」策定（学制の改正）に関する政策的な観点はどこにあったのか。「教育令案」起草者は田中不二麻呂であり、また学制改正案として作成された文部省顧問（学監）モルレー（David Murray）の「学監考案日本教育法」も参考にされたのではないかと考えられている。米国人モルレーは当時の日本の教育顧問に就いていたが漸進主義的な考えから日本らしい改革を容認し、学制についても制度の強制は望んでいなかった。そのモルレーの草案以上に田中の起草案は自由主義的であり、学制を干渉が強すぎるとして、その部分を廃止するという性格をもっていた。学校の設置、運営、教育内容など、大幅に緩和されるという結果となった。

　なお、当時は自由民権運動の高揚期でもあり、政府はその対策に腐心していくことになる。集会条例の公布や民権運動の弾圧にと向かっていく。教育についてもこの点があらわれ、「教育令」公布（1879年）の夏、天皇の侍補であった元田永孚により提出された「教学聖旨」にも教育の欧米化批判及び儒教主義徳育の重視などが示されていた。これは元田が明治天皇の意向として執筆したものであった。そこでは、近年の欧米化ブームにのって道徳・秩序が乱れていることを「文明開化ノ末ニ馳セ、品行ヲ破リ、風俗ヲ傷フ者少ナカラス」と批判。欧米化によって日本独特の伝統や道徳心が失われていくことを危惧し、教育には「祖宗ノ訓典ニ基ツキ、専ラ仁義忠孝ヲ明カニシ、道徳ノ学ハ孔子ヲ主トシ」として、儒教道徳中心の旧教育への回帰を唱えたのであった。学制の欧米化についてのみならず、規制緩和を進めた田中「教育令」の自由化という改革についても批判を加えているのである。

　これらの指摘に開明派の伊藤博文は「教育議」という反論を行った。欧米化は時勢の求めであり避けがたいとの反論であった。宮中派たる元田と政府側・伊藤との論争（往復）はつづいたが、一方で政府としては民権運動に悩んでいたこともあり、小学校教員の政治活動禁止や教科書内容を規制するなど、保守派との連携を必要としていた。そのため、日本の教育及び

国策はしだいに保守化傾向へ向かうこととなる。
　教育法制についても、前年に公布されたばかりの教育令（いわゆる「自由教育令」）が、元田「教学聖旨」の影響が取り入れられて最重要科目に「修身」（道徳）を置く新しい教育令（改正教育令）へと改正されることとなった。この改正準備期間に自由教育令推進者であった田中不二麻呂は司法卿へと転出することとなり、河野敏鎌が文部卿に就いた。1880（明治13）年に改正された教育令（改正教育令）の特色は就学義務の強化及び中央官庁による管理の強化であった。干渉の度合いを強化する一連の政策が進められるようになる。河野は教員対策（品行）、徳育対策、実業教育を重視したが、これは「教学聖旨」の主張と一致する。また教科書の調査を行い、その監督強化を始めたのもこの時期であった。この時期には教員政策にもこの保守的傾向が反映され、1881（明治14）年には小学校教員心得、小学校教則綱領、学校教員品行検定規則の公布のように「道徳」「品行」が重視されることとなっていく。この後の天皇制国家体制のもと国家主義の教育へと変わっていく転機を迎えたのである。
　しかし、干渉を強めようとした改正教育令も国家財政の窮乏と政治の不安定下にあってはその成果を発揮することはかなわなかった。財政の緊縮政策により教育費が問題となり、それへの対応を迫られることとなる。小学校の簡易版ともいえる小学教場（校舎なしの仮学校）を設けるなど民費節減の策を提示する。1885（明治18）年に再改正版の教育令が公布されるが、全文31条という短縮・簡略化されたものとなった。このように再改正は、経済的事情（経費削減）によりやむを得ず行われることとなったが、簡略化してでも国民教育の普及が第一と考えられたのであった。以上のように近代教育発足当時においては、国民教育の普及、初等教育（小学校）の普及が教育政策の柱となったのである。

2 公教育発展期の教育政策と行政

A 森文政期の教育政策

　明治維新期が近代国家体制づくりの種蒔きの時代であったとするならば、この1880年代中盤（明治20年前後）は近代国家の基盤となる財政政策、地方自治政策、さらに維新期以来の理想とされた立憲体制としての憲法制定作業が着々と進められた時期であった。財政政策としては企業勃興の兆しがみえつつあったし、地方自治体制としては1888（明治21）年の市制・町村制公布があった。当時進められた最大の行政機構の整備が1885（明治18）年の内閣制実施である。この内閣制という新しい行政体制の中で教育行政も再編成されていくことになる。その中心的担い手となったのが初代文部大臣森有礼であった。

　維新期以来待望の立憲体制ではあったが、国家（政権）側からすれば、明治10年代からの連続性と照らして民権運動に対応しながらいかなる体制をつくり得るかということが問題となる。内閣総理大臣伊藤博文は新しい立憲体制下の教育の確立を委ねるべき人物として森を選出する。森は薩摩藩下級武士の出身であり、1865（慶応元）年、藩の内命によりイギリス、アメリカに留学、維新直後1868（明治元）年に帰国し新政府に出仕した。この時期から教育には強い関心を抱き、1870（明治3）年から少弁務使としてアメリカ滞在中に"Education in Japan"（『日本の教育』）を編纂、アメリカの識者の日本の教育に対する意見を紹介していた。1880（明治13）年から1884（明治17）年までの駐英公使時代には、パリで伊藤と会談し、教育についての意見を交わし認められるところとなった。

　森の教育観の特徴は、教育を経済効果の面から考えることと、学問と教育とを別のものとして整理したことにある。森は履歴にあるように、自ら留学経験をもち外交場面で生きてきた、「近代化」を代表する人物ともいえる。その森について「国家主義」と評価し、思想的に変節したのではないかと批判する声もある。しかし、強力な国家主義のもと中央集権体制を確立しようとする当時の日本の方針に添って、教育政策担当者としての立場で「現実的」に発言や活動をし、効率主義的に手法を選択してきたと考え

ることもできる。たとえば兵式体操導入についても、「国民の志気」を育て、「護国の精神」を養うことを目的とするとき、この兵式体操や師範学校に導入した軍隊式寄宿舎制度が方法論的に効果的だと考えたのである。

　森文政期における教育改革をもう少し整理しておきたい。1886（明治19）年、帝国大学令、師範学校令、小学校令、中学校令など、各学校別の勅令を公布した。これまでの教育令や学制と異なり、学校段階ごと別個の法令がつくられた。初等教育については再改正教育令を廃し、「小学校令」（第一次）を発布した。廃止された教育令（全31条）に比べても全16条と極めて簡略なものであった。特徴としては小学校を尋常・高等の2段階に区分したことと、地域の実情にあわせ小学簡易科の設置を進めたり、中学校進学に備えた中学予備科の設置をするなど、その多様化を進めた点にあった。とくに小学校の設置区域については「府知事県令ノ定ムル所ニ依ル」としていたように、当時の地方制度改革の進行にあわせ対応できるような法的措置をとっていた。

　もう一つ大きな特色は高等教育政策であった。近代日本の大学の歴史を概括すると、1872（明治5）年、学制に各学校制度の一つとして構想され、1877（明治10）年に洋学校・医学校が合併されて「東京大学」がつくられた1870年代が創始期といえる。続く1880年代に各省庁の人材養成機関や専門教育機関の移管・合併など制度的修正を経て、森文政期の1886（明治19）年「帝国大学令」において「国家須要ニ応スル学術技芸」が大学で扱う教育・研究なのだと、その目的が限定されることとなる。西洋の多くでは大学において実学を排除しているのに対して、日本の大学では工学、農学などの実学が学問・教育の対象となっていた。これも森の教育政策観が「近代国家建設」を最優先するという点に集中していたことの反映でもあった。

　1889（明治22）年2月11日、大日本帝国憲法が発布されるが、森はその日の朝、刺客に襲われ翌日死去している。

B　天皇制国家体制確立と教育行政

　前にみてきたように、明治初年以来の太政官制が廃止され、プロシャの内閣官制を模倣して1885年、新たに内閣制度が施行された。1889（明治22）年には大日本帝国憲法が発布され立憲体制が完成する。憲法には教育に関

する条項は設けられず、それらは天皇の大権事項を記した9条に包括されることとされ、教育に関する事項は勅令により定められることとなった。欧米の法令主義に比べて、勅令主義は日本の教育行政の独自の性格をなすものである。ここで教育に関する基本法令が「勅令」という形態をとったことについて論じておきたい。

　太政官制の時代、学制や教育令などはすべて「太政官布告」という形式で出されている。それが内閣制へと変わったのであるから、布告の形式は「法律」という形で出されて然るべきかと思える。しかし内閣官制が出発した時期にはまだ憲法は制定されておらず、帝国議会も開設されていなかった。法律は手続き上「議会」の審議が必要であり、その形式をとり得なかったというのが第一の理由である。そのため閣議を経て内閣総理大臣が天皇に上奏し、天皇から裁可を経た「勅令」という形式をとる必要があった。やむを得ざる形式ではあったが、この「勅令」形式は議会やそこにつらなる地方議会・民衆らから離れ、いわばブラックボックス内で了解され決定される手続きという一面ももつ。国家富強のための教育政策を議会（民意）から引き離し進めることができたというのが戦時期までの日本の教育政策史上の一大特色であった。

　これが原則となる背景は大日本帝国憲法制定時に遡って考えることができる。模範とされたといわれる旧プロイセン憲法など（他国の憲法）には教育に関する条項が記載されていたが、日本における憲法には含まれず、そのため9条の「天皇の大権」（行政権）に含まれることとなった。実は、憲法草案段階で井上毅の草案時点では「教育」事項が挙げられていたが、ドイツ人指導者ロエスレル（Karl Friedrich Hermann Roesler）らが憲法に教育事項を記載することに反対し、井上案・ロエスレル案を勘案した伊藤博文によりまとめられた1887（明治20）年の第一次憲法草案では「教育」事項が外されていた。その後の審議過程でも大きな変化はみられず、かくして日本の憲法から教育事項がはじかれることとなった。そのため勅令という行政命令をとる日本的な形式（教育立法勅令主義）がここに形成されたのであった。

　これが原則となって確立するまでには、1890（明治23）年の「小学校令」改訂の中で「法令」として出すか「勅令」として公布するかでの議論があった。文部省を中心に議会を経ての「法律」主義が主張されたが、教育は全

国民の公益であり、それが議会の中で一党一派の主張により影響を受ければ中立性と公共性が失われる故に「勅令」主義でいくべきという意見の対立であった。結果として会計・決算を伴うもの、法律を改訂するものなどを法律で定め、他は勅令とすることとなった。こうして教育政策の行方は国民や議会から独立性を強めることとなった。これに反発した民間教育団体らが議会に働きかけ、官僚・行政機構から独立した政策決定機関を創設することを促し、大日本教育会の中央教育会議や学制研究会の教育高等会議などの構想も出てきた。しかし文部省側では、これらを単なる諮問機関として受け止め、実際に1896（明治29）年の高等教育会議も文部大臣の諮問機関として設立されるにとどまったのである。政策は「上」で考え、制度を「下」に命じる。教育政策に関する日本的な形式が完成しつつあった。

この明治20年代以降、戦前までの日本の国民教育の規範となるのが1890（明治23）年10月30日に発布された「教育ニ関スル勅語」（教育勅語）である。「教学聖旨」以来の道徳重視路線の完成形ともいえるし、元田の「教学聖旨」が学制以降の欧米化路線と田中不二麻呂の自由教育令（改正の足りなさ）を批判したものだとすれば、この「教育勅語」は森文政による各種「学校令」（改正の足りなさ）を批判したものとみることができる。「教学聖旨」や民権運動の騒乱の中、さまざまな徳育論争が起き、徳育方針の確立を待望する声も高まってきていた。1890年の地方長官会議での「徳育涵養ノ義ニ付建議」は、この建議を受けて勅語の起草が具体化することになったという意味で教育政策史上重要な意味をもつものである。

「徳育涵養ノ義ニ付建議」を受けた山県有朋首相は、榎本武揚文相に「徳育に関する箴言」編纂を命じるも、開明派の榎本では進まぬと彼を更迭し、娘婿である芳川顕正を新文相に任命し、この任に当たらせた。最初にこの勅語起草を依頼されたのは帝国大学教授中村正直であったが、彼の起草した案は宗教的色彩が濃く、当時の法制局長官・井上毅からの批判があった。やがて山県や宮中派の元田永孚の勧めにより井上自らが勅語起草を開始し、元田の意見を受けながら勅語案をまとめ「徳教ニ関スル勅語」案文が確定した。井上が試案を示してから、上奏し天皇の裁可を得るまでわずか4ヵ月という短期間で教育勅語案は成立したことになる。1890（明治23）年10月30日に宮中において、山県首相と芳川文相とに天皇から「教育ニ関スル

勅語」が下賜された。翌31日に「文部省訓令第8号」により、教育勅語謄本を全国の官公私立学校に下付することと、それを各学校で式日などに奉読し、趣旨の徹底を図るよう求めた。これに御真影の下付とそれを加えての学校儀式を定形化していくことにより教育勅語を中心とする天皇制国家体制が完成する（教育勅語の徳育的な重要性については第7章を参照）。

C　学校制度・教育内容の統制強化と国定教科書制度の成立
[1]　義務教育制度の確立と統制強化

　森文政期の小学校令が、当時進められていた地方制度改革にあわせるべく、その設置形態を曖昧にしていたことはすでに述べたとおりである。1888（明治21）年に市制・町村制が施行され、これにあわせて小学校令を改正する動きが出てくる。森の地域に合わせるという意図と異なり統制を強化する方向へと180度変えられていく。1890（明治23）年10月に発布された「第二次小学校令」では、小学簡易科が廃止され、小学校の設置は市町村に義務づけられることとなった。とくに教育事務や管掌すべき事項について明確にされ、施設の整備や教育財政は地方（市町村）が責任をもち、教育の目的、方法、内容、教科書、規則制定は文部大臣が掌握するという体制がここに確定する。運営責任は地方、管理は中央（国家）という近代的小学校体制はここに確立することとなった。

　明治後期から大正初期にかけてのこの時期は、教育勅語を根本理念とする国家主義教育の体制的基盤の確立過程ととらえることができる。また同時に日本資本主義の成立期でもあった。兌換紙幣制度の発足により産業が発展し、海外市場を求めて日清戦争・日露戦争へと突入していく時代でもあった。就学率も急速に上昇し、新たなる小学校制度の拡充が必要とされることとなる。1900（明治33）年「第三次小学校令」が交付される。この小学校令の特色は、尋常小学校の修業年限を4年に統一し、それを義務教育と定めたことにある。就学猶予・免除の規程を明確にし、授業料を徴収しない原則も成立した。これにより義務教育制度が完成することとなる。また近い将来の義務年限延長を念頭において2年制の高等小学校とあわせ尋常高等小学校の設置を奨励した。その後1907（明治40）年には同小学校令が一部改正され、義務年限が2年間延長され6年制となっている。ここに

全国民が6年間の義務教育を単一の学校課程において受けるという国民教育制度が確立するのである。

[2] 教育内容の統制政策

森は教科書（教育内容）の改善のために積極的な検定制度への切り替えを行い、1886（明治19）年教科用図書検定条例を、翌年には教科用図書検定規則を制定するなど、教科書検定制度が開始された。教科書出版を事前審査するという点で、より強固な教科書政策といえるが、そもそもは「事前審査」により教科書の内容・水準を保つというのが本旨であった。しかし森の死後、その方向は変わり、教科書の内容記述を統制する役割が強調されるようになっていく。

義務教育制度確立に向かうこの時期において、出版社にとっては教科書として「採択」されると4年間の販路が保障されるということもあり、教育市場は魅力的な市場となっていた。その販路争いの中で不正も横行することになる。当時、教科書編纂に国家統制を求める動きも強化されつつあったが、しかし教科書国定化のためには教科書会社の反対を押さえ込む必要があった。文部省は教科書採択に関する不正罰則を強化し、1902（明治35）年に一斉摘発が実施され、多くの収賄が摘発され、検挙者が出た。この教科書疑獄事件は不祥事として大々的に報じられ、罰則規定によって小学校で使用できる教科書がほとんどなくなるという事態になった。そのため文部省自身による教科書の編纂、国定教科書制度が始められることとなったのである。1903（明治36）年に小学校令が改正され、修身、日本歴史、地理、国語読本の科目については文部省著作であることとされ、それ以外は検定教科書も可能とされた。やがて算術、図画、理科までもが国定とされるようになっていく。1941（昭和16）年「国民学校令」下では、体錬（体操・武道）、綴り方・話し方を除く全科目で文部省著作教科書が使用されることとなり、国家による教育内容の統制が極度にまで達したのである。

[3] 就学率の上昇と中等教育機会の拡充政策

日本資本主義の急速な発展に伴い、中等教育・高等教育の拡充が志向されることとなる。森文政期に公布された「中学校令」は全文9条と最も短

く、大綱的な性格をもっていた。小学校の就学率上昇とともに中等教育機関への進学率も増加の傾向となり、新しい中等教育の拡充策がとられる。1899（明治32）年「中学校令」（改正）「高等女学校令」「実業学校令」が発布される。まず尋常中学校を「中学校」と名称を改め、その目的を「男子ニ須要ナル高等普通教育ヲ為ス」とした。「男子」とすることで女子の中学校としては「高等女学校」があると切り分けられたのである。また「普通教育」とすることで職業教育も切り離し、「実業学校」が担うこととなった。女子の高等普通教育機関とされた高等女学校は高等小学校2年修了が入学資格とされたことから「中学校」と同じになった。しかし、その教育内容や年限には大きな違いがみられる。女子向けの教育内容が定められたが、これは良妻賢母主義的な、保守的な教育観による政策であった。

　なお、日清・日露戦争を経て、国内的には産業革命の影響もあり、また就学率の上昇もあってか、個人主義、自由主義、労働運動や社会主義の台頭がみられた。もちろん国外（海外）思想の波及という一面もあった。いずれにせよ確立したばかりの国家体制が揺らぐこととなる。これらに対応すべく新しい国民の道徳原理（精神基盤）として、1908（明治41）年10月、「戊申詔書」が発布され、国民精神の引き締めが図られた。国民の教育頻度ともいうべき被教育経験が増えると、国民一人ひとりの自立度も高まる。国民（市民）の教養や学歴が高まっていくほどに彼ら一人ひとりの独立性も強まり、国家や属する集団への密着度も薄まる可能性がある。このジレンマの中で、いかに国家体制を整然と維持し得るかが政府の悩みとなっていた。この時の政府は、確立した勅令主義のもと、天皇の勅命としての詔勅を出すことで「国民思想」の一体感を保とうとしたのである。

3　大正期・戦時体制下の教育政策と行政

A　「新教育」の普及・隆盛と世界の潮流

　明治後期から大正期にかけて、元号の改元のみではなく政治的な大きな変化があった。日本史研究において「大正政変」と表現される政治の不安

定化であった。国内問題としては、政党政治が実現されるまでの過渡的な過程で、閥族政治（藩閥・軍閥）を批判し、憲政擁護を掲げ護憲運動が推進された。国外問題としては、ヨーロッパを舞台に始まった第一次世界大戦の影響があり、日本が「大陸政策」へと傾いていく契機となった。大陸への野心は、資源と市場を求める経済的な野心でもあり、また現実的にはロシアやアメリカ合衆国との交戦を想定したときに総力戦となることが明確であり、そのための安定確保のためにとの戦略的な野心もあった。いずれにせよ日本は帝国主義化の道を歩み出すこととなる。そのために国民の意識を統一することが教育に求められるようになっていく。

　この国家体制として統一化を求める風潮の中で、一方では「大正デモクラシー」という自由主義的・個人主義的な思想が普及したのもこの時期の特徴であった。明治中期以降において義務就学化が進展するとともに、大衆社会の実現へ向かうこととなる。産業の発達や資本主義化が進むとともに労働階級・ブルジョア階級が増え、ブルジョアジーの需要を満足させるために「新しい教育」への希求が盛り上がりつつあった。民権運動に次ぐ民衆の政治的要求運動が高まっていく時期でもあり、「旧制度」に対するアンチテーゼとして、自由主義的な批判が盛り上がった時期でもあった。その時期に、地域の実験学校的存在である師範学校付属小学校や私立学校において「新教育」(教育方法)に関する実践が試みられ発信されていく。

　師範学校付属小学校としては、東京高等師範学校付属小学校訓導であった樋口勘次郎の「統合主義」「活動主義教育」の実践や、同校訓導の棚橋源太郎の「実用主義に基づく理科教育」の実践などがある。他の地方においても明石女子師範学校付属小学校主事の及川平治による「分団式動的教育法」、千葉師範付属小学校主事の手塚岸衛の「自学主義」の教育、奈良女子高等師範学校付属小学校主事の木下竹次による「合科学習」などがあった。私立学校としては澤柳政太郎の成城小学校、赤井米吉の明星学園、羽仁もと子の自由学園、野口援太郎の池袋児童の村小学校、小原国芳の玉川学園での実践が有名であり、他にも日本済美学校、成蹊小学校などがあった。

　芸術系の教育運動が発展したのも特徴の一つである。夏目漱石門下の逸材であった鈴木三重吉による雑誌『赤い鳥』を中心に童話・童謡の学習が奨励され、美術教育、学校劇などにおいてもその「自由な表現」が研究さ

れ注目を集めていた。教科ごとの特色としても小倉金之助の数学教育、芦田恵之助の国語科教育がある。芦田は樋口を師とするが、国定教科書にない「綴り方」教材を改良し、後の生活綴方運動の源流ともなった。

　これら「新教育」は海外での潮流とも軌を一にするものであった。フランスのドモラン（Edmond Demolins）、ドイツのリーツ（Hermann Lietz）、イギリスのレディ（Cecil Reddie）らが自治制や労働教育を推進していた影響もあるし、アメリカ合衆国のデューイ（John Dewey）の実験教授や、その系譜上にあるキルパトリック（William H. Kilpatrick）のプロジェクト・メソッド、パーカースト（Helen Parkhurst）のダルトン・プランなどの影響もあった。いわば西洋諸国と軍事的・経済的側面のみでなく、文化的側面においても対等に面することが求められたのであった。日本でも「新教育」の思潮は広まり、「八大教育主張講演会」などの数千人規模で人を集める大イベントまで含めてさまざまな講演会が全国で開かれた。

　しかし、この「新教育」の実践と熱狂も、国家権力の監視の強化により縮小していくこととなる。1921（大正10）年には手塚岸衛の講演会を守屋・茨城県知事ら当局が禁止する（茨城県自由教育禁止事件）。1924（大正13）年、岡田良平文部大臣の時代には地方長官会議で締め付けの訓示が行われ、同年9月5日、長野県で川井訓導事件が起きる。松本女子師範学校付属小学校訓導であった川井清一郎の修身の授業を視察した同県の臨時視学委員および畑山学務課長が教科書を使わない授業について批判し、川井は始末書を要求され休職処分となった（後に退職）。翌月には奈良女子高等師範学校付属小学校でも教科書を使っていないことが指摘され、1926（大正15）年には千葉師範付属小学校にも処分が下され吉田弥三郎訓導には移任辞令、手塚も県立中学校へ転任することとなった。1925（大正14）年には治安維持法が出され、国家主義傾向が強まるとともに自由主義の可能性をもった「新教育」は退潮していくことになる。そもそも方法論や学習観としては個人主義、児童中心主義的ではあったが国家や国体に対して反体制的ではなかったという限界ももっていた。この時期の新しい教育思潮の流行は、帝国主義段階におけるブルジョアジーの教育要求が絶対主義的な教育制度や教育方法を修正していった運動であったと位置づけることができよう。

B 国家体制の再編と教育政策

　「新教育」といった新しい欧米文化・思想に対する拒絶反応に加え、「第二次護憲運動」などの政治上の混乱を受け、明治以来の国家体制が揺らぐことへの危機感を強めた政府は国民の精神基盤へのてこ入れが必要と考えるようになる。この時期には教育政策に関する諮問行政が定着しつつあったが、1917（大正6）年、内閣に設置された臨時教育会議では、教育制度全般にわたり国家主義教育を強化する方針が提示された。「国家思想」育成の強調については、1918（大正7）年「大学令」「高等学校令」にも「国家思想ノ涵養」などが目的規定として明記されていたが、ここにも、当時の政権側にとって「国家体制の再編」がいかに切迫感をもつ課題であったかが示されている。

　1923（大正12）年9月1日、関東大震災の被害は民心に大きな動揺をもたらした。この社会不安の鎮静化のため、政府は同年「国民精紳作興ニ関スル詔書」を発布する。「国家興隆ノ本ハ国民精神ノ剛健ニ在リ之ヲ涵養シ之ヲ振作シテ以テ国本ヲ固クセサルヘカラス」と記され、民心の弛緩を戒め、国家主義教育の徹底が確認されていた。この公布には、自由主義思潮の流行を引き締め、国家主義に基づく統制強化がねらいとしてあった。

　1930年代には「世界恐慌」の直撃を受け、そもそも工業化・都市化の進展により疲弊し停滞していた地方農村部を中心に深刻なダメージが広がっていった。政府は1932（昭和7）年から農山漁村経済更正運動を実施する。二宮尊徳の報徳主義を思想の柱に置き、生活リズムや信条まで含め、不満をそらす方向で農村の思想統制を図ろうとしたのである。学校をその教化のセンターと位置づけたため、全国の小学校に二宮金次郎像が置かれることとなった。

　また、政府に対立する形で教師たち自らが民間教育運動の担い手となった教育労働運動やプロレタリア教育運動、教育サークルの活動も各地でわき上がるが、当局の弾圧により次第に解体されていく。芦田恵之助らの『赤い鳥』の影響からなる生活綴方運動のような教育改造運動も一時期全国展開していくが、これらも弾圧により縮小されていった。

C　戦時下の国家総動員体制における教育行政

　満州事変、日中戦争、太平洋戦争と続いていく「十五年戦争」期においては、国民統治の強化、思想の取り締まりとが重視されていく。昭和初期の大恐慌によって日本資本主義の経済的・政治的危機感が高まるや、国民の不満や思想上の問題をいかに引き締め、「日本精神」強調による国家動員に率いるか、またいかに経済的な不満をそらしていくかが重要となった。学問・思想の自由の徹底的抑圧としては学生思想運動の大量検挙、京都帝国大学「滝川事件」、美濃部達吉の天皇機関説事件などがある。「滝川事件」は1933（昭和8）年、鳩山一郎文相が右翼思想団体からの要求に応えて、滝川幸辰教授の刑法学説を危険思想とみなし休職を発令したものであり、これに対して抗議した同大学からさらに7人が追放となった。その2年後には天皇機関説事件が起きる。東京帝国大学の美濃部達吉教授はかつてから治安維持法を非難したり、さまざまな右傾化政策を論難し、当時の軍部や右翼によっては許せない存在であった。そのため帝国議会で美濃部の「機関説」を批判し、排撃を続けた。その結果、美濃部の著書が発禁とされ、さらに各大学講義における機関説の講義も禁止されることとなり、美濃部は公職辞退に追い込まれた。これは日本社会についての科学的研究を閉ざし、「国体明徴」路線に強行に舵を切るということにもなった。この「国体」や「日本精神」について外来思想を批判する形で究明するものとして1932（昭和7）年に「国民精神文化研究所」が設置された。4ヵ月後の二二六事件以降、軍部の政治的権勢はさらに前進し、軍部ファシズムともいうべき支配的政治権力となっていく。自由な学問研究、思想、宗教を排除する方向性の上で、日本は太平洋戦争に突入していくのであった。

　戦時体制に即応した学校制度の改革はどのようなものであったか。1939（昭和14）年、「青年学校令」を改正して男子青年学校の義務制が進められることとなった。これにより小学校6年の課程を終えた後、高等小学校あるいは中等学校に進学しない男子は青年学校に就学しなければならないことになった。1941（昭和16）年には小学校令が改正され「国民学校令」が公布され、小学校が「国民学校」という名称に再編された。また、1943（昭和18）年には中学校令、高等女学校令、実業学校令が廃止され「中等学校令」が公布された。これにより中等諸学校が統一されたことになる。もちろんそ

こには「皇国民ヲ錬成スル」という主旨が記されていた。また同年「師範教育令」も改正され、師範学校が専門学校レベルにと昇格した。これらのうち男子の青年学校義務化や師範学校の昇格は「義務年限の延長」や「教員養成の水準維持・向上」というよりも軍事的目的のためであった。青年学校については入営前の基礎的軍事教育機関という意味をもっていた。義務化することにより不足する兵力の確保につながると目されたのである。師範学校についても1939（昭和14）年3月の「兵役法」改正などによって、卒業生に認められていた短期現役制度と徴兵免除の措置とが廃止されることとなった。兵員の確保と、免除を排すことで「国民皆兵制」を徹底することが見込まれたのであった。なお「国民学校」については、教育内容の編成が国民科・理数科・体錬科・芸能科・実業科というコースに分けられたが、教育勅語が「修身」科での指導原理となって限定されていたのに比して、国民学校では訓練と陶冶を含むすべてが「皇国ノ道」「皇運扶翼の道」の修練として一致させられることとなっていた。

　この皇国民教育と戦争の激化により、1939（昭和14）年5月22日、「青少年学徒ニ賜ハリタル勅語」が布告された。「国家隆昌ノ気運ヲ永世ニ維持」するのは、「汝等青少年学徒ノ雙肩ニ在リ」と直接に呼びかける形式が特徴であった。この勅語は「現役陸軍将校学校配属令施行15周年記念」として、全国から中等学校以上の生徒・学生を皇居前広場に動員するという形で「下賜」が行われた。この内容と形式は天皇制ファシズムの完成として大きな意味をもつ。また、「青少年学徒ニ賜ハリタル勅語」は「教育勅語」「戊申詔書」「国民精神作興ニ関スル詔書」とあわせて教育にかんする四大勅語ともいわれている。

　ここにおいて学校は、天皇制の教化とともに戦争協力のための有力な機関という役割を担わされていくこととなった。1941（昭和16）年12月8日、日本は米英両国を相手に宣戦布告し戦況は太平洋にと拡大していく。戦局の悪化により政府は1943（昭和18）年「教育ニ関スル戦時非常措置方策」を決定した。戦争遂行のための労働力、兵員確保のために就学年限の短縮や中等学校の繰り上げ卒業、勤労動員や学徒出陣、及び将来の兵力保持としての学童疎開が実施される。戦前日本の教育政策は、最後は戦争への総動員という方向へ収斂し、やがて崩壊していくのである。

D 植民地における統治政策としての教育政策
[1] 植民地統治と教育政策

　西洋で進んだ「近代化」とは、近代国家としての自立の過程でもあった。日本やアジアの国々にとっては西洋先進諸国の制度を移入することからその始まりとなる。本章でみてきたように、日本は近代国家として帝国主義的な発展をしていくが、その進出先である植民地において、現地の人々に対する統治政策が必要となり、そこで教育政策が重要な意味をもつこととなった。

　そもそも「植民地」支配とは何か。実は、法律用語としては「朝鮮、台湾、関東州及南洋群島」、あるいは「外地」「新領土」「特別地域」と表記されることになる。実質としては、「日本政府が排他的な支配権を行使しながら、異なる法体系によって統治した地域」（駒込, 2000）ということである。大日本帝国憲法の外のものとして統治機関が直接に法令を制定していた。

　日本の植民地支配の歴史は、1895（明治28）年、下関条約で台湾を領有（台湾総督府を設置）し、1905（明治38）年、朝鮮半島の大韓帝国を保護国化し（韓国統監府を置く）、1910（明治43）年には日韓併合。1906（明治39）年、ポーツマス条約で関東州租借地に関東都督府（1919年に関東庁）を設置、南満州鉄道株式会社を設立する。同じくポーツマス条約で1907（明治40）年、樺太（サハリン）南半部を得て樺太庁を置く。1922（大正11）年には、第一次世界大戦で占領した旧ドイツ領ミクロネシアを委任統治（南洋庁）してきた。領有、保護国、併合、租借地、委任統治とその統治形態も異なっている。共通するのは日本人中心の統治機関が立法・司法権を掌握し、現地住民には政治参加のルートが閉ざされていたということであった。この統治（植民地支配）については、「文明化」というレトリックが使われることとなる。先進的な近代化された文明国家（国民）が、半開や未開状態の国民（国家）を指導し保護することによって文明化していくという論理であった。実際に、西洋先進諸国による植民地統治においても、しばしば宗教・文化を「指導する」（与える）、あるいはこれを強制するということが行われていた（植民地に限らない）。そのため、植民地統治においては「教育」政策が統治政策としての役割を果たすことになる。しかし、ここには現実的なジレンマもあった。つまり教育を普及し、被支配者を文明化するのは文明化された国家

(先達)の役割であるが、被支配者が文明的な知識を身につけて独立への道を歩むことは、支配者にとって必ずしも望ましいことではないということである。これは前に述べた国民の教育機会上昇と国家からの乖離とも共通するジレンマである。

[2] 植民地教育の内容

植民地教育全般に共通する基本的な特徴を確認しておく。まず、文部省の所管ではなく、各統治機関（台湾総督府や韓国統監府）が独自に教育制度を定めるというものである。続いて、初等教育段階では日本人の子ども（小学校）と現地の子ども（普通学校、公学校）は別学とされ、さらに現地の子どもには中等以上の教育機関は制限される。これらは後に差別解消（これも「統治の安全弁」になるという柔軟な統治の方策）されていくが、もっとも大きな特色として、教育内容の中心は日本語の教育、他に実業的な科目も重視されるということがあった。つまり、差別を抜け、被支配者の側から抜け出るためには、「日本語」や日本の教育の内容を習熟しなくてはならないということである。また、内地の小学校で行われる学校儀式や学校行事はほとんどそのままの形で実施されることもあった。もちろん拒否感、価値観、経済的要因もあり、すべての植民地において、その就学率は低いままであったが、これについてもやがて改正が図られるようになる。

「日本語」教育が重視された理由はなぜか。これも支配した地域によって微妙に意味合いが異なってくる。行政・治安警察機構とともに教育が必要とされたのは原住民の子どもたちに日本人としての意識・責務を会得させることが植民地経営に効果的とされたからであった。いわゆる「同化政策」ということになる。それならば天皇制や「教育勅語」などにより日本の国家体制を教え込む方が統治として手っ取り早いのではないかとも思われる。しかし、血統的な観念を重んじるという微妙な難しさがあり、そのまま教化の手段として用いるのは困難という意見が現場からも出されていた。すると、共通して教えることができるのは「日本語」の必修化であり、教育言語を日本語に統一させるという方策であった。たとえば、地域的には朝鮮に対しては 1912（明治45）年、教育勅語を各学校に配布したが十分に効果をあげることはできず、民族意識の高揚を煽ることにもなった。そ

のため 1922（大正 11）年に朝鮮教育令を改正し、朝鮮語を独立した必修科目に整理しなおすなどの配慮をみせた。台湾では 1930 年代になると宮城遙拝や神社参拝、日の丸掲揚などの学校儀式が重視されだすが、基本的には「日本語」教育重視であり、修身の時間以上に多く配分されていた。これは単一民族の朝鮮と、中国大陸からの移民と原住民からなる台湾との構成上の違いでもあるし、戦略上の違いもあった。朝鮮半島は対ロシアあるいは大陸政策を想定した上で欠かせない防衛線であったのに比して、台湾は南方政策のための中継基地的なものであった。そのためインフラ整備などで在留する日本人の生活が守られ、そこでの労働力として活躍させるための「日本語」教育が普及すればよく、本島人を皇民とする必要はなかったのである。また大陸との関係や島内での民族の問題も抱えていた。このため、戦後の日本からの解放後においても、インフラ整備や疫病対策など近代化推進に力を尽くしてくれた日本というイメージをもつ台湾人が現在もいるということにつながっている。

　しかし、太平洋戦争の激化によって戦力が払底したことから、学徒出陣だけでなく朝鮮・台湾という植民地における志願兵制・徴兵制が要求されるようになった。学生・生徒の勤労動員や労務者としての強制動員すら実施されようとしていた。日本帝国臣民としての同一化が求められ、宮城遙拝や神社参拝などとともに、1940（昭和 15）年、朝鮮では「創氏改名」も実施された（台湾では「改姓名」）。また同時に伝統のある現地学校の名称まで日本風に改称されることとなった。

　植民地支配における教育政策と日本国内での教育政策は完全に一致するものではない。それは軍事力を背景とする統治機関が独自に教育政策を立ち上げ制度を施行するためというシステム上の問題もあった。しかし制度・法令については勅令で出され、この意味では日本政府の「外」にあるわけではない。また、国内への弾圧や国家主義の強制と比べて見た場合には共通する点もあった。この「内」と「外」の例を比べれば、国家主義は単に勅語類の教育だけではなく、「学校教育」そのもの（あるいは社会教育・教化も含む）によって習慣づけられることで、人々は「国民」としてつくられていくのだと感じることもできようか。

4 公教育政策を支えるもの

A 近代日本の教員養成政策

現代において「教育政策」として検討される事項の大半は「教員をどうするか」という問題でもある。ここでは近代日本の教員養成政策を概観しておきたい。

[1] 明治初期—学制期・師範学校における授業

維新を成し遂げた明治政府は、1871（明治4）年に文部省を設置し、翌1872（明治5）年8月に日本最初の近代的な教育法制である「学制」を発布、全国に小学校（6～14歳で下等・上等の8年制）などを設置することとした。次には、そこに配置される教員を養成することが急務となる。1872（明治5）年5月には教員養成機関設立案「小学教師教導場ヲ建立スルノ伺」が正院に提出され、学制とほぼ同時期の1872年9月17日（明治5年8月15日）、東京に「日本最初の教員養成機関」である官立師範学校が開設された。

師範学校ではアメリカ人教師スコット（Marion McCarrell Scott）の指導の下、西洋式（近代的）教員養成法が伝えられた。和漢の書と算術の基礎を修得した、20歳以上の身体壮健である者を条件とする入学試験が実施され、53人の入学者を迎え開校となる。1873（明治6）年7月、最初の卒業生10名が各府県の教員養成機関の教員などとして輩出され、同時にさまざまな授業方法のテキストが卒業生や視察見学をした教育関係者により編集・刊行されることで、全国に近代的な教員養成の方法と内容が普及されていく。1873年8月以降、各地に官立師範学校とさらに短期間講習の養成機関が設置されるが、やがて国庫財政の事情から府県立師範学校として改組されていった。

[2] 明治10年代—儒教道徳・品行が求められる教員

世界史的にも開明的性格をもつ学制であったが、早くも明治10年代には文明開化以降の欧米化の風潮やシステムへの反動があらわれる。学制は廃止され、1879（明治12）年に「教育令」が制定される（教育令は後に1880年、

1885年と二度に渡り改正）が、この時期に天皇の侍補・元田永孚により提出された意見書「教学聖旨」（1879年）には、当時の西洋化政策への批判、その弊害としての風俗・品行の乱れへの嘆きが示され、日本の教育は儒教道徳を重視すべきと論じられていた。開化路線推進派であった政府側も、自由民権運動が歯止めなく進められることへの危機感から、この国家主義的路線へと転化していく。1881（明治14）年、「小学校教員心得」（6月）、「学校教員品行検定規則」（7月）などの教員養成に関わる規定類でも、「尊王愛国」の精神を育て国家のための人材育成をするためには、教員としての「品行」が重要とされることとなった。

[3] 明治20年代—森文政期における師範モデル

1886（明治19）年の「学校令」は、学制、教育令といった総合的な法令と異なり、各学校課程別に定められた法制（小学校令、中学校令、帝国大学令、師範学校令）であり、太政官制から内閣制度へと政治体制変革後の初代文部大臣森有礼の影響が強くみられると考えられている。

1885（明治18）年12月、文部大臣就任前に埼玉県師範学校で行った演説で、彼は教員にとって重要なのは「善良ノ人物」であり、その資質として「従順」「友情」「威儀」が必要と述べていた。この三つの資質は翌年「師範学校令」として法制化される際、侍講・元田の意見により修正され「順良」「信愛」「威重」の三気質の涵養を教師に求めるという表現に変えられた（1条）。国民教育のため、師範たる教師には僧侶的な献身が求められることとなったが、これが「師範タイプ」とされる教師像（聖職者的教師）として現在にまでその影響を残している。

また、公立小学校の教員養成を担うのは各府県に設置される尋常師範学校で、その尋常師範の教員は東京に設置される高等師範学校で養成されるとした。すべての師範学校は寄宿舎制で軍隊式教育や訓練が導入され、国家統制の下に教員養成と教育の管理が進められていくことになる。また、師範学校学生には、公費により授業料、学用品などが支給されるが、教員以外の進路に就くことを制限する服務規定（男性10年・女性5年という最低の就業年限）に違反した場合、支給された学資を返還させる措置がとられる。服務が学資支給に対する責務としての意味をもっていたということになる。

[4] 明治30年代―就学率拡大期における教員養成

　明治30年代以降、義務就学（国民皆学）が達成され、小学校生徒数が爆発的に増えるや、教員の需要も増加する。1897（明治30）年「師範教育令」では、尋常師範学校が「師範学校」と改称され、その目的が小学校教員の養成と規定された。中学校や高等女学校への進学者数も増し、中等学校教員の不足問題も表面化したために、高等師範学校の目的は「師範学校、尋常中学校及高等女学校ノ教員」養成であると規定された。東京の高等師範学校、女子高等師範学校に加えて、1902（明治35）年に広島高等師範学校、1908（明治41）年に奈良女子高等師範学校が設立されるという拡大もみられた。急増する中等学校教員養成のために、さらに臨時教員養成所が文部省直轄学校に付設されることになる。

[5] 大正期前後の新教育と教員養成

　1910年前後には、画一的な教育方法や教師中心の授業を排し、児童・生徒の自主性・個性を重んじて教育を行うべきとする「新教育」（大正自由教育）の運動がみられるようになる。新教育は、欧米諸国からの影響を強く受けている。日本でも同じような構造として登場した当時の新興階級であるブルジョアジーを回収し、その希望に応えるための教育実践であった。当時、多くの教員が自主的に授業研究を行い、研究会に参加したという。新教育は天皇制国家体制下の教育とは対立する性格をもちえたが、全面戦争の時代へと国家が進んでいくときに、弾圧もあり、全国的な展開としては収縮していくことになる。

[6] 戦時体制下の教員

　1930年代以降（昭和5年前後）、戦時体制下に入るや、教育は皇国主義へとさらに傾倒する。1937（昭和12）年には内閣直属の教育審議会が設置され、戦時体制を支える存在としての教員について議論が行われ、教育者としての魂（精神主義）の涵養が答申された。
　1941（昭和16）年の「国民学校令」により、「戦時体制下における皇国民の練成」が徹底されることとなる。1943（昭和18）年「師範教育令」の改正では、明治以降の順良・信愛・威重の三気質の規定が取り除かれ、「皇国民」

育成のみを重視するというように教育のファッショ的性格が強められ、その渦中に児童・生徒たちを送り込んでいくことが使命として付与されることとなった。

　1943（昭和18）年以降、全国の師範学校は官立となり、教科書は国定のものとされた。また本科3年に予科2年がプラスされ、予科には国民学校高等科の修了者か同程度以上の学力のある者が入学でき、本科には予科の修了者と、さらには中学校か高等女学校卒業者らが入学できるとされたが、これにより専門学校程度の学校として昇格をしたことになる。そのため師範学校がそれまでの高等師範学校の下部機関的な性格から脱して国民学校教員の養成にのみ専念することとなり、高等師範学校も中学校か高等女学校の教員養成にと特化されることとなった。これは、独立性と安定度の増す機会でもあったが、戦局の激化によりそれは好転につながらず、皇国民を養成する装置ともいうべき役割に収まっていったのである。

B　政策の周知及び議論の場としての教育審議会・議会

　現在では「教育政策」案は教育専門の審議会やワーキンググループなどの協議の場によって構想される。また新しい制度を周知するとき、教育関係者を集めてインフォメーションが行われる。戦前期日本におけるこれらの議論の場についてみておきたい。

[1]「教育会」のはじまり

　教育問題に関する関係者が集まっての協議の場としては、1872（明治5）年に文部省が開いた「教育事務議会」が最初のものである。「各地方滞京ノ令参事ヲ始諸吏員」に対する教育事務の説明と質疑・議論を行うとされていた（文部省布達第四十三号）。地方には、1875（明治8）年頃には各府県でも学区取締・区長・教員などが集まっての「学事会議」が開かれる例もみられた。大学区単位・地域ごとの「教育議会」「教育会」が実施された例もある（1878年の東京教育会、1883年、大日本教育会など）。

　中央政府による教育の審議会の必要性については、田中不二麻呂文部大輔が『文部省第五年報』において「教育国会ヲ創設スルノ議」と題し、その必要性を提議していた（1878年12月）。しかし政府は、当時の民権運動の

勃興をおそれてか否定をしている。そもそも地方での「教育会」に対しても同様の危機感をもち、開設について事前の承認を課すなどの規制をしていくこととなった（1881 年 6 月、文部省達第 21 号及び第 22 号）。

[2] 政策意図の説明・広報としての学事諮問会

　文部省がその政策意図を地方（全国）に正しく理解させることを図り開催したのが 1882（明治 15）年 11 月から計 25 日間開かれた「学事諮問会」である。出席者は全国府県の学務課長と府県立学校代表者であり、事前に文部省から諮問事項 40 項目が示されていた。会議は 1 日 4 府県で計 11 日間を通じて全 44 府県（沖縄は欠席）からの実状報告を行い、のち 2 日間を費やして質問・討議が行われた。このとき文部省は約 300 ページにもおよぶテキストを用意してその方針について詳しく説明した。このときに文部省により用意されたテキストが「文部省示諭」である。

　この諮問会のねらいは何であったか。1979（明治 12）年の自由教育令を批判して翌年に改正された教育令（改正教育令）の全国への方針説明とそれによる周知徹底を目指したのが学事諮問会であった。「教育令」「改正教育令」と、1880 年代前後の全国的法制においては、学校設置・廃止、監督行政に関する規定、とりわけ認可行政に関する法制が大きく変化している。教育令（1879 年）9 条では、各地の町村ごとに公立小学校を設置していくという単位が示され、かわるべき私立学校があるのならその（公立校）設置を免じるとされていた。

　これが、改正教育令（1880 年）では町村ごとに公立小学校を設置していくという単位については同じであるが、「府知事県令ノ指示ニ従ヒ」「府知事県令ノ認可ヲ経」という部分が変えられた。これは【町村立】から【府知事県令】へ、【府県立】から【文部卿】へ、つまり指令（認可）としては【文部省】→【府知事県令】→各【町村】となる。改正教育令実施により、従来は府県の管理下にあった町村立学校の設置認可に対しても、文部省の関与を認めることとなったのである。このような手続きや基準を文部省が方向づけるといった国家関与システムが明確にされたことが、改正上の特色であったということになる。これを全国の教育事務関係者に周知するための機会が学事諮問会であった。

1891 年（明治 24）年 11 月には、同様に「(第二次) 小学校令」実施方策を統制するための「府県学務官会同」が東京で開催された。以降は教育政策・法制の確立ごとに、地方長官会議、学務部長会議、学務課長会議、視学官会議などの各部会ごとに開催されることとなる。

[3] 文部省直属の「審議会」

文部省が、教育政策を審議検討する合議制機関として最初に設立したのは 1896（明治 29）年「高等教育会議」であり、勅令第 390 号をもって文部大臣の諮詢機関として設置された。文部官僚のみでなく広く教育に関係または関心をもつ識者たちの協議により行うべしという世論の高まりを受けて実現したものであった。1894（明治 27）年後半以降、貴族院より「教育高等会議地方教育会議ヲ設クル建議」（加藤弘之ほか 40 名の発議）が、また衆議院からも同一趣意の建議が提出された。翌 (1895) 年の議会でもこの要請は継続され、貴族院議員より「教育高等会議創設ニ関スル質問主意書」（1896 年 1 月 16 日）が提出されているが、これを否定する西園寺公望文相との間に議論の応答が繰り返された。漸く蜂須賀茂韶文相のときになって高等教育会議が設置されるにいたった。1897（明治 30）年に第 1 回会議が開かれたが、当初は 30 人足らずの定員のうち学識経験者 7 人以内を除き、帝大総長、文部省各局長、高等師範などの直轄学校長らの文部省役人で占められ、「文部大臣ノ諮問ニ応ジ意見ヲ開申」するだけであり、大臣あてに建議するなどの権限が与えられていなかった。これが批判され、その後、建議権や議員増加など改正が加えられることとなる。設置当初の「高等教育会議規則」8 条には「高等教育会議ハ秘密会トス」「高等教育会議ハ職務ヲ以テ臨席スル者ノ外傍聴ヲ許サス」とあり、その公開性は低いままであった。ともあれ、議会という民意の側の発議をもって実現されたことに意義がある。

[4] 内閣直属の「審議会」

その後、教育調査会（1913〜1917 年）をはさみ、1917（大正 6）年から 1919（大正 8）年まで 1 年半の短期間で集中して行われたのが「臨時教育会議」である。文部省所轄でなく内閣直属の機関とされ、諮問事項を文部省の作成した案件に限らず、会議の自主的な検討に委任する形式をとり、決議事項

を答申するとしたことにその特色がある。委員に帝国議会議員、行政官僚、官立学校長などの関係者以外にも、私学関係者や三井・三菱などの財界人も加わったところにも時代の特色がみられる。しかし岡田良平文相、小松原英太郎（元文相）、平田東助（元内相）らがリーダーシップを発揮し、紛叫するとオフレコの懇談会に切り替えられることもあり、さらに非公開であったという点においても議論については限界があった。

　その後に文部大臣の教育政策諮問機関としての臨時教育委員会 (1919～1921 年)、教育評議会 (1921～1924 年) が設置されたが、どちらも大きな成果は残していない。

　関東大震災後の復興と「国民精神ノ作興」を図るために 1924 (大正 13) 年に内閣総理大臣直属の審議機関としてつくられたのが「文政審議会」である。「臨時教育会議」に続く、内閣直属の審議会となる。首相自らが総裁となり、副総裁には文相と委員から選出された 1 人とがあたり、委員には各省庁次官、軍関係者、学識者、財界人などが任用された。1935 (昭和 10) 年までと非常に長期間 (およそ 11 年間) 存続したが、この時期は本格的な工業化が進み対外進出へ向かう時期でもあり、そういった時代背景をもとに、中等教育のありかたを中心とした学制改革論が高潮した期間であった。審議の方式としては臨時教育会議とは対照的に、事務局 (文部省) の作成した具体的改革案の是非を審議答申するという方式をとっている。

　その後に文教審議会をはさみ、1937 (昭和 12) 年に発足するのが「教育審議会」である。第一次近衛文麿内閣発足の時代に設置されたこの審議会は、総裁のもと委員定数 65 人という最大規模のスケールをもっていた。諮問事項は「我ガ国教育ノ内容及制度ノ刷新振興ニ関シ実施スベキ方策如何」という大きなテーマのみであったが、特別委員を設け、そこで詳細な審議と問題の整理、答申案づくりが行われた。青年学校・国民学校・師範学校・幼稚園関係、中等教育関係、高等教育・各種学校関係、社会教育関係、教育行政関係の 5 分科会に及ぶ。審議会総会は 1937～1941 年までわずか 14 回であったが、特別委員会は 61 回、整理委員会は 5 分科会合計で計 169 回開催された。7 件の答申と 4 件の建議を可決し、内閣に送付している。

　以上に述べてきたように、はじめは政策を「上」から告知・指導するための会合であったが、徐々に教育関係者・専門家を含む政策議論の場が整

備されてきたのであった。しかし、戦前期においては、それらは形だけのものや限界をもつものが多く、自由闊達に民間側からの議論が行われるという場はなかった。これについては戦後の1946（昭和21）年に設置された教育刷新委員会（1949年6月に教育刷新審議会と改称）まで待たなければならなかった。

■コラム■ 近代化における「国際性」と「独自性」

「グローバル化された現代社会」という言葉をよく聞く。「世界が一体化する」「情報が瞬時に国境を超えるネットワーク型社会」などともいわれるし、教育改革においても「地球規模で（物事を）考える力が必要」と指摘されている。そのために必要な教育政策が構想され、さまざまな制度や教育課程の改正が行われている。

ちなみに、2000年代のいまを指して、「第三の教育改革の時代」といわれている。1980年代前後から「戦後は終わった」などという台詞とともに「第三の教育改革」という声があった。「新しい時代・社会環境」だからこそ、その時代に沿った改革が必要だというのである。

では、第一、第二の教育改革とはいつであったのか。「戦後は終わった」という台詞を紹介したが、「戦後」の教育刷新の時代が「第二の教育改革」の時期となる。占領下において日本国憲法と教育基本法をもとにする新教育がスタートしたことを指して、二回目の大改革としているのである。戦後と現在とでは社会の進展具合が違うという意識から「第三」という考えが出てきたのだ。それでは「第二」が乗り越えようと批判し、同じぐらい大きな変革であった「第一の教育改革」とはいつなのか？

本章で扱う明治維新期以降の「近代教育」のスタート期こそが第一の改革の時代と評されている。この時代は、近代科学、近代教育制度や方法が海外（先進諸国）から情報の束となって移入された時代である。グローバル化の波に巻き込まれ、近代化という世界に飲み込まれていく時代。当時の日本人は、ネットワーク技術が進んでいない中を、語学を自主的に学んで翻訳を試み、未知の国へと留学し、また外国人によるオール外国語の講義を受けながらこの情報を「自らの力」として修得していったのである。そ

の中で「日本らしさ」や独自性が形づくられていった。近代化とはまさに「学習」により自らや国を変えていく力をつける「学習社会の到来」であったといえるのではないか。

考えてみよう

問題
(1) 明治政府は、何のために小学校教育の拡充を実現しようとしたのか。
(2) 明治後期以降、学校教育にはどのような役割が期待されるようにと変わってきたのか。

解答への手がかり
(1) 近代国家の一員としていちはやく独立を目指した明治政府が、まず小学校（初等教育）を普及させようとしたのはなぜか。何を目的としていたのか考えてみよう。
(2) 国家としての形ができあがっていく中で、学校教育に目指されるものも変わってくる。そこに期待された役割について考えてみよう。

第4章 アメリカの教育政策と教育行政

本章のポイント

　わが街の市役所や町村役場などを訪れたことはあるだろうか。〇〇市役所、△△町役場という表札が正門などに掲げられていたはずである。その隣には、〇〇市教育委員会、△△町教育委員会という表札もまた掲げられていたであろう。なぜ、かくも堂々と市役所や町村役場の一般行政と並んで教育部門だけの表札が掲げられていたのであろうか。

　こうした素朴な疑問を解くには、歴史を紐解くことが学問的な手続きであろう。日本が拠ってきたるアメリカの教育はどうなっているのか、アメリカの教育政策や教育行政ではどのようになっているかを、その形成の過程から知っておく必要があろう。

　近年、日本の教育委員会に問題があるのではないかと指摘されている。教育委員会になぜ教育を委ねる必要があろうか。考えておくべき課題である。

1 アメリカにおける公教育の発展と教育政策・行政

A 教育政策と教育行政におけるアメリカ

　教育政策（Educational Policy）と教育行政（Educational Administration）が扱う範囲は、日本では学校教育から生涯学習まで、原子力や科学衛星「はやぶさ」のような宇宙ロケットまで広範に及ぶ。

　しかし本章では、学校を中心とした教育を主として扱う。教育事象は、他の社会組織と同様に学習するものと教えるものとの相互作用の過程であり、こうした社会理論の中で研究されてきた。教育政策学、教育行政学などは確立された教育学の分野となっており、日本の大学でも広く教えられている。

　幕末・明治の時代から今日まで、日本はアメリカから大きな影響を受けてきた。教育のあり方も学校教育もまた同様であった。その意味で、アメリカの教育について学ぶことは合理的なことであるが、アメリカの教育における教育政策・行政は、世界の教育史上においてユニークであり、教育史上でもまれにみる達成を遂げてきたことは知っておくべきことである。

B 植民地の形成と社会

　エリザベス女王1世の死後、ジェイムズ1世の治世において、新大陸にイギリス人居留地ができジェイムズタウンとなる。ヴァージニアやニューアムステルダムなどにも居留地ができ、やがて植民地ができる。1629年ニューイングランド会社は、マサチューセッツ湾岸会社となって、チャールズ1世から特許状を受け植民事業を開始する。新大陸にも港があちこちにでき、本格的な植民地（Colony）が形成される。

　1630年にはマサチューセッツ湾植民地（Massachusetts Bay Colony）が形成され、この植民地をもとに次第に新しい植民地が形成され、メイン、ニューハンプシャー、ロードアイランド、コネチカット、ニューヨーク、ニュージャージー、ペンシルベニア、デラウェア、メリーランド、ヴァージニアなどの大西洋湾岸地域に植民地が形成された。さらにノースカロライナ、サウスカロライナ、ジョージアが同様に植民地の仲間入りを果たす。後に

独立13州となる植民地がこうして形成されたのである。

　イギリス国王の威光のもとに、まず植民地に議会が形成され、植民地のもろもろの政策が決められた。植民地の政治や政策決定には、国王の宗教である英国国教会（Anglican Church）が影響力をもった。その影響はとくにヴァージニアに浸透したが、他の植民地ではおおむねピューリタン（Puritan 清教徒）の支配下に置かれた。母国イギリスから逃れて彼らが目指したのは、新世界でピューリタンとして生活をすることであった。エリザベス朝の時代、国王が君臨する国教会を純化（purify）しようとした彼らカルヴァン派のプロテスタントたちが植民地全体では優勢となったのであった。このように入植にいたる宗教的背景や経済的背景は、植民地の政治や社会のあり方に大きな影響を与えたのであるが、この新大陸で育ったものは土地や地域に根ざした多様性と、宗教や出身地などの違いによる多様な社会であった。

C　植民地における学校の形成

　植民地の経営がうまくいくためには、母国との貿易や交流が必要であったが、同時に植民地において後継者たる聖職者や社会の指導者を育て、新しい社会を持続させなければならなかった。人びとの生活に、読み書き算の素養が必要であって、簡便な教育を与えなければならなかった。少なくともみずから信ずる宗教を理解し、できれば聖書を読み、植民地での取り決めや掟、そして法律を理解する必要があった。

　もとより、17世紀は、母国においても人びとの教育は、宗教や私事の範囲に留まっていたが、中世にできた大学やルネサンス時代にできたラテン文法学校（Latin Grammar School）は確立された教育機関となっていた。しかし、カルヴァン派やピューリタンに対するジェイムズ1世やチャールズ1世による弾圧は厳しいものであって、小さな学校経営や学校教師に及んだのである。その迫害の中でも、国教会のもとに中下層の民衆の子どものための私塾的な教育の場は増えていた。毛織物工業の進展の中で教育への高まりは起きていたが、やがてピューリタン革命の時代となり、小さな学校への経費補助などの政策が始まった。

　このように母国においては、教育は独自の進展を遂げていたが、全体と

しては、政府の教育に対する全面的な関与を意味するものではなかった。

オックスフォード英語辞典（OED）によれば、教育を言い表す「Education」という語は、1530年代以降になって使われ始めたという。それから100年、まだ教育とは学校教育（institutional learning）を必ずしも意味していなかった。17世紀になって学校教育をも意味する用語となったのであろう。それがまさにピューリタン革命の成果であったし、アメリカ植民地の教育は、母国の教育の到達点に引き継がれたものであった。

ピューリタン革命は、やがて新大陸の植民地の人びとを勇気づけることになる。1635年にはボストンの街の中心にラテン文法学校（Boston Latin School）が設立され、翌1636年には最初のカレッジが創設された。

文法学校は、裕福な住民によって基金が集められ、近郊のセーラムやロックスベリなどにも設立されていった。こうして中等学校（Latin Grammar School）、そして大学（College）までが設立されたのである。マサチューセッツ湾植民地議会は、400ポンドをこの新しい大学のために用意した。また、自からの遺産780ポンドと400冊の書籍を寄贈したハーバード（John Harvard）は、最初のカレッジにその名を留めたが、彼のマサチューセッツ湾植民地での生活は1年余と短いものであった。このカレッジは、彼の母校であるケンブリッジ大学エマニュエル・カレッジに倣っていたが、何分、小さな社会の小さな大学であった。しかしケンブリッジ大学の出身者は、マサチューセッツ湾植民地の指導者の多くを占めていて、大学の所在地もやがてケンブリッジと命名されたほどである。

新しい大学は、植民地においてピューリタンの聖職者などを自前で養成することに重きがおかれ、また植民地の人びとを教養人として育成し、インディアン向けに校舎をつくるなど彼らの教育にも力を注ごうとしていた。

D　植民地教育法とその後の展開

まだ人口も2万人ほどのマサチューセッツ湾植民地の議会によって、1642年植民地法（Massachusetts Law of 1642）が成立した。子どもをもつ親や、子どもを労働に使っている親方たちは、家庭での教育や徒弟の教育において、子どもたちに植民地の法律の内容やキリスト教の教義、聖書の内容などを理解させることが求められた。さらに町々から選任された人たち（Select Men）によって、すなわちタウン行政委員によってこの教育が実際に行われているかどうか検分が行われ、行われていなければ罰金を課すことができるよう準備されていた。この時、植民地議会は子どもたちのための教育を監査する権限を町（タウンと呼ばれる）の行政委員に与えたのである。ただしこの行政委員は教会に属する人びとで役職者が多かった。

1645年には新しい法律が追加され、10歳から16歳までの子どもには小銃や兵器の扱い方などを教えることが規定された。こうして植民地の教育政策と行政的な仕組みの原形が芽生えたのである。しかし、この段階では教育はまだ学校教育（schooling）を意味してはいなかった。

ところが2年後、1647年には人口は3万人を超えていたが、植民地議会は学校を設けることを人びとに求めたのである。ニックネームで「The Old Deluder Satan Act」と呼ばれる教育法であった。サタンという昔ながらの悪魔の主な仕事は、人びとを聖書の知識から遠ざけようとすることにあったので、この悪魔に騙されないようにすることがその目的であった。つまり、人々が無知のままでいることは悪魔にだまされ続けることを意味していたのである。聖書に触れることもなく悪魔に騙され続けることは、植民地の将来の存続を危うくすることになる。

したがって、人家が50戸以上のタウンには、小規模学校をつくって読み書きを教える教師を一人指名することを義務づける。あるいは100戸以上のタウンには文法学校を設置し高い教育を提供することを定めたのである。100戸の集落では、おおむね500人以上の人口となるので、その中の誰かを教育ある者として育てることが求められたのである。学校の設立を求めたこの法律に違反する時は、親や徒弟の親方に年5ポンドの罰金が課されるように決められていた。まさに学校教育の法律となったのである。

この法律は、アメリカ植民地における最初の学校教育法ということができるし、ひろく教育史的にみても重要な取り決めであった。

翌1648年、この法律は改正され、読み書きの他に植民地の法律やカテキズム（Catechism 教理問答書）などが教えられるようになった。各タウンではこの法律は大いに実効性をもったが、新しくできたばかりのタウンでは無視されることもあったという。

ボストン湾岸の各タウンにおいて公費によって学校（コモンスクール Common School と呼ばれた）を建設し、その学校を指導し統制し、公的な資金で学校を維持し続けることが植民地の行政の中に組み込まれた。この方法は、ロードアイランドを除くニューイングランド各植民地の学校教育の一つの典型となっていった。

学校における教育には次第に教科書が採用され、『ニューイングランド・プライマー』（New England Primer）は、1690年の刊行から1840年代まで広く利用され、その刊行部数は300万冊を超えたという。読み書き算の3R's（Reading, Writing, Arithmetic）の他にキリスト教の教理を平易な問答形式で記した入門書であるカテキズムを使って、キリスト教の原罪説と運命予定説を教えることを目的とした学校が増えていったのである。まさに植民地の子どもたちにカルヴィニズムの教理を広めかつ深めるものであった。

マサチューセッツ湾植民地の教育は、母国からの干渉がピューリタン革命のために弱まったので独自の展開が可能になったが、それでも神政政治の性格は教育に大きく影響を与え続けた。コネチカット植民地では、1642年と1647年のマサチューセッツの教育法を参酌し、ニューヘイブン植民地はコネチカット植民地と合併、コネチカットの法律が生き延び、学校教育が法律のもとでひろまった。マサチューセッツの教育法は、その後、メイン、ニューハンプシャー、バーモント植民地などでも準用され、いわゆるニューイングランド植民地の教育は、地域共通なものとなっていった。

この1647年以降のニューイングランドにおいて、三つの重要な教育上の原理が確立されたといってよい。第一に当該のタウンなど社会（Community）が学校を設立する義務を負うこと。第二に植民地議会ではなく、タウンが学校の行政を掌ること。第三に初等教育と中等教育が明確に区分されたことなどである。このことは、家庭教師による教育や家庭婦人がその台所で教えるような私事的な教育の時代が終焉を迎えたことを意味する。

E その他の植民地の動向

国王の親政下にあった南部植民地ヴァージニアでもいち早く教育の普及が目指された。この植民地では国教会が支配者であり、宗教的な動機より経済的な側面が重視され、母国の教育がそのまま広まった。1643年には徒弟制度に関する法律が成立し、雇用主に対して読み書きの教育への支援を

謳った。いくつかの私立学校が設立されたが、教育はまだ私的範囲に留まっていたといってよい。この法律から半世紀後の 1693 年には植民地の中心地にカレッジが創設された。英国王と女王の名を冠してウィリアム＆メアリー大学（College of William and Mary）と名づけられ、この大学からはアメリカ独立革命期に活躍した大統領や指導者たちが育っている。

1638 年、オランダ西インド会社とオランダ改革派教会の支援によってニューアムステルダムすなわち後のニューヨークにタウン・スクールと呼ばれる公立の教区学校が設立され、4R's（3R's に Religion 宗教）が教えられた。1664 年にイギリスのニューヨーク植民地となったが、1704 年から 1722 年にかけては、奴隷の子ども、貧困白人やインディアンの子どもたちにも週 3 回程度の教育を学校において教えるようになっていた。

ペンシルベニア植民地のフィラデルフィアにクエーカー教徒（Friends フレンド派）によって 1683 年に教育法が生まれ、公立学校（Public School）が設立されている。クエーカー教徒は奴隷制度に一貫して反対しており、フィラデルフィアにおいてアフリカ系の人たち向けの教育も組織されるようになったのは、独立革命後のことであった。

特筆されるのは、フィラデルフィアに、1751 年、フランクリン（Benjamin Franklin）によって実学色の濃い中等学校（Franklin Academy）が開設され新しい時代を切り開いた。伝統的な文法学校のようにギリシャ語やラテン語だけに依拠しない中等学校が産声を上げたのである。その教育内容は、商業や日常業務ための教育など古典的な中等学校から決別するものであった。

マサチューセッツ、ヴァージニア、ニューヨーク、ペンシルベニアなどにおける学校教育の原初の事例を見ただけでも、アメリカの教育はその多様な展開が植民地時代の草創期につくられたことが理解できる。内陸部植民地では、教区学校（Parish School）が存在し、宗教的、慈善的教育が支配的であったが、次第に衰退に向かっていってコモンスクールがひろがった。

F 公立学校の運営

アメリカの独立の気運が高まってきた 1750 年までには、植民地の統制原理であった宗教的な結合や英国国教会の支配力は次第に衰退していった。宗教や礼拝の自由は広まり、やがて世俗的な社会への傾向が顕著となって

いく。1647年のマサチューセッツ教育法時代における古典的な文法学校の性格は、実用的なアカデミーに取って代わられ、初等学校は教区学校の4R'ｓ的な性格から次第に3R'ｓの学校に変わりだした。学校もまた世俗化（Secularization）への傾斜を強め、学校を管理する行政委員は教会の役職者でなく、民政上のあるいはタウンの役人が行うようになっていった。

　公立学校は、人びとの教育税などの税金などによって運営されるまさにタウンの学校へと成長を遂げ、植民地政府のもと学校を運営する学区（School District）も次第に発展を遂げていった。学区は一般の行政区画とは同一ではなく、独自の教育上の行政単位となっていった。

　学区は、次第に拡大するタウンよりも、タウンの中の小さな近隣社会の中につくられていった。人口が増加し、道路ができ交通がより便利になり、タウンは勢い大きくなっていったが、いくつかの例外を除いて小さな学区に区分して教育行政を行う必要がでてきたからである。

　しかし、学区ができても子どもの通学条件はまだ劣悪であり、学校は短期間の開校であり、その設備は貧弱であり、衛生面でも問題を抱え、教師は十分な教育を受けていなかった。ニューイングランドにおいて、カウンティ（County＝郡）という行政単位の下位区分であるタウンは、いくつかの村々を包括する行政単位になっていった。またこの学区制度（School District System）はアメリカ独立後の1789年にはマサチューセッツ州において法制化された。1827年までにはタウンにとって学区の設置は義務となった。その学区こそ、公立学校教育の単位となり、学校に関するさまざまな事項は往時のように地区の教会において決められるのではなく、タウンや学区において人びとによって討議され決定されるようになった。

　タウンは、学校の建設や、教員の選任や資格の審査、学校の視察や試験を行う委員の任命など、タウンの行政委員ではなく、タウンの学務委員（Town School Committee）が行うように変わっていった。

　こうして学区を設立単位とする公立学校は、この学務委員によって管理され、従来の教会税をもって学校維持に充てる方法には、タウンの教育税などの税金が充てられるようになった。アメリカの民主主義や地方に重きをおく行政は、アメリカの独立に前後して公立学校の制度をつくり上げることになったのである。

なお、タウンの他にシティ（市）という地方行政単位も植民地時代に生まれるが、おおむね市の立つ（トレーディング・ポストやマーケット）からの派生が多く、必ずしも行政単位の人口の大きさによらないものであった。

G 大学教育の濫觴

植民地の大学教育においては、ハーバードがそうであったように、母国の大学をモデルにしながら、各植民地政府と密接な関係を保ちつつ、私立学校として9大学が設立された。いずれもが宗派の支援を受けて成立した。

ヴァージニアにウィリアム＆メアリーが、コネチカットには後のイエール（Yale）が、ニュージャージーには後のプリンストン（Princeton）と後のラトガースの（Rutgers）2大学が、フランクリンの設立したアカデミーは後にペンシルベニア大学（Pennsylvania）となり、ロードアイランドには、後のブラウン（Brown）が設立された。インディアンの教育を志向したダートマス（Dartmouth）は、独立革命の直前1769年に創設され植民地時代の最後の大学となった。

すべてのカレッジが私立（Independent）であり、植民地政府にはさまざまな支援を受け共存関係を保ちつつ、独自の大学基本財産を次第に形成していった。大きなタウンよりもむしろ郊外においてよく発達し、アメリカの大学の主流となって高等教育の砦となった。大学もまた人びとの手に委ねられた民間の教育機関であった。

2 教育委員会制度

A アメリカ独立革命と合衆国憲法

1766年のアメリカの独立は、その前後の政治的な動きや軍事的な動向を総括して、アメリカ独立革命（American Revolution、1775～83）と呼ばれている。単に植民地が武力で母国であるイギリスを撃退したというに留まらず、ペイン（Thomas Paine）の『コモン・センス』（*Common Sense*）などに鼓舞された社会的あるいは思想的な背景に革命的な要素が多分に内包されていたので

ある。新国家として教育を、学校をどうするかは問われ続けた。しかし、独立のための戦争は、その開戦前から人びとの注意を学校から引き離し、学校はどのような学校であれ、しばらく苦難の時代となった。

後のフランス革命に大きな影響を与えたというアメリカの独立革命は、「独立宣言」の中でよく表現されている。この宣言は、ジェファソン（Thomas Jefferson）などが起草し、アダムズ（John Adams）とフランクリンなどが修正を施して成っている。ジェファソンは早くから、植民地のすべての子どもの教育の必要性について熱心に説いていた。ついには大学までつくったひとである。

ロック（John Locke）などの18世紀啓蒙の思想を背景につくられたアメリカの独立宣言は、平等、天賦の人権、生命、自由、幸福の追求の権利を謳い、政府を組織し、必要があれば政府自体を改廃し新たな政府を樹立する権利を保持するという徹底したものであった。すなわち徹底した民主主義の主張であった。このことは、後の教育政策・行政の基本的な路線となった。

独立革命の帰結は、13植民地が13州（State）となり、その連合国を形成して独立国家となったのである。英国王への忠誠も、宗主国とのあらゆる政治的な関係も消滅したのである。しかし、独立宣言（Declaration of Independence）は、憲法ではなく法の体系でもない。新しい国の課題は、独立国としての憲法をつくり、その代表者をどのように決めるかであった。

13州においてそれぞれ独自に発展してきた教育をどうするか。その教育制度はどのように樹立し調整すべきかが問われることになったのである。

13植民地大陸会議は、連合規約を作成したが、憲法制定会議においてはより強固な中央政府を求める声も強かった。憲法制定会議は、フィラデルフィアにおいて1787年に開催され、ロードアイランドを除く12州によって合衆国の骨格をつくり上げた。そこでは三権分立主義に基づいて、立法、行政、司法部門を有する中央政府をつくることが議論されたのである。合衆国の行政には各州の教育も含まれることになるが、これをどうするかが問われたのである。しかし、合衆国としての教育制度と教育行政をどう樹立するか、そしてその運営をどうするかは本格的に議論されることはなかった。

ペンシルベニアの医師であるラッシュ（Benjamin Rush）は、英国エジンバ

ラにおいて医学を修行し、ディッキンソン大学 (Dickinson) を設立し、やがて税によって運営する学校設立を展望するなどこの憲法制定会議の有力論者として活躍した。この会議において、各州の大学の上位に立つ「アメリカ国立大学」(National University など) の設立なども議論されたが、すでに植民地に設立されたハーバードやプリンストンなどは州や地域に根づいており、屋上屋を架すような大学設立案には反対の立場が多かった。この時期までには、すでに大学が9校、文法学校が27校存在していたからである。

議論の末に、教育制度の樹立もその運営についても決めることはできなかった。各植民地とその後の発展である州には、すでに100年以上もの独自の教育制度を築いてきた歴史があり、発展をさせてきた自負があった。そこには独自の教育課題があり、そのための教育政策があり、そしてその行政があったからである。これらを連邦政府が横並びに束ねることはできなかったのである。

独立宣言から合衆国憲法が成立するまでの間、植民地憲章に従っていた諸州は、新しい州憲法を制定するようになった。19世紀までに合衆国に編入された16州のうち、7つの州ではその州憲法の中に州の学校教育に対する任務を規定したが、それらは主にニューイングランド諸州であった。

B 合衆国憲法と修正条項

憲法制定会議において1787年に採択された憲法は、各州の承認を得て成立したものである。立憲主義に基づく成文憲法は世界史的に見ても初期のものである。その合衆国憲法 (The Constitution of the United States) は、1789年に発効したが、その時には約350万人の人口を抱えていた。その350万人の教育をどうするか。しかし、合衆国憲法は合衆国議会、大統領、司法権、連邦制、憲法修正などを規定しているに過ぎず、教育については規定することはなかった。

しかし、いわゆる「権利の章典」(Bill of Rights) とも呼ばれる修正憲法 (Amendments) は1789年合衆国議会により提案され、修正第10条までが1791年から施行された。いわゆる基本的人権を規定するものであった。修正憲法は、1787年の憲法において謳われなかった基本的人権に類する事項の扱いについて規定し、それらを各州の権限とすることを明確に定め

ため、基本的人権としての教育は、修正憲法第 10 条において各州の専権事項となったのである。これは教育史上の重要な達成であった。その修正憲法第 2 条には、人民が武器を保有し携帯する権利は、これを侵してはならないと定めているが、連綿と続く銃社会アメリカの古い掟である。

各州の憲法は、当然のこと合衆国憲法において謳われなかった事項を盛り込んでいるが、合衆国憲法は、州憲法または州法に優先しているが、ここにアメリカの教育が明らかに地方分権主義に立脚することと、基本的な人権としての教育であることが規定されたのである。

C 教育委員会制度の成立

地方分権主義でどのように独自の学校教育の制度を維持し、運営するかは各州の教育政策に係っていることはここにおいて明らかである。しかし教育が州全体の統制を受けるようになったのは、たとえばニューヨーク州においては、1784 年のことであった。この年、ニューヨーク州大学区理事会（The Regents of the University of the State of New York）が設立され、州全体の教育の統制を行うことになる。まず、大学区制を設け、その大学区を統制することによって州における教育統制を行う仕組みである。

他方、ミシガン準州（Territory of Michigan）では、1817 年にミシガン大学（University of Michigan）を設立して公立学校の統制を行う仕組みをもたせることを構想したが、大学は教育の行政的な機能を果たせなかった。

学校教育は、植民地時代から続く一人の教師が教えるタウンのコモンスクールと呼ばれる公立学校が次第に普及するにつれ、それを管理運営する行政的な機能が求められ、公立学校やその関係の仕事をする各種の委員会や市民の代表組織などが生まれた。また他方でこれらの公立学校に配置する教員の養成学校の設立が大きな課題となっていった。

1812 年にニューヨーク州は州教育長（State Superintendent of Common School）を置き、学校を監督する専門職員を置いた最初の州となった。同様にメリーランド、イリノイ、バーモント州などがこれに続いた。

最も重要な学校教育上の改革は、マサチューセッツ州において 1826 年タウン学務委員会（Town School Board）制度が設けられ、タウン内の学区の一般的な監督にあたる法律を定め、1837 年には州教育委員会（State Board of

Education）が設置されたことである。

　この州教育委員会は、公選による8名の教育委員及び州知事と州副知事の2名が職権で参画して10名の教育委員で構成された。つまり、一般行政から独立した州教育行政制度の確かな濫觴であった。

　その委員の中に、マン（Horace Mann）がおり、マンは間もなく教育委員を辞して、その教育委員会の事務責任者すなわち教育長（Secretary）に就任した。教育委員会教育長となったのである。マンは、ブラウン大学を卒業後、弁護士となり、州の上下院議員を務め、教育には大きな興味をもっていた。教育委員会制度は、彼の州上院での努力が実を結んだものである。

　マンの12年間にわたる教育長職は、1789年の学区成立以降に小規模化し零細化した学区の立て直しや、公立学校の復興と整備、学校図書館の設立、教科書の統一、教育方法の改善、教師の待遇改善そして公立学校を支える教員養成学校の設立、さらにこれらを可能にする州民の教育への支援を取り付けるための歳月となった。

　マンは在任した12年間に、「教育長年報」（*Annual Report of the Secretary of the Board of Education* 通称「12年報」）を刊行し、さらに教育の研究にも取組み、「コモンスクール・ジャーナル」（*Common School Journal*）を刊行して、そこに自身の教育思想や当時の教育情報を織り込んで教育への理解のための啓蒙活動にもあたった。

　教育が普遍的なものであり、非宗教的なものであり、無償制であるべきであるとの彼の信念は、社会経済的な効率性や公民道徳、あるいは人格の完成が教育の目標であるという観念をひろく州を越えて全国的なものにした。彼の努力のもとで州内の公立学校は制度として組織化され、州教育委員会のもとで学校制度として立ち上がったのである。

　マンは、公立学校を支えるのは、教員であることを強く認識しており、教員養成の学校を州が設立することを構想した。ドイツにおける教員養成学校などを参考にしつつ、大学ではない、多くは女性を入学させる教員養成の専門学校を州の学校としてつくることになる。1837年、こうして州立師範学校（State Normal School）がレキシントンに創設された。この学校の成功は、次第に州内や近隣諸州や中部諸州にまで広がった。教員が安定して供給されれば、次にこの教員の採用や待遇などの人事、子どもの入学や卒

業、教育課程や教育方法など、とても素人では負えない行政的な仕事が増えることとなる。

マンの公立学校の組織と教育をめぐる法的な整備に関する活躍は続き、1852年には公立学校への出席は親の義務となっていった。ひとつには、増大する移民の子どもをアメリカ化する必要があったからである。1855年には公立学校は世俗化に成功し、宗派からの影響は法的に学校から排除されたのである。

マンの教育への情熱は止まず、1852年、晩年のマンはオハイオ州のアンティオーク大学（Antioch College）初代学長へ就任し、私立の学長として名声を博し、教員養成に力を注ぎ、その教え子は全国へ巣立っていった。教員は大学において養成される時代を開いたのである。

晩年のマンは、「アメリカ公立学校の父」として賞賛されることとなった。

コネチカット州でもマンと同様な仕事をした人物が登場した。バーナード（Henry Barnard）である。イエール大学を卒業し、教師を務め、法律を学び、州議会議員を務め、ヨーロッパに旅して学校を視察し、1838年には州学校委員会（State Board of Commissioners for Common Schools）を組織して、1839年には州法を成立させ、学校に改革をもたらし、税金による学校支援を確立し、州にとっての統合的な教育行政制度をつくり上げていった。1842年に州議会が学校委員会と教育長職を廃止したため、ロードアイランド州に転じて州公立学校長長官（State Commissioner of Public Schools）となったが、再びコネチカットにもどり州立師範学校をつくり、州内にタウン立図書館をつくり、ウィスコンシン大学学長などを経て、最初の合衆国教育長官（National Commissioner of Education）になった。

教育委員会制度は、一般行政から教育行政部門を分離し、専門職員を擁する事務局の上に少数の市民によって委員会が構成され、州の教育政策や教育行政が議論され、その結果が事務局によって執行される制度設計であり、市民による素人支配（Layman Control）の原則が持ち込まれた。素人支配は、もともと教会における聖職者支配（Clergy Control）に対立する概念であるが、教育行政はこのように、地方分権主義、民主主義、基本的人権の尊重を基盤とする教育委員会制度によって行われることになったのである。

D　連邦政府の教育政策への関心

　連邦政府が広く教育に関心を寄せるようになったのは、合衆国誕生以降から続く土地政策と絡んでいた。連邦政府は広大な土地を所有していたからである。政府の所有は、インディアンから奪った土地や新たに開発した土地などであったが、フロンティアに向かって移動する人びとに対して政府所有の土地の解放なくしてそのフロンティアの発展は望めなかった。

　南北戦争（1862～65）の渦中で、バーモント州の連邦上院議員のモリル（Justin Smith Morrill）は、戦争後のアメリカ社会を展望して、連邦政府の土地を産業革命の基盤となるべく農業や工業の振興をはかるために思索をめぐらせていた。そして、1862年に国有地賦与法（Land Grant Act of 1862 通称モリル法）を連邦議会において通過させることに成功した。リンカーン大統領はこの法案に署名し、南北戦争後の復興に大学を機軸として産業を発展させることに同意したのであった。

　この法律は、農業（Agriculture）と工業（Mechanical Art）の分野を教育部門として大学に設けることを条件にして、連邦政府がその所有になる土地を各州に無償で配分賦与し、各州はその土地を売却して大学基金を作り、その基金を当時の約5％の銀行利子で運用し、その運用益だけを使って農学部や工学部の教育をつくろうという政策であった。

　西漸する人口の増加に伴う連邦政府の土地政策の一環ともいえる政策であったが、とくに南北戦争後の大学教育には大きな変革をもたらしたものであった。リベラル・アーツを基盤にした教養教育だけでは、来るべき産業革命を成し遂げることは困難であろうことは誰の目にも見える時代になったのである。

　もとより国家的規模の教育政策を実行するには、連邦政府には憲法上の縛りがあり、教育の行政面に直接関与することはできない。あくまでも州の管理する大学をつくりその中に実業系の部門を設け、あるいは既存の大学にこれらの部門を付設するという方法が合衆国憲法の許す範囲となったのである。

　各州はこのモリル法の適用を受け入れ、実業系の教育部門をつくろうとしたが、伝統的な教養教育中心のカレッジ教育にこれらの部門を増設することは、カレッジそのものに大きなインパクトを与えた。

ある州では農学部と工学部を教養カレッジの中に新設し、ある州では農工大学（A & M College）を新設し、なかには既存の私立大学にもこの法を適用しようとする州もあった。このようにモリル法をどのように受入れ運用するかは、あくまで各州の教育権限であって、この限りにおいて合衆国憲法には反しない。

モリル法により、各州の連邦上下院議員一人当たり3万エーカーの土地が用意され民間に売却された。たとえば、ニュージャージー州では2名の上院議員と5名の下院議員であったので、21万エーカーを割り当てられている。1エーカーは、売却価格1ドル25セントと想定されていた。

土地売却益を得た各州は、この資金を管理する当事者になり、この資金は大学基金となっていったが、土地の売却価格は必ずしも予定価格に達しなかった。しかし、売却額やその運用利子を管理する各州は、既存の大学に農工系の部門を創設し、それが難しかった州は独自に州立の大学の新設を目指した。新設大学の多くは州が大学基金を管理する大学として設立されたので、結果として州立大学（State College、State University）が誕生する契機となったのである。

このモリル法によって誕生した大学は、国有地賦与大学（Land-Grant Universities）と呼ばれているが、これによって約70大学が誕生し、その中にはいわゆる研究大学（Research University）へと発展している著名な大学も少なくない。

E 合衆国教育省の誕生

コネチカットで州教育長として活躍したバーナードは、南北戦争後の1867年、合衆国教育長官（US Commissioner of Education）として迎えられた。つまり、連邦政府は新たに教育のための官庁を設けることになったのである。その設立当初は、教育のためだけの省ではなく、「健康、教育、福祉省」（Department of Health, Education and Welfare）であった。

その2年後、教育のためだけの部門（Office of Education）となったが、内務省（Department of Interior）の一部局となった。その後、この省の変遷は幾多に及んだが、設立当初は大統領の閣僚に長官を送ることができないなど、その権能は限定的な教育省であった。

教育長官は、連邦議会に対して「年報」を提出し、教育の将来のために勧告をすることを求められていた。教育省は、全国的な教育政策のための、そしてまた教育政策を立案するための統計や教育上の実際の出来事などを収集して教育の条件整備や教育の進展の事実を各州や準州に示そうというものであった。その結果として効率的な学校教育制度を維持しようとする教育の官庁となったのである。

　国家的な教育政策を樹立し、そのための財政的な条件整備をするという方法はこうして確立されたが、その教育政策の実現のための方途すなわち教育行政は、各州や地方教育委員会が担当するという方法であり、現在まで続いているアメリカ的な方法である。

　およそ100年後の1980年に発足した連邦教育省の機能は、「教育省組織法」によるが、教育省の業務を処理し、各州との連携にあたり、教育や学校に関するデータを集め、個人情報や人権に留意しつつ連邦政府の成立させた各種の教育法を執行するということになった。教育のための条件整備とは、たとえば学校における昼食費、インディアンや少数派の教育のための補助金支給、退役軍人のための教育費補助、学生のための奨学金の保証などである。かくて連邦政府からの財政支出を伴う方法が確立されていった。

　各州や地方政府に教育委員会制度がつくられ、その後に連邦政府の教育省が創設されたという事実は、銘記されるべきアメリカの方法であった。

F　州・地方の教育行政組織

　国家的な教育ビジョンは連邦政府によって描かれたとしても、そのビジョンを実際に実現していくのは各州の責任であることは合衆国修正憲法に明記されている通りである。

　各州は、各州独自の州憲法を制定し、州教育委員会制度を設けることを謳い、さらにカウンティ、シティ、タウンなどに地方教育委員会を設けて公立学校をはじめ教育分野の教育政策の策定とその行政を委ねることになる。

　およそ20世紀から現在までの教育行政上の組織は、公教育を中心に概観すればおおむね次のように整理できる。

① 選挙民→大統領→教育省長官（教育省）
② 選挙民→州知事→州教育委員会→州教育長(州教育局) →（採用）教員
③ 選挙民→地方教育委員会→地方教育長(事務局) →（勧告）教員

　①は、すでに明らかなように、合衆国憲法の規定により、選挙にて選ばれる合衆国大統領も大統領から指名される教育省長官も、ともに教育行政の権限を有していない。つまり、州が教育上の多くの権限をもつことはすでに見た通りである。しかし、合衆国としての教育の方向性、すなわち国家的な教育政策は教育長官の職掌の一つとなった。

　②は、地方教育行政の中核である州教育委員会についてである。選挙民が州知事を選び、同様に選挙によって、あるいは知事の指名によって州教育委員会委員が選ばれ州教育委員会が組織される。州教育長は知事や州議会によって指名されたり、州民から選ばれたりする。州教育長は、教育委員会事務局を統括し、公立学校の教員を採用し学区に割り振る。教育への財政を安定させ、他の政治勢力、宗教勢力や社会勢力が不当に介入しないように中立的な立場を保持する。

　③は、地方教育委員会の設置が、州政府より下位の地方政府・自治体によるものである。地方教育委員会とは、カウンティ、シティ、タウンなどにおいて組織される教育委員会がこれに該当する。小さなヴィレッジやタウンから、ニューヨークやシカゴのような巨大都市の教育委員会までその様態は多様である。多くの場合、公立学校教員を独自に採用し配分する権限は有していない。

　ところで、カウンティ（County＝郡）を単位とする教育行政単位は、イギリス発祥の地方政府のあり方であり、アメリカでは植民地時代に地方政府（County Government）として設けられた。土地が広大で人口がまばらな時代のアメリカ南部や西部ではとくに重要な地方行政の単位となっている。カウンティは、地元から資産税などを徴収する権限があるため、独自の予算が編成し易いことなどがある。州や合衆国からのフリーウェイ（高速道路）や福祉などで補助金もある場合が多い。

　なお、ここでいう地方教育長からの勧告とは、地方教育委員会の教員に対する教育上の指導などを意味し、給与や労働条件の整備なども同様であり、地方教育長が専門性の高いものでなければならない理由がここにある。

このように地方の教育行政の単位は、その歴史の多様な発展に依拠しているので全国一律という教育行政のあり方は存在しない。多くの教育行政は、州憲法に規定されているが、州憲法もまた多様であり、州議会ではかつての二院制を一院制に修正しているネブラスカ州のような存在もあるほどである。

　州教育委員会委員の任期はおおむね4年から6年であり、委員数は7人から12人ほどと幅広い。州教育長は、州民選挙による方法と州教育委員会の任命による方法などがあり、その任期は4年がおおむねの期間であるが、任期を定めていない州も少なくない。

　他方、地方教育委員会は、ハワイ州やワシントン特別区（DC）のように単一の地方教育委員会のところもあり、人口の少ないワイオミング州では30学区であるがすべてカウンティ学区となっている。カウンティ学区だけでも全国で約3,000学区が存在する。カリフォルニア州では、すべては統一学区（Unified School District）となっており、州全体では300以上の学区があるが、ロスアンジェルス統一学区では約67万人の子どもを抱えている。統一とは、複数の自治体を含む学区である。テキサス州のように約1,000の学区を有する大きな州もあり、教育では歴史と伝統を誇るマサチューセッツ州では現在でも170以上の学区をもっているが、その学区の抱える子どもの数は比較的に標準化されているので、10,000人以上の子どもを擁している学区はごく少ない。

　小さな学区から選出され、あるいは任命される教育委員数にも幅があるが、少数であり、その任期は3年から5年程度になっている。地方教育長の数は学区数と必ずしも同じではない。なお、学区の数は、1930年頃の教育統計では全国で約13万であったが、第二次大戦後には約10万となり、さらに減少して1980年には約15,000学区となっており、引き続き減少している。この減少は、その帰結として、州教育委員会に地方教育行政の機能が集約されるようになってきたことを意味する。

　地方の教育を支える財政は、いわゆる公教育費は地方によって支えられてきたが、次第に州の負担が増加しており、現在では公教育費の半分以上は州政府の財政からの支援である。州財源の収入は、個人所得税、法人税、売上税、タバコ・アルコール税などからであるが、法人税などは経済や景

気に左右されるため、現在ではその減少が危惧されている州もある。

地方学区の収入の方途は歴史的に少なく、かつては教育税があったが、現在では個人所得税、法人税、売上税などであり学区の収入の増加には限界がある。むしろ減少が著しいといえる。

他方、現在の連邦政府からの財政支援は、公教育費全体の約1割という比率であるが、20世紀初頭においてはほとんど皆無であったので、その増加率は緩やかな上昇傾向にあるといえるが、補助金の総額は多くはない。

つまり、連邦政府の州教育行政への支援は間接的であり、あるいは依然として抑制的といえる。その補助金の支出は、授業料無償制度、スクールバス運行、教科書の無償配布、学校給食費補助などに資されおり、アメリカの公教育制度を側面から支えている。

G 州・地方の教育行政の機能

各州の教育委員会や地方教育委員会の果たす機能はどのようなものであろうか。ホーレス・マン教育長の時代から営々と続けられてきた教育委員会の機能はどのように変わっているであろうか。

州教育委員会の機能は、州憲法に規定されているが、下位の地方教育委員会すなわちカウンティ、シティ、タウンなどの教育委員会もこれに従う。

とくに大都市やその中の自治体からなる中間的な学区では、教育長を中心とした現場への教育的な指導や助言、州や地方学区との協力や連携、教育情報の交換、あるいは連邦政府の法律の運用や補助金の申請支援、カリキュラム開発、職業教育などの専門的教育プログラムを提供することなどである。

他方、小さなタウン学区では学校事務的なサービスが多くなり、教育関係スタッフの配置や人事、教育費の会計処理や設備の維持更新、そして学校と地域社会との協力や連携などがその果たすべき役割である。地域密着型の教育行政の機能が中心であるが、連邦政府の大きな政策やテスト政策などでは十分な専門的な職員を得られないなどの問題を抱えている。

地方分権による教育行政のあり方は、当然のこと、地域住民の学校教育への参画、あるいは親の学校運営への参加という形をとる。もとより宗教的な背景から私事性の高い教育の歴史をもつアメリカであるが、現在では

公教育に対して、親としての参画、市民としての参画、ボランティとしての参画、経営者としての参画、あるいは専門家としての参画など多面的な参画方法がある。それらの基盤の上に立って地方教育行政の一端を担い、また教育行政に参画することによって教育の地方分権主義と呼ぶに相応しい歴史を刻んできたのがアメリカの教育行政である。

3 戦後から1970年代の教育政策・行政

　第二次世界大戦は、アメリカを中心とする連合国軍の勝利で終結した。勝利した側も戦後の社会再建や安定、経済の復興、国内帰還兵の処遇などいわゆる戦後処理には年月を要した。
　1957年、アメリカはソ連が宇宙に向けてスプートニクスというロケットの打ち上げに成功したことを知る。このことは戦後、東西対立の一つのピークとなり、この宇宙開発戦に破れたアメリカは深刻な教育政策上の敗北を認識するに至った。
　連邦政府は、翌年、国家防衛教育法（National Defense Act）を制定し、宇宙開発において主導権が握れるように理数系の教育の推進に着手した。いうまでもなく、国家防衛は連邦政府の専権事項であり、州政府の仕事ではない。連邦政府は、教育政策を立て、補助金を支出してこの難局に立ち向かうことになる。
　ケネディ（John F. Kennedy）大統領（在任1961～63）の登場は、こうした世界に新しい時代が到来したことを印象づけたものである。弱冠44歳の大統領の政策は、ニューフロンティア政策と呼ばれ、新しい時代の到来を予感させた。その予感は少数派の人びとに、人びととの平等な社会をつくることを鼓舞し、キング（Martin Luther King, Jr.）牧師は首都ワシントンンにおいて公民権のための大行進を行うことに成功する。時代はまさに新しい方向に向かうものと広く信じられた。その時、アメリカの希望の象徴であったケネディは凶弾に倒れる。
　行き場を失った少数派の人びとは長い解放闘争の渦の中に巻き込まれて

いく。ケネディの後継者ジョンソン（Lyndon B. Johnson）大統領は、すぐに少数派に向けて「貧困への戦い」（War on Poverty）を宣言し、「経済機会法」（Economic Opportunity Act）や「公民権法（タイトル第Ⅵ編）」（Civil Rights Act of 1964）などを成立させて、不平等の根源でもある人種問題、少数派問題解決へ向けて大きな接近をはかった。

　この公民権法の成立の後、シカゴ大学の社会学者コールマン（James S. Coleman）は『教育の機会均等』（*Equality of Educational Opportunity*, 1966）の中で人種民族間における教育機会の不平等を膨大な資料を用いて明らかにした。その不平等は、アメリカ伝統の公立学校によって是正されるどころか、むしろ学校はその不平等を固定化しているといわんばかりであった。

　教育機会の不平等は、教師や校舎などの学校環境によるのではなく、子どもの社会経済的な状況あるいは家庭環境の格差に帰因するとした。その帰結としての経済的格差や生育格差がそのまま持ち越されてしまうのは問題であると主張し、1970年代以降の合衆国の教育政策に大きな影響を与えた。

　人種問題や少数派問題が、社会的経済的な不平等に根源があり、この克服なくしてジョンソン大統領の貧困との戦いは勝利しないことは明白であった。1965年には、「初等中等教育法」（Elementary and Secondary Education Act）及び「高等教育法」（Higher Education Act）が制定され、合衆国の教育政策にとって画期的な年となった。

　この「初等中等教育法」は、連邦政府が年収2,000ドル以下の貧困層の子どもを補助すること、そして図書室や教材開発への補助、教育補助サービスセンターの開設補助、教育研究の振興補助、州教育行政機関への補助金支給などを謳っていた。

　連邦政府が、一律的な補助金政策で州の権限である教育行政に踏み込むことは合衆国憲法上の問題があったため、貧困層の子どもへの社会的な投資などであれば、憲法上の制約を回避できるという政策でもあった。つまり、学区に支給してその配分を委任するという特定補助金政策であった。同様に「高等教育法」では、連邦政府が大学に対してではなく、学生個々へ奨学金を直接支給するという方法で経済支援を行うという方法を確立した。

　なかでも、ヘッドスタート・プロジェクト（Project Head Start）は、1964年

の経済機会法の一環として翌年から開始された低所得家庭の就学前の子どもを対象とした補償教育プログラムである。まさにこの時代の象徴的な教育政策であり、貧困により躓きがちになる幼児の教育上のスタートを、できるだけ誰もが等しい位置から始められるように企図した法律である。それがヘッドスタートの意義である。この連邦政府のプログラムを推進するために、地方の公私立の団体へ補助金を交付する政策が採用された。現在では約100万の子どもたちがこのプログラムの恩恵に浴している。

他方、1969年から開始された全国規模の学力調査は、「全国学力調査」(National Assessment of Educational Progress)と呼ばれ、連邦教育省の管轄下で、公私立学校の4学年、8学年、12学年生の学力を調査するものであり、教育テスト政策、アセスメント教育政策がここに始まり今日まで連綿として続いている。

1970年代に入ると連邦政府による教育改革は、アカウンタビリティ(Accountability)という説明責任、結果に対する責任を問う時代となった。

人種統合のためのバス強制通学（Desegregation Busing）は、少数派の子どもたちをバスにて送迎し多数派住民の住む地域の学校に入れ、生徒の人種的比率を平均化しようとするプログラムである。連邦最高裁判所がこの政策を合憲であると判断したため、各地教育委員会の手でこのバス強制通学は広く展開された。しかし、これによって学校教育が改善したかどうかについては当事者となった学区や地方教育委員会にも十分な手応えがなく、学区や教育委員会の中からも不評が聞かれ、1982年には消滅してしまった。

4 1980年代の教育政策と行政

『危機に立つ国家』（*A Nation at Risk : The Imperative for Educational Reform*, 1983）は、まさに連邦政府による教育危機の表明である。レーガン（Donald Reagan）大統領の教育長官ベル（Terrel H. Bell）の手になる報告書であった。ベルは、師範学校の卒業であり、教師、校長、教育長、大学教授などを歴任した教育者であり、彼の人格とともにこの報告書は、教育現場にある人

びとに対して強く教育改革、教育改善を促す報告書となった。

　州教育委員会は、翌年、それぞれの取組みを連邦教育省へ報告し、それをまとめた報告書まで刊行された。高校の卒業要件の引き上げ、子どもの評価・テストの改良、高いレベルの教育の奨励、教員養成や教員免許の改善などがそこには報告されていた。

　各州知事をはじめとする教育改革への取組みは、1989年に全国知事会議・教育サミットへと続いていった。ブッシュ（George Herbert Walker Bush）大統領の呼びかけである。この呼びかけに応えた州知事たちの会議が翌年にまとめられ、『アメリカ2000：教育戦略』として刊行された。つまり、アメリカの教育は改善されておらず、新しい目標が立て直され、2000年までに実現すべき事項が具体的に盛られたのである。

　そこには、子どもは学習準備（Readiness）が整った上で入学すること。高校の卒業率を90％にすること。6年生、8年生、12年生から上級へ進級する際には、英語、数学、理科、歴史、地理などの教科に取り組むこと。学校は生徒に市民性、学習の継続性を身に付けさせ、現代の社会において雇用されるように準備すること。理科と数学において世界一の成績を修めること。成人は識字能力をもち市民としての権利と責任を果たせるように知識や技能を身につけること。学校は薬物や暴力から解放され、規律のある環境となること、などという項目が盛られていた。

　現実からは遠い目標であったが、州や地方の教育委員会は、これらに取り組むことになる。クリントン（William Jefferson Clinton）大統領の政権となり、『アメリカ2000』は、『目標2000：アメリカ教育法』（Goals 2000 : *Educate America Act*）へと名称を変えた。共和党から民主党へ、大統領が替わっても教育の国家目標は、テスト利用をテコにした学力向上策として維持されたのである。1965年の「初等中等教育法」もまた修正され、地方教育委員会や学区は、連邦政府からの補助金を受給するには国語と数学において到達基準を設けることが求められ、その到達度をはかるアセスメントも同時に開発しなければならなくなった。こうした国家的な教育政策は、弱小の地方教育委員会を州教育委員会の中に埋没させることになった。

　1990年代の大きな教育改革は、新自由主義的な傾向を一層強め、学校選択性の自由を保障し、そのためにバウチャー制度を開発し、同時にその選

択肢の一つにチャーター・スクール（Charter School）などを入れるというものであった。地方教育委員会に投げかけられた学校現場の教育改革は、新しいチャーター・スクールのような教育運動となって結実した。

たとえばミネソタ州では学校選択制への対応として、オルタナティブ・スクールなどが受入れられていった。1990年代には、さらにチャーター・スクールが新しい公立学校として次第に州内はじめ全国的に拡大していった。チャーター・スクールは、たとえば既存の公立学校の中に新たに学校を設けて優れた教育を提供するという考えに賛同する親たちによって自治的なスクールを設置するという選択肢である。

こうした背景には、フリードマン（Milton Friedman）などによって提唱された新自由主義的な思想を背景とする教育バウチャー制（Education Voucher）があり、学校選択の自由を保障するために利用できるクーポン券あるいは引換券で、これを選択する私立学校などで授業料の一部として利用する制度である。教育バウチャー制は、ウィスコンシン州、オハイオ州、フロリダ州などをはじめとしてさらにオランダ、イギリス、スウェーデンなどへ世界的に広がっていった。

5 現代のアメリカの教育政策・行政

21世紀のアメリカの教育は、第43代ブッシュ（George Walker Bush）大統領の就任とともに始まった。それは輝かしい新世紀のスタートではなく、戦争と革命の20世紀の対立や紛争をそのまま抱えたものであった。2001年9月11日、2機の民間航空機のニューヨーク貿易センタービル突入によるビル崩落テロに象徴されるものであった。まさに、アメリカが変わった一日となったが、アメリカは見えない敵と世界で戦い、また内部にも戦うべき教育上の見える課題を抱えていた。

A NCLB法

21世紀のアメリカの最初の教育政策は、通称で「No Child Left Behind

Act of 2001」（NCLB 法）と呼ばれている。

　1965 年に成立した「初等中等教育法」における社会経済的な不遇な子どもの教育的保障を「子どもを置き去りにしない法」として連邦議会で成立させたものである。先にも挙げたようにコールマンが不平等の研究などにおいて主張したように、社会経済的な困難さは、子どもたちの学業成績に直接的に反映し、学校教育がこれを是正することは困難だとする考えがその根拠の一つとなっている。

　NCLB 法は、ブッシュ大統領が提案して成立した法律で、子どもの学力向上を目指すため、各州の取組みが子どもの成績向上について説明責任・結果責任すなわちアカウンタビリティを果たすよう求めたものである。各州はこの課題に対して学区とともに立ち向かうことが求められたのである。

　合衆国のこの教育政策は各州がアカウンタビリティの制度を確立し、小学校から中学校相当の子どもの英語の理解力と数学についての教育課程の基準と、その成績の到達点を示すための進捗度をはかるテストの実施を求めているのである。しかもその達成度が遠く及ばない場合には学校の改善計画の策定などを課す、罰則と等しい厳しい内容の政策であった。

B　大学生の学習成果

　ブッシュ政権 2 期目の教育相スペリングズ（Margaret Spellings）は、2007 年の報告書でアメリカの大学生の学習成果（Learning Outcomes）は上がっておらず、むしろ低落していると指摘した。それゆえ大学は、学生の十分な学習成果を上げるように努力するよう求めた。学生調査や試験によってこの成果を保証しようとする動きもまた連邦政府の教育政策を約 4,500 校もの大学が実現しなければならないものとなった。

　しかし、各州は大学設立の認可権はもっていても、それは極めて弱い権限であり、大学教育の実質的な質保証のシステムは州にはない。たとえば、ニューヨーク州立大学、ウィスコンシン大学、カリフォルニア大学などは、いずれも当該の州政府の抱える州職員数に匹敵するほどの多数の教職員を抱えている。このような巨大な教育機関の教育の質を、お役所である州教育委員会や大学関係の州部局が十分に保証などできないことは明白である。

　全国の 6 地方に存在する大学・学校協会は、いわゆるアクレディテーシ

ョン（Accreditation）と呼ばれる大学の相互評価を行うという方法を確立している。およそ1世紀になろうとする歴史をもつ6地域認証評価団体は大学を一教育機関として評価する仕組みをもち、その他に、教員養成、ビジネス、看護などの学問分野についての専門分野認証評価にも約60団体があり、大学内の専門分野のみの評価を行っている。これらの民間の地域認証団体と専門分野別の評価団体による評価が、大学が大学であることの証明を行う重要な方法になっていることもペア・アセスメント（Peer Assessment）によるアメリカ的な教育行政のあり方の一つである。

C　オバマ政権と教育改革

　2008年には民主党オバマ（Barack Obama）が大統領となって、少数派を鼓舞し支援する教育政策が掲げられている。21世紀後半には人口における少数派は多数派に転換することが見込まれている。連邦の教育政策では、少数派が教育を十分に受けることができ、それが難しいものにはキャリア教育の充実などが打ち出されている。高騰する大学授業料に対して、奨学金政策やコミュニティカレッジにおける職業訓練などのプログラムを育てる政策をとっているのである。

　これらのコミュニティカレッジは、多くは公立短期大学であるから、その教育の方針は、州の高等教育担当部局が担っている。つまり、連邦政府の政策になるプログラムを実際に行うのは、ここでも地方政府の役割であり責任でもある。

　州と州との連携は、かつて開催された全国州知事会議（教育サミット）の他に、全国の州教育委員会や地方教育委員会の協会（NSBA：National School Boards Association）が組織され、9万以上の教育委員会、関係団体や職員などを網羅している。しかし、協会にはワシントン特別区やハワイ州は会員として参加していないので、連邦政府の下部組織のような官僚的な組織ではない。あくまで独立した自由な民間の協会組織である。

　各州は州独自の教育政策や財政の裏づけをもって個性ある教育行政を行うが、同時にまた教育水準の維持や情報の共有などのために横の連携も必要になっている。こうして自由や平等というアメリカの標榜する社会は築かれているのである。

オバマ大統領は2013年には2期目の任期となり、その掲げた教育政策は、当初の「教育計画」(2008年) として公表されている。この教育計画によれば、早期幼児教育への投資、NCLB法の修正、選択と革新の拡大、数学と科学を国家的な優先事項とする、ドロップアウト（Drop Out）危機に備える、学習機会の拡大、アメリカのための教師を採用し・養成し・維持しそして報酬を与える、大学へのアクセスと経済的負担を改善するというものである。

多くは前ブッシュ大統領からの引継ぎ事項でもあるが、これらが合衆国の現在の教育政策の課題となっている。各州は、これらの課題に独自に取り組むことが期待されている。ドロップアウトの危機に備えるとは、主として高等学校の卒業率が約70%にしかならない現状に対処することである。統計によれば、2013年の卒業生見込みは全米で約291万人であるが、30%がドロップアウトするとなると、退学者の総数は約87万人となる。とくに少数派のアフリカ系やラティーノの退学率が高いのが問題である。高校を退学した若者が、就職戦線において、給与や収入において、保険の加入において、あるいはその他の社会的な条件において有利なことはほとんどない。あるいは、ここには著しい教育的浪費（Educational Wastage）が存在するともいえよう。

確かに合衆国が教育政策と計画を掲げて取り組むべき課題はあろう。大統領の「教育計画」には、学区に対する財政支援、弱者に対する個人的な学業計画への支援、メンタリング、読書や数学の特別授業、授業時間の延長などが計画され、さらに英語教育の充実などが挙げられている。

英語教育の充実は、家庭において英語以外の言語を使っているものが約20%も存在するという移民国家の性格に起因する。

多文化社会アメリカ、多様なアメリカ、多様な教育の前に横たわるさまざまな課題は、日本の社会からは想像もできない多くの目に見える課題となっていることが理解できる。しかし、教育は合衆国の市民の手にあり、市民がいまでも教育を担っている。この原則にこそ、まさに合衆国の教育政策の、また教育行政の原理があろう。

6 『米国教育使節団報告書』と日本の教育

　アメリカの教育政策と行政は、アメリカという共和国の形成と密接に係わっており、そうした形成史から公教育の原理がつむぎ出されてきた。そして大きな影響を日本の教育に与えてきたのである。

　その影響のかなでも直接的な影響として知られているのが、『米国教育使節団報告書』である。この報告書は、よく指摘されるように日本の教育史上において最も重要な三つの文章の一つとして知られている。1872（明治5）年の「学制」における序文（被仰出書）と1890（明治23）年の「教育勅語」とに比肩する重要な文書なのである。現代の日本の教育の直接的な淵源の一つは、この報告書にあるといっても過言ではないであろう。

　日本の真珠湾攻撃によって太平洋戦争の火蓋が切られたが、アメリカは戦争勃発後すぐに対日政策の立案に着手し、アメリカ国内において有力大学の中に日本語の堪能な軍人や軍属を育成するため、1943年に陸軍日本語学校（Army Japanese Language School）をまずミシガン大学に立ち上げている。海軍は1941年に同様なプログラムをカリフォルニア大学バークレー校（University of California, Berkeley）において立ち上げた。その他、ハーバード大学やコロラド大学（University of Colorado）のような有力校で対日戦後に備えていた。

　このような陸海軍における日本語学校は、おおむね2,000名の日本語話者将校を育てていたのであったが、彼らの果たした役割は極めて限定的であったと指摘されている。しかし、真珠湾以降のアメリカが、いかに日本占領政策を用意周到に進めていたかは理解できよう。こうした対日政策の延長上にあるのが、GHQ（連合国軍総司令部）長官マッカーサー（Douglas MacArthur）からの教育使節団の来日要請であった。有力教育学者や教育行政担当者などを派遣するよう求めたのである。軍政下の日本の民主的再生は教育の力に待つべきものと考えたからである。

　こうしてイリノイ大学の元総長であり、ニューヨーク州教育長官となっていたストッダード（George D. Stoddard）を使節団長にして、総員27名の使節団が構成され来日し、戦後の日本の教育への指針を模索したのである。

その報告書の序論の有名な一節に、「われわれは征服者の精神をもってやって来たのではなく、すべての人間の内部に、自由と個人的・社会的成長とに対するおし測れない潜在的な欲求があると信じている、経験ある教育者としてやって来たのである」(村井実訳)と記している。
　来日前にワシントンにおいて準備の会合をもち、「日本の教育」(CIE, *Education in Japan*)などを精読し、さらにハワイやグアム島においても情報の共有を図った上で来日した。1946年3月に約1ヵ月間日本に滞在し作成した報告書がまさに『米国教育使節団報告書』(*Report of the United States Education Mission to Japan*, 1946)なのである。
　まず、「教育行政に関する助言」において、戦前、戦中の日本の教育が軍部や文部省の国家主義的統制を受けていたことは使節団の学んだ基本的な認識であった。教育政策や行政に関しては、使節団のメンバーの27名の内、純粋に教育行政の専門家という団員は少数である。多くが大学に籍を置く教育学者や大学の管理職であった。
　報告書の第3章には、「初等中等学校における教育行政」という章があり、そこでは「教育勅語」の奉読や「御真影」の奉拝など問題点を指摘してこれらの廃止を求め、さらに学校行政にひろく人びとが参加できるように市町村レベルや都道府県レベルにおいても投票によって委員が選ばれる教育行政機関を創設するように提案していた。また、公立学校の行政責任は、国家的レベルでの権限、都道府県レベルでの権限、市町村レベルでの権限と書き分け、とくに都道府県と市町村が負うべきであると明記している。まさにアメリカの教育行政制度における経験が、ここに紹介され勧告されていたのである。
　文部省に集中していた学校の認可、教員免許、教科書の選定なども相当な権限を地方の教育行政に与えるべきであると主張しているし、教育制度において6-3制の構築から民主的な教育行政の樹立まで、まさにアメリカ教育施設団によって薦められていたのである。
　日本側は、使節団に協力して日本の教育を展望できるよう29名の「日本教育家の委員会」を使節団の来日に合わせて組織し、大学教授や教育専門家などが集められ対応したのであった。
　こうして文部省によって使節団報告書は参酌され、戦後の日本の教育は

再建されていったのである。日本国憲法、教育基本法（旧）、学校教育法なども整い、戦後日本の復興体制が教育の面から整っていった。しかし、使節団報告書は、あくまで日本に与えられた教育のあるべき姿を推薦するという形をとっており、国語の改革におけるローマ字の利用など、日本がただちに受入れられない項目もあった。

明治初年から戦前期における日本の教育行政が、明治中期まではドイツに倣った内務行政の一部と位置づけられ、治安や警察などと並ぶ行政の一部門となっていったことを想起すれば、戦後の教育政策や行政は、まさに教育や学校を国民の手に委ねることに等しかった。教育における民衆統制の方法が模索されたのである。1948（昭和23）年教育委員会法が成立し、教育長や指導主事などの専門的職員が教育の行政に関わるようになった。

『米国教育使節団報告書』は、この意味で日本の教育に大転換をもたらしたが、社会的な制度や教育制度はその社会を離れて存在しない。やがて日本型の国家官僚を中核とする教育政策や行政が形成されていくことになった。

コラム　大学生の学習成果が問われている

2007年に発表されたアメリカ教育長官のいわゆる「スペリングズ報告書」は、アメリカの大学における学生の学習の質は十分でなくむしろ落ちつつあると指摘した。従って、アメリカの大学は、学生の学習を改善するために新しい教育学、教育課程そしてテクノロジーに向き合うように求められたのである。

つまり大学におけるこの問題は、大学にアカウンタビリティを求めたことになる。そこにはアメリカにおける公立学校などにおける各州のテスト政策の流れがあり、これに大学教育の流れが合流しているように見える。

アメリカの大学では、学生の学習成果をどのように示して、説明責任・結果責任を果たしているのであろうか。

共通・標準テストのようなものを実施することによって示すことが行われているといってよいだろう。都合のよいことにアメリカの学士課程の教育は、教養教育（Liberal Arts Education）であるので、ほとんどの大学はほぼ

同様の共通教育を授けていることになる。したがって、推論、英語読解力、数的処理能力などは直接的な調査であるテストで判断することができる。大学が学生に与えた付加価値を測定することができるのである。

もう一つの方法は、学生に対する満足度調査や選択肢法による意識調査などによるもので間接的な調査といわれている。これは学生の知的な成長や社会化の度合いなどを測ることが可能となっている。

これらのテストや調査は、アメリカの民間のテスト会社や大学の調査機関などが実施しており、大学を評価する地域アクレディテーション団体もこれらのスコアをその評価に際して採用している。

世界的には、OECD では、有名な PISA（Program for International Student Assessment）に次いで、世界の大学生を調査する AHELO（Assessment of Higher Education Learning Outcomes）を実施することを決めている。わが国もこれに部分的に参加する方針であるが、日本の大学生の学習成果はどのようなものになるであろうか。

考えてみよう

問題
(1) 教育行政を一般行政から分離して行う理由を考えてみよう。
(2) アメリカの少数派は、なぜ教育において苦戦を強いられているか考えてみよう。

解答への手がかり
(1) わが国では、日本国憲法によって教育を受ける権利が保障されている。もしある自治体が財政破綻状態となり、学校教育を継続して提供できないという事態はないかを検討してみよう。
(2) 社会・経済的な格差は少数派の教育にどのような影響を与えるのだろうか。高校ドロップアウト率などをヒントに考えてみよう。

第5章 戦後教育改革後の教育政策と行政

本章のポイント

　まず、戦後の教育改革は、戦前の軍国主義的・超国家主義的教育を払拭させることに始まる。GHQによるその払拭のための四大教育指令がそれである。次にGHQは米国教育使節団の来日を要請し、教育改革のための報告書の作成を求める。そこで、教育基本法（旧）の要綱が示された。

　この要綱を基に制定された教育基本法（旧）は、学校教育の理念・原則や教育行政のあり方を規定する。小中学校・高等学校での教育の目的・目標、教育の機会均等、義務教育、学校教育、社会教育や政治・宗教教育、教育行政のあり方が示され、各規定の詳細は各種法令で定められる。

　GHQによる占領支配からの独立後、日本は独自に教育改革の完全実施に着手する。その役割は中央教育審議会に委ねられ、日本の実情に即応するように、義務教育や教科書制度の改善、教員の政治的中立維持などが求められる。臨時教育審議会も教育改革の修正・見直しを行う。

1 戦後教育改革期の教育政策と行政

A 戦後教育改革への遡及

　卑近な例を示せば、今日の大学教育では、誰もが能力に応じて等しく高等教育を受ける機会を与えられているという教育の原則がある。実は、この「教育の機会均等」という原則は、1945（昭和20）年8月15日の終戦直後から始まる戦後教育改革に由来するのである。

　他の事例として、現行における学問の自由や大学の自治の規定、6・3・3・4制の単線型学校体系の定着、9年の義務教育制度の充実、教育の自主性・自律性を尊重する教育行政のあり方、検定教科書の実施、社会教育の充実などの教育制度・原則も、すべてしかりである。

　そこで、遡及して1945年以降当時の戦後教育改革は、どんなものであったかに目を転じていく。その前に、太平洋戦争中（1941～45年）の軍国主義的・超国家主義的教育体制がどう払拭されたかについて触れておきたい。

B 軍国主義的・超国家主義的教育の払拭

　戦後日本の教育改革は、日本の敗戦とGHQ（連合国軍総司令部）による占領統治というまれにみる歴史的状況の中で遂行された。GHQは、当然なことながら、日本政府に対して軍国主義的・超国家主義的教育を排除し、教育の民主化を実現するよう重要な以下の四大教育指令を矢継ぎ早に発していく。

[1] 日本教育制度に対する管理政策に関する指令

　まず、GHQは1945年10月22日に「日本教育制度に対する管理政策に関する件」という第一の指令を出した。この指令内容は、日本の教育全般にわたる包括的な次の三つの事項で成り立つ。

　(1)一つは、教育内容の修正に関して、①軍国主義的・超国家主義的思想の普及を禁止すること、②軍事教育及び教練を廃止すること、③基本的人権の思想に合致する教育を奨励することである。

　(2)二つ目は、教育関係者の処置に関して、①教育関係者には審査を行い、

職業軍人、軍国主義・超国家主義者、占領政策への積極的な反対者は免職させること、②戦争反対の言論等によって免職された教師等を復職させること、③政治的見解や社会的地位等の理由による学生及び教育関係者の差別的取扱いは禁止すること、④教育関係者の教授内容の批判的評価の奨励及び政治的・宗教的自由討議を許容させること、である。

(3)三つ目は、教育課程の編成等に関して、①現行の教科目・教科書・教師用参考書・教材は速やかに検討され、軍国主義的・超国家主義的イデオロギーを助長する目的で作成された箇所は排除すること、②教養ある平和的で責任を重んずる公民の養成を目指す新しい教科目・教科書・教師用参考書等は速やかに準備し、現行のものと代えること、③正常化しつつある教育施設は迅速に再建されるべきであるが、初等教育・教員養成を優先させること、である。

[1]の指令は、日本の教育制度から軍国主義的・超国家主義的要素を取り除くことを主なねらいとする占領政策の一般方針を示したものである。GHQは、この指令を確実に実施するために必要な具体的事項を以下の[2]～[4]の三指令の形で発しなければならなかった。

[2] 教員及び教育関係官の調査・除外・認可に関する指令

その一つが、同年10月30日に出された「教員及び教育関係官の調査・除外・認可に関する件」という第二の指令であった。

第二の指令は1項において、①軍国主義思想または過激な国家主義思想をもつ者や、GHQの日本占領の目的と政策に反対の意見をもつ等で現に教職にある者はただちにこれを解職し、今後教職に就かしめないこと、②未だなお軍に属する者、または復員して現に教職に就いていない者は、今後指令のあるまで教職に就かないことを命じている。

2項においては、①教職から追放し、または教職に就こうとすることの適格性を審査するために適切な審査機関を設置すること、②その審査結果を報告することを要求している。

この指令によって、文部省は教職員の適格審査を行うことになり、文部省内にそのための機構がつくられ、全国規模では教職員適格審査委員会が設置された。その結果、翌1946（昭和21）年より2年にわたって全国の教

師及び教育関係者約65万人が審査委員会の審査の対象となり、そのうち5,340人の不適格者が教職から追放されたのである。これがいわゆる「教育パージ（purge）」と称される。

[3] 国家神道・神社神道に対する保護の禁止に関する指令

次に、第三の指令は同年12月15日付け発令の「国家神道・神社神道に対する保護の禁止」に関するものであった。GHQは、戦争中の日本が国家神道・神社神道を軍国主義と過激な国家主義の思想宣伝に利用し、その神道が国民を侵略戦争に駆り立てる役割を果たしたものであるとみていた。そこで、神道に対する政府の保証・支援・保全・監督ならびに弘布を全面的に禁止し、宗教・政治と教育との完全な分離を完膚なきまで指示したのである。

この指令は神道全般にわたるものであるが、とくに教育に関する禁止命令事項は以下の通りである。①多くの学校内にあった神社様式の奉安殿や学校内の神社・神棚・鳥居・しめなわ・御真影・英霊室等を撤去すること、②神宮遥拝や神社参拝を中止すること、③国定教科書その他教材・教師用参考書の中に含まれている神社や神道に関する記述・絵画等を排除すること、④戦時中とくに重要な思想書となっていた文部省刊行の『国体の本義』や『臣民の道』の書物、その他の注釈書等を学校から排除すること、など。

このように詳細にわたる具体的な指令によって、神道宗教に関するものが学校教育の中から徹底的に一掃されることとなった。また、天皇の崇拝・神格化や、日本の臣民・国土が他国よりも優れているという選民思想も禁じられた。これを受けて、天皇は1946年元旦の詔書において、自ら現御神（あきつみかみ）の思想を天皇の神格化だとして否定し、いわゆる「人間宣言」を発したのである。

[4] 修身・日本歴史及び地理の授業停止に関する指令

最後に、第四の指令は1945（昭和20）年12月31日付け発令の「修身・日本歴史及び地理の授業停止」に関するものであった。この指令は、上述で触れた第一の指令と第三の指令にしたがって出され、改めて学校教育から軍国主義的・超国家主義的思想を排除することを徹底化したものである。

戦時中の修身、日本歴史及び地理の各教科内容には、軍国主義的・超国家主義的観念が相当織り込まれ、この観念を児童に注入するようにして授業が行われた。そのため、これらの三教科はその授業を直ちに中止し、GHQの指示があるまでは授業を再開しないこととした。と同時に、これらの教科書及び教師用参考書の回収措置も慌しく戦後の混乱の中で取られた。

　三教科の授業停止期間中にあっては、GHQは文部省に対して三教科に代わる代行教育実施計画案を作成させ、それを提出させて、その許可を求めさせた。また、三教科の教科書改訂案や教師用参考書も同様にした。

　これらの指示は1946（昭和21）年4月に始まる新学期に間に合わせるためであった。実際は地理の授業は予定より遅れて同年6月に、日本歴史の授業は10月に再開された。修身の授業は当面公民科に振り替えられたが、ついには再開されずその姿を消した。新教科の社会科は翌年4月より、これらの地理・日本歴史・公民の三教科を統合して登場した。この登場の契機は、従来の三教科についてGHQからかなり厳しい処置を受けた事情にあった。

　なお、これらの教科以外の国語・算数などについては、その軍国主義的・超国家主義的要素の部分を、いわゆる教科書の墨塗りとしてすでに削除したり、訂正したりしていた。

　以上の［1］〜［4］の四大教育指令は、終戦直後の日本教育に対するGHQの占領政策の基本的方向を示すものであった。いずれの指令も、日本の教育制度・内容から戦時中の軍国主義的・超国家主義的教育やその施策を強制的に払拭し、教育の民主化を本格的に進めるための第一歩であった。

C　戦後教育改革の提言
［1］米国教育使節団の派遣要請

　次に、GHQは日本の教育制度・行政などを抜本的に改革するためにアメリカ政府に対して教育使節団の派遣を要請した。日本政府はそれについてGHQからの1946年1月9日付けの覚書によって知ることになる。

　その後、日本側は事実GHQの指示にしたがって、同年2月18日に日本

側教育家委員会を、はじめは29名で正式に発足させた。そして、米国教育使節団の受入れ準備を行い、来日後の報告書作成作業に協力することになった。一方、GHQもすでに教育専門部署のCIE（民間情報教育局）にアメリカの教育専門家を招き、「日本の教育」と題する冊子を作成するなど、準備を進めていた。

[2] 米国教育使節団の報告書作成

周知の通り、米国教育使節団は1946年3月5・6日の両日にわたって来日した。一団は大きな任務の下にストッダード（George D. Stoddard）を団長とする総勢27名で編成されていた。団員はすべて一流の教育学者、教育心理学者、教育実践家、教育行政官などの教育専門家であった。

使節団は、CIEの用意した諸会合に参加したり、あるいはCIEから提供された教育の諸資料（前出の「日本の教育」など）の検討を加えたりした。あるいは、日本側教育家委員会の中に設けられた四分科会に出席し、意見を交換したり、さらに日本の教育制度やその教育の現状について調査・研究したりした。最終的には、精力的にわずか約1ヵ月間という短期間で戦後日本の教育改革についてまとめ上げた。

使節団はそれを報告書（Report of the United States Education Mission to Japan）と称して、同年3月末にGHQ最高司令官に提出した。最高司令官マッカーサー（Douglas MacArthur）は、この報告書を受理して、翌4月7日にこれに声明文を付けて公表したのである。

[3] 報告書の内容

報告書の内容項目は、①日本教育の目的と内容（教育の目的、学科課程、教科書、修身と倫理、歴史と地理、健康教育と体育、職業教育）、②国語改革、③初等及び中等段階における教育の行政（基本的な教育原理、文部省の権限、都道府県の権限、財政上の援助等）、④授業と教師の教育（教師の再教育・現職教育、師範学校における教師養成計画、大学における教師・教育関係職員の養成等）、⑤成人教育（公共図書館、博物館）、⑥高等教育（日本の高等教育の過去における制限、公私立学校、高等教育の機構、官公私立学校の地位等）の6分野で構成されている。

以上の報告書は、上述の各項目における日本教育の検討と、望ましい教

育改革の基本理念と諸原則を提言したものである。これは日本に対する教育改革の勧告書ともいえる内容である。その後、この報告書がすべて日本の教育改革の根源となる。文部省も同年5月に自らGHQの指導の下で「新教育指針」を作成し、それによって報告書に盛り込まれている教育理念を実質的に浸透・普及させようと努めるのである。

D 戦後教育改革の実施

[1] 教育刷新委員会の活動

米国教育使節団の来日後の活動に協力するためにできた日本側教育家委員会はその役目を終えて、1946（昭和21）年8月10日に教育刷新委員会に拡大改組された。それはCIEのその後の教育改革に対応するためでもあった。刷新委員会は内閣総理大臣に直属して、CIEとの連絡の下で教育の重要事項を調査審議し、その結果を総理大臣に報告・建議し、また総理大臣の諮問した重要事項に対して答申することをその任務とした。文部大臣やその官僚に拘束されず、それに直属しないという委員会の独自のあり方が重要なのである。

刷新委員会は安倍能成を委員長とする以下38名で構成され、さっそく翌9月7日に最初の第1回総会が開かれた。それ以来、1949（昭和24）年6月の教育刷新審議会（さらに1952〔昭和27〕年6月の中央教育審議会へ）に改称されるまで、つごう97回の総会がもたれた。

刷新委員会の中に21の特別委員会が設けられ、各委員会での各種の専門事項に関する調査審議が実質的に行われた。特別委員会は、総会から付託された重要事項を審議し、そのつどそれを総会に中間報告し、その意見を聞くなど何度も慎重に自由討議し、最終的には審議の結論を総会の決議にかけるのである。全体的にみて、教育刷新委員会の主たる活動は、米国教育使節団の報告書の趣旨とGHQの助言に沿って、日本教育の改革を内的に実現させることにあった。

[2] 教育基本法（旧）の要綱

教育刷新委員会は、いよいよ教育の理念と教育の原則を法律という形式でどう規定するかを議論することとなった。このことによって、戦前のよ

うな勅令主義ではなくて、法律主義によって教育の理念・原則を立てるという考え方が取られていくのである。そこで、上述の第一特別委員会がそのことについて専門的に取り扱い、「教育基本法制定に関すること」として調査審議に当たった。

第一特別委員会は 1946（昭和 21）年 9 月から 11 月末まで、集中的に 10 回の会合をもち、ついに教育基本法（旧）の要綱をまとめた。教育刷新委員会は 11 月 29 日の第 13 回総会で、それを「教育の理念及び教育基本法に関すること」として正式に採択した。そして、翌 12 月 27 日にそれを第 1 回の建議事項として内閣総理大臣に報告した。そのとき、まとめて「学制に関すること」「私立学校に関すること」「教育行政に関すること」も建議された。

この建議事項「教育の理念及び教育基本法に関すること」の全文の概要は、以下の通りである。①教育基本法（旧）を制定する必要があると認める、②教育の理念は教育基本法（旧）の中に教育の目的、教育の方針として明文化され、これが後にこの法律の 1・2 条のように条文化される、③教育基本法（旧）には、この法律制定の由来や趣旨を明確にした前文が付される、④この法律の 3 条以下の条項に、教育の機会均等、義務教育、女子教育、社会教育、政治教育、宗教教育、学校の性格・教員の身分、教育行政の 8 項目をおよそ明示する、⑤文部省には、①から④までで触れた趣旨に沿って教育基本法（旧）の法案を作成するように求めたのである。

[3] 教育基本法（旧）の制定と公布

文部省は、この⑤の要請にしたがって、以上の建議事項を基にして教育基本法（旧）の原案を練り、1947（昭和 22）年 3 月 13 日、それを政府案として旧憲法下の第 92 回帝国議会の衆議院に提出した。政府案は同月 17 日に原案通り可決された。直ちに 19 日には、貴族院に送付され、26 日の本会議でも、政府案通り「教育基本法（旧）」として可決された。

教育基本法（旧）は同月 31 日、法律第 25 号として公布され、即日施行に移された。学校教育法も同様に公布・施行された。ここに、戦後教育改革の基盤は固まったのである。なお、1948（昭和 23）年 6 月 19 日、「教育勅語」の失効確認が、新憲法下の第二国会の衆参両議院にて決議された。

2 教育基本法（旧）と行政(1)

A 教育基本法（旧）の性格

　教育基本法（旧）は教育刷新委員会の建議事項にしたがって、法律主義の形式を踏まえつつ制定された。事実、国民の代表からなる国会（旧帝国議会）において定められた。基本法（旧）の制定そのこと自体が、民主的な手続きを取ることができるかどうかの試金石でもあった。終戦後の教育の実質的な改革は、まずは基本法（旧）の制定に始まり、この基本法（旧）に則して学校教育法やその他の戦後教育法制をなす法律を、次から次へと制定していくことになる。

　この意味では、教育基本法（旧）は他の教育法令の基となる根本原則をあらかじめ明示した法律である。「教育の機会均等」「9年制の義務教育」「男女共学の公認」「公共性としての学校の性格」「教員の身分保障」などの戦後の斬新な規定は、まさにその根本原則に相当する。

　このような教育の根本法としての基本法（旧）は、前文と本則10ヵ条と補則の三つで構成される。

B 教育基本法（旧）の三構成
[1] 前文

　前文には、新たに教育基本法（旧）を制定した由来と趣旨が明記されている。法律の冒頭に前文を置くことはきわめて異例なことである。それは、基本法（旧）が戦前の教育勅語にとって代わる民主主義教育の理念を高らかに謳った教育宣言であるからである。前文は以下の三段で成り立つ。

　第一段は、すでに1946（昭和21）年11月3日に公布された日本国憲法との密接な関係を明示した。ここで改めて憲法の理想としての民主主義と平和主義を確認し、この理想の実現は高尚な教育の力によって達成されるべきだとする。この教育の力とは、民主的・文化的国家をつくり、かつ世界の平和・人類の福祉に貢献するような人間を育成し、それによって憲法の理想を実現していこうとする根源的な力のことである。ここに、民主的・文化的国家の基本はすべて教育の力によって構築される、という教育立国

の考えが、みごとに表明されている。

　第二段では、目指すべき民主的人間像に関する徳目として、個人の尊厳の尊重や真理と平和の希求が示された。教育はその人間像の育成に努め、同時に普遍的で個性豊かな文化を創造する営みであるという。

　第三段では、基本法（旧）は憲法と不即不離の関係にあって、憲法の精神・理想に則して教育の目的を明示し、新しい日本の教育の基本を確立するために制定されたとする。この教育の基本とは、本法の教育の目的や教育の方針の規定に沿うような新しい教育制度と、その制度を実現し、推進するような教育行政をいう。

[2] 本則10ヵ条

　教育基本法（旧）は実質的にはわずか10ヵ条でなる。各条項の内容は、憲法が保障する基本的人権と平和主義の尊重という理想に沿って規定された。

　各条項別にみると、最初に教育の目的（1条）と教育の方針（2条）が新しい民主主義の理念として掲げられている。次に、それに則した学校制度の成立要素として、教育の機会均等（3条）、義務教育（4条）、男女共学（5条）、学校教育（6条）の規定がある。この現実的な規定は1947（昭和22）年3月末に同時に制定された学校教育法の中で具現化される。

　この学校教育に対するもう一方の領域として、社会教育（7条）の条項がある。そして、戦前の学校教育では不十分であった政治教育（8条）と宗教教育（9条）の条項が新規に設けられた。最後に、教育全般に対する国と地方公共団体の任務として、教育行政（10条）が明記された。

[3] 補則

　11条の条項は補則の規定であるが、その言葉以上に重要な意味をもつ。教育基本法（旧）はもともと教育に関する理念や原則を明示しているので、それらを実施に移す措置を取らないと空文化する危惧がある。そこで、基本法（旧）の諸条項に基づいて、そのつど教育に関する各種の適当な法令が制定されるべきだというのである。

　事実、基本法（旧）の制定後必要に応じて、学校教育法、同法施行令、同

法施行規則、私立学校法、大学設置基準、教育公務員特例法、教育職員免許法、地方教育行政法、文部省設置法、社会教育法、学校図書館法などが速やかに制定されていく。

したがって、補則という条項の規定は、教育基本法（旧）が他の関係法令の基となる根本法としての性格をもつことを裏づけたといえる。あわせて、教育に関する規則・規定を法律の形式で定めるという法律主義の建前が確認できよう。

C 教育基本法（旧）と学校教育法・関係法令

教育基本法の規定は、補則でみたように、教育の理念・原則を示すがゆえに、きわめて抽象的である。そこで、この規定を具体的にしたのが、学校教育法や関係法令の規定である。以下、教育基本法（旧）の条項にしたがって、それに関連する条文を学校教育法やその他の法令でみていく。さらに、各種法令に沿って、国の行政的措置についても言及する。

なお、教育基本法（旧）や学校教育法などの法令の条文や条数の表記は、すべて制定された1947（昭和22）年当時の各旧法（資料編222-223、235-239頁参照。）に拠るものとする。

[1] 教育の目的・目標
(1) 教育の目的と教育の方針

まず、教育基本法（旧）1条に、教育が究極的に目指すべき理想的な人間像という目的が理念的に規定された。それは一言でいうならば、人格の完成である。完成されるべき人格というのは、①真理と正義を愛し、②個人の価値をたっとび、③勤労と責任を重んじ、④自主的精神に充ちた、という四つの徳目を兼備した心身ともに健康な国民をいう。この人格は同時に平和的な国家及び社会をつくり得る人間でもある。

2条では、1条でいう教育の目的が、あらゆる機会とあらゆる場所とを通じて実現されなければならないとする。教育の機会と場所は学校のみならず、家庭、職場、その他社会の範囲にまで拡大される。

さらに、この目的を達成するためには、教師も学習者も、ともに真理の探究を目指して、教育の自由と学問の自由（憲法23条）を尊重し、具体的な

実際生活に即しながら、能動的に学ぶ自発的な精神に基づいて、互いに敬愛し協力し合うことが必要である。これが2条でいう「教育の方針」である。こうした教育の営みが、あわせて文化の創造と発展に貢献することにもなる。

(2) 学校教育法における小学校の目的と目標

　教育基本法（旧）1条の「教育の目的」規定は、学校教育法の中では、学校種別の目的規定に枝分かれする。

　最初に、義務教育第一段階の小学校の目的は、「心身の発達に応じて、初等普通教育を施すこと」（学校教育法17条）と規定された。特定の専門職に就くことに限定しないというこの普通教育の目的は、同法18条における小学校教育の8項目の目標によって達成されるとした。

　この8項目の目標を一瞥してみると、いくつかの特徴があることに気づこう。一つは、2項以外の各項目で頻繁に「生活」という言葉が多用されていることである。個別に挙げると、「学校内外の社会生活の経験に基づく人間相互の関係」、「日常生活に必要な衣、食、住、産業等」、「日常生活に必要な国語」、「日常生活に必要な数量的な関係」、そして「日常生活における自然現象」について正しい理解に導くことが、小学校教育の目標となる。また、「健康、安全で幸福な生活のために必要な習慣」、「生活を明るく豊かにする音楽、美術、文芸等について基礎的理解と技能」を養うということも同様である。このように、小学校の教育は生活教育を基盤とするのである。

　二つは、1項から3項にあるように、子どもの興味・関心の中心は学校内外の身近な生活や郷土から、国家、国際協調などへと同心円的に拡大していくが、これがアメリカの経験主義的教育の考えをとっていることである。また、これら3項にわたる規定が新設の社会科の内容編成に密接に関連する。

　三つは、4項は国語、5項は算数、6項は理科、7項は体育、8項は音楽・図画工作・家庭というように、これらの項目が各教科の目標になるということである。そして、各教科の目標がそれに見合うような各教科の内容をも明示しているのである。

(3) 学校教育法における中学校の目的と目標

　次に、義務教育第二段階の中学校の目的は、「小学校における教育の基礎の上に、心身の発達に応じて、中等普通教育を施すこと」(同法35条)となる。中等程度のこの普通教育の目的は、同法36条における中学校教育の3項目の目標によって実現されるとした。

　同条1項では、「小学校における教育の目標をなお充分に達成して」というように、小学校教育の8目標を引き継いで、それを十分に実現すべきだとする。ここに、同項の「国家及び社会の形成者として必要な資質を養う」という目標は、教育基本法(旧)1条の「教育の目的」を受けて規定されたのである。

　2項には、「社会に必要な職業についての基礎的な知識と技能、勤労を重んずる態度を養い」、3項では、「学校内外における社会的活動を促進し、その感情を正しく導き、公正な判断力を養うこと」と定められた。中学校は義務教育終了の学校であるから、いずれの目標も実社会に進む者に配慮した規定となる。むろん、中学校卒業者はかたや上級学校に進学する事情から、「個性に応じて将来の進路を選択する能力を養う」ということが明記されている。

(4) 学校教育法における高等学校の目的と目標

　最後に、後期中等教育機関である高等学校の目的は、「中学校における教育の基礎の上に、心身の発達に応じて、高等普通教育及び専門教育を施すこと」(同法41条)となる。高等学校は前期中等教育機関の中学校と一体であるがゆえに、その教育の基礎の上に成り立つ。そして、普通教育のみを目的とした小・中学校の教育と違って、学校設置者の側からみて高等普通教育と専門教育という二つの目的を掲げた。しかし、生徒の側はそのいずれかの教育を受ければよいのである。

　高等学校の目標は中学校のそれの規定と異なり「有為な」という形容詞が付いて、同法42条1項の「国家及び社会」を形成する「有為な形成者として必要な資質を養う」とある。これは義務教育学校よりは一段上の学校を卒業する者に期待するという意味である。また、2項は社会で果たすべき「使命の自覚に基づいて」、「将来の進路を決定させ」、「専門的な技能を習熟させる」と定め、3項は社会に対する「広く深い理解と健全な批判力を

養い、個性の確立に努める」と規定された。
(5) 教科と教育課程
　以上の学校種別の目的と目標にしたがって、監督庁の文部大臣が教科に関する事項を定めることになる。

　小学校の教科は、1947(昭和22)年5月制定の学校教育法施行規則において、国語、社会、算数、理科、音楽、図画工作、家庭、体育、自由研究の9教科で編成される。この教科課程は1949(昭和24)年に「自由研究」を「その他の教科」に変え、逆に教科外活動としての「特別教育活動」を加えて、教育課程と改称された。1958(昭和33)年から、その教育課程はその基準として、文部大臣が別に公示する小学校学習指導要領によるものとされた。

　中学校の教科は同様に、国語、社会、数学、理科、音楽、図画工作、体育及び職業の必修教科と、外国語、習字、職業及び自由研究の選択教科で編成される。後に、小学校と同様に教育課程となり、その基準として中学校学習指導要領も公示される。

　高等学校の教科は1947年の学校教育局長通達で、高等普通教育の場合、国語、社会、体育、数学、理科、外国語、その他(自由研究)の教科で編成される。専門教育を主とする学科については、農業、水産、商業、家庭、厚生、商船、外国語、美術に関する学科に細分化された。後に、中学校と同様に教育課程となり、その基準として高等学校学習指導要領も公示される。

[2] 教育の機会均等の原則
(1) 教育の機会均等と男女共学
　教育基本法(旧)3条に、民主主義社会における「教育の機会均等」という大原則が明示された。この原則は、「法の下の平等」(憲法14条)の精神を教育面に生かして、「教育を受ける権利」(同26条)を老若男女すべての人に等しく保障するというものであった。したがって、人種・宗教信仰・男女性別などの違いとか、社会的身分の高下とか、経済上の貧富とか、あるいは家柄や血統の違いなどの理由によって、教育を受ける機会が奪われたり、制限されたりすることは認められないのである。ただし、入学者選抜試験における精神的・身体的能力に応じてという相違は、教育の機会均等

の原則に反していないとする。

　教育基本法（旧）3条2項では、教育の機会均等の原則を実現するためには、それ相応の具体的措置が真にとられる必要がある、と規定された。つまり、国及び地方公共団体は修学困難な者に対する奨学の方法を講ずるように義務づけられている。この奨学の方法という規定は、何も奨学金制度のみを指すのではない。学校施設や経済的な面などの点でも、その不備が生じないように、国民の子弟すべてが義務教育小・中学校を利用し得るような措置が講じられなければならない。その後に接続する高等学校、大学も、同様に広く国民に利用されるような措置がとられる必要がある。

　次いで、教育の機会均等の原則からみると、戦後の学校体系は6・3・3・4制といういわゆる単線型学校体系となった。それは戦前の身分制や男女差別などに基づく非民主的な複線型学校体系とはまったく異なるものである。戦後の学校体系は教育の機会均等の精神で貫かれたといえる。

　一方、男女共学の理念も、同法3条の「教育の機会均等」の一つの現れである。これがあえて別に1条を設けて、同法5条に規定された。すなわち、男女が同一の学校の中で、同条の前半では、「互いに敬重し、協力し合わなければならない」という道徳訓めいた条文となった。条文の実質的な規定は、後半の「教育上男女共学は、認められなければならない」というくだりである。これは国として男女共学を奨励するというのであって、男女別学を何ら禁止していないことにも留意したい。

(2) 学校教育法や関係法令における具体的措置

　学校教育法29条には、学校施設の上で、誰もが当然義務教育を受けられるように市町村に小学校設置の義務を課すると定めた。同法40条では、中学校も同様な規定とした。特殊教育諸学校の小・中学部の設置義務は、市町村ではなくて都道府県に課せられる（同法74条）。その上で、以下の規定は就学困難な事情にある者に対する行政側の具体的措置である。

　まず、距離的に通学困難な者に対する措置としては、へき地教育振興法が1954（昭和29）年に定められた。その中で、市町村はどんなに山奥や島嶼部であっても、子どもたちが通学できるような範囲内に学校設置を講じなければならないとした。

　次に、経済的理由による就学困難な者に対する措置としては、生活保護

法が1950（昭和25）年に制定された。その中で、市町村・国は生活困窮下にある子どもに対する教育扶助として、義務教育に必要な教科書（後に無償配布）や、その他の学用品を給付することとした。その他、通学定期や学校給食その他義務教育に伴って必要なものを、その金銭給付や現物給付で行わなければならないと規定した。

勤労青年者に対する措置としては、高等学校に、学校教育法44条で全日制課程の他に定時制課程を、45条で通信制課程（後には単位制の課程・学校も）を設置できるようにした。大学に、同法54条では通常の学部の他に夜間学部や通信制課程をも設置可能とした。いずれの措置も、働きながら学ぼうとする青年に対し、高等学校や大学の教育機関を広く開放して「教育の機会均等」を保障したものである。放送大学の設置は、国自らがかろうじて高等教育の機会を広く国民に開放した措置である。その他の措置として、日本育英会法や地方公共団体・公益法人などによる奨学金の貸与制度が設けられた。

[3] 義務教育制度
(1) 義務教育

教育基本法（旧）4条によると、「国民はその保護する子女に、9年の普通教育を受けさせる義務を負う」と定めた。これは憲法26条2項の規定を受けて、9年という年限を加えて規定したものである。9年の年限は、いうまでもなく小学校6年と中学校3年の合計の年数である。戦前の義務教育年限は小学校（戦時中は国民学校）段階の6年のみであったが、戦後は前期中等教育段階の3年にまで延長されたことは評価できよう。

では、ここでいう義務教育の義務とは誰が誰に対するものか。これは憲法26条の条文で説明できる。つまり、1項では、すべて国民は教育を受ける権利を有すると定めて、2項では、その国民の一人である子女に教育を受ける権利を認め、その保護者（通常は親権者もしくはそれに代わる後見人）に子女の権利を行使できるように規定した。

したがって、ここでの義務は、戦前のように、国民が国家に対するそれではなくて、保護者が自分の子女に教育を受けさせる就学義務のことである。子女自身が未成年者のゆえにその権利を十分に行使できないわけであ

って、それを国民の義務として保護者に負わせたのである。

加えて、教育基本法(旧)4条2項では、「国又は地方公共団体の設置する学校における義務教育については、授業料は、これを徴収しない」と規定した。私立学校はその国立・公立以外の学校なので、この規定の対象外である。また、この規定は憲法26条2項の後段の「義務教育は、これを無償とする」という無償制の原則にしたがって、具体的に授業料不徴収という形で明記されたものである。後に、この原則は教科書の無償配布にまで拡大される。この場合のみ、私立学校にも適用される。

(2) 学校教育法における保護者の就学義務

教育基本法(旧)における保護者の就学義務は、学校教育法ではもっと厳格に規定される。同法22条には、保護者はつまるところ満6歳の子女を小学校もしくは特殊教育諸学校小学部に、その第1学年の最初から第6学年の終了まで就学させる義務を負うと定めている。同法39条には、中学校・特殊教育諸学校中学部においても、保護者は同様に小学校・小学部課程修了後のその第1学年の最初から満15歳に達した第3学年の終了まで、就学させる義務を負うとした。

保護者がこの22・39条の規定に反して、就学義務を履行せず、かつ出席督促を受けてもなお履行しないときは、その保護者に罰金が科せられる(同法91条)。義務の履行は罰則規定を設けるなどして厳しく求められている。特例として、子女本人が通学不可能なほどの病弱や発育不完全な状態にあるという事由や、あるいは本人の失踪不明・居所不明や不良行為による施設入所などの事由がある場合は、保護者は就学義務を一時的に猶予されるか、または免除される。

(3) 義務教育に関する諸措置

こうした義務教育を完全に実施するために、微に入り細をうがつような諸措置が以下のように学校教育法施行令や同法施行規則で規定されている。

第一に、市町村教育委員会は住民基本台帳を基にして同区域内に住む就学予定者たる児童・生徒(学齢児童・生徒)の学齢簿を編製しなくてはならない。それに基づいて、保護者は当該児童・生徒の入学通知を受けるのである。この編製過程で、同教育委員会は同じ市町村に2つ以上の学校がある場合は、そのいずれかの学校を指定することになる。

第二に、義務教育諸学校の校長は当該学校に入学した児童・生徒の出席簿を作成しなければならない。これにより、正当な理由がなく7日間連続欠席しているとか、あるいは出席状況が良好でない児童・生徒の場合は、校長はその旨を教育委員会に通知する責務がある。同委員会はそれを受けて、その保護者に出席督促を求める事態に発展するのである。

　第三に、市町村教育委員会には学齢児童・生徒の出席を差し止める権限が与えられる(学校教育法26条)。事例として、児童・生徒本人が暴行や不良行為などにより授業妨害の行為に至った場合は、他の児童・生徒の教育を受ける権利を守るため、その保護者を通じて本人の出席停止を求めることができる。インフルエンザなどの伝染病による場合は、緊急を要するので、校長が自ら当人に命じることができる。

　第四に、学齢児童・生徒を原則として労働者として使用するのは禁じられている(同法16条)。それは、児童・生徒が義務教育期間中の就学を妨げてはならないからである。この場合も、この規定に違反すると、使用者側に罰金が科せられる(同法90条)。特例として、修学時間外であれば、満12歳未満の学齢児童が演劇などに出演できるとか、満12歳以上の学齢生徒が新聞配達やゴルフ場のキャディなどの軽い労働には就労できる。

　最後に、就学の始期で満6歳の学齢に達しない子女は、これを小学校に入学させることはできない(同法27条)。英才教育と称して早期に就学させることは、当然不能である。このように、日本の義務教育は戦後まもなくしてしっかりとした体制に構築されたといえる。

[4] 学校教育制度

(1) 学校教育の公共性とその設置者

　教育基本法(旧)6条は、「法律に定める学校は、公の性質をもつもの」であると、学校の公共性について規定している。学校がこの公共性の性質をもつがゆえに、その学校を設置できる主体は、国、地方公共団体、法律に定める法人(学校法人のこと)の三つに限られる。この三者によって設置される学校が、それぞれ順に国立学校、公立学校、私立学校(学校教育法2条)と称されるわけである。後に政府全額出資の放送大学学園も加わる。

　法律に定める学校とは、学校教育法1条に規定する学校のことである。

すなわち、小学校、中学校、高等学校、大学、高等専門学校、盲・聾・養護学校及び幼稚園の9種類の学校のことである。これらの学校はよく「1条学校」といわれる。広い意味では、学校教育に類する学校として、専修学校（同法82条の2）や各種学校（同法83条）も学校とみなされる。

(2) 学校の設置基準と認可や管理

このように、学校はその設置主体を制限されるが、一定の教育水準を維持するために自ら備えるべき設備や編制その他の基準を要求される。設備とは、校地、校舎、校具、運動場、図書室などを、編制とは、学級編制、学校規模、教員配置、教職員定数などをいう。これらの基準を明確に示す文部省令として、文部大臣が定める幼稚園設置基準、高等学校設置基準、大学設置基準や、後の高等専門学校設置基準などが用意される。

この基準に合致するかどうかの問題は、監督庁の認可の際に問われる。認可の内容は、学校の設置や廃止、設置者の変更などである。認可の対象は、国の国立学校及び設置義務を負う市町村の公立小・中学校や都道府県の公立特殊教育諸学校・高等学校以外の学校である。たとえば、私立の小・中学校及び高等学校・大学・幼稚園などは、監督庁の認可を要する。この監督庁とは、私立学校の場合は都道府県知事であるが、大学のみは文部大臣である。

事後措置としては、学校の設置者はその設置した学校を管理する責任を課せられる。国立学校については設置者の文部省（現行の文部科学省）が、公立学校については設置者の教育委員会が、私立学校については学校法人の理事会が、それぞれ学校管理に当たる。管理の内容は、教職員の人事に関する人的管理、施設や設備に関する物的管理、教育活動に関する管理運営の三つである。

以上のように、学校は一定の水準を保持し公共性を確保すべく、さまざまな法的規制を課せられている。

(3) 学校教員の性格

教育基本法（旧）6条2項に、「法律に定める学校の教員」は、一言でいうと「全体の奉仕者」であると定めている。どの教員も職務上すべての人に差別なく「全体の奉仕者」（憲法15条2項）だという。教員は、一部の人や団体の利益のためではなくて、すべての子どものためにその人の人間形成や

真理探究などに責任をもたなければならないのである。

　全体の奉仕者という語は、同様に国立学校の教員の場合は国家公務員法96条に、公立学校の教員の場合は地方公務員法30条に、そして両者に関連する教育公務員特例法1条に、二重三重にも規定されている。私立学校の教員には特別に規定はないが、公務員と同様に全体の奉仕者となる。なぜなら、私立学校も「法律に定める学校」の一つであり、そこに従事する教員も規定の対象となるからである。

　教員は全体の奉仕者であることを求められているので、その帰結として「自己の使命を自覚し、その職責の遂行に努めなければならない」(教育基本法(旧)6条2項)となる。さらに、この職責を果たすためには、国立学校の教員も公立学校の教員も、「絶えず研究と修養に努めなければならない」(教育公務員法特例法19条)。教育公務員の任命権者(文部大臣もしくは都道府県教育委員会教育長)は、その研修の機会・計画・施設・便宜などを図る努力義務を有する。

　こうした法的な義務と引替えに、教員は身分の尊重と待遇の適正(教育基本法(旧)6条2項)が図られるという。つまり、国立学校の教員には国家公務員として、公立学校の教員には地方公務員として、それぞれ身分がしっかり保障されている。同時に、教員は、アルバイトが禁止されているように、「職務専念の義務」(国家公務員法101条・地方公務員法35条)を求められる。一方、私立学校の教員の身分は、教育公務員に比べて安定しているとは言い難いようである。

3　教育基本法(旧)と行政(2)

A　社会教育

[1] 社会教育の意義・定義

　戦前の社会教育は、おもに天皇制国家主義による青少年及び成人の思想善導や生活指導などの教化運動・国民精神総動員運動の形で推進された。この点、国家主導による国民教化体制が長く続いて、国民一人ひとりが自

ら成長し、発展すべき可能性をもちにくい環境にあったといえる。

　戦後、教育基本法（旧）は「民主的な国家及び社会の形成者」（1条）の育成という目的を掲げて、その目的は「あらゆる機会に、あらゆる場所において実現されなければならない」（2条）と規定した。そして、社会教育は学校教育と並んでその目的実現の一つとして認められ、同法7条に「家庭教育及び勤労の場所その他社会において行われる教育」だと定められた。このように、戦後の社会教育は、はじめて国民一人ひとりの自己教育や相互教育による自主的な学習を促すような性格に改められたのである。

　問題となるのは、その条文中の「家庭教育」を社会教育の中に含めるかどうかである。行政解釈では、この「家庭教育」を家庭教育に関する学習と解して、家庭における子どものしつけなどの教育を含めていない。

　次に、社会教育の定義を明確に述べたのが、社会教育法2条においてである。同条によれば、社会教育とは、①学校の教育課程として行われる教育活動を除く活動、②主として青少年及び成人を対象として行われる組織的な教育活動、③体育及びレクリエーションの活動を含むもの、だと定義づけられる。

[2] 国及び地方公共団体の社会教育に関する任務

　では、社会教育は国民の自由な自己教育・相互教育のために行われるが、行政上誰がその環境づくりに努めるのか。それは、国及び地方公共団体である。そのことについては、教育基本法（旧）7条2項で明記している。すなわち、国及び地方公共団体は、①図書館、博物館、公民館等の施設の設置、②学校の施設の利用、③体育・レクリエーションの施設や映画・演劇等の視聴覚施設の利用といったその他適当な方法、という三つの形態によって教育の目的を実現し得るように努めなければならないとした。

　この7条の規定を受けて、先の社会教育法が1949（昭和24）年に制定された。同法の制定目的は、「社会教育に関する国及び地方公共団体の任務を明らかにすること」（1条）である。そして、行政側の任務は、同法3条で社会教育の奨励に必要な、①施設の設置及び運営、②集会の開催、③資料の作製、頒布その他の方法、という三つの形態により、国民自らが実際生活に即する文化的教養を高め得るような環境を醸成することである。

こうして、教師による意図的で組織的な教育活動を行う学校教育とは違って、社会教育は自主的な自己教育・相互教育の活動を促すために、行政側に十分な教育施設の設置や教育環境の醸成などを求めている。

[3] 国及び地方公共団体の具体的援助・奨励

 さらに、以上の任務は以下のように具体的な援助や奨励を行うことに具現化される。まず、国は地方公共団体に対して社会教育に必要な財政的援助や物資の提供とその斡旋を行うことになる（社会教育法4条）。

 一方、市町村教育委員会は社会教育に関するさまざまな事務として、①社会教育委員の委嘱、②公民館・図書館や博物館等の設置及び管理、③青年学級の開設及び運営、④講習会・講演会や展示会等の開催及びその奨励、⑤体育行事や運動会等の開催及びその奨励、⑥社会教育資料等の刊行及びその配布等を行うこととした（同法5条）。

 都道府県教育委員会は市町村の要求に応じて、社会教育に関する予算内での、①公民館・図書館の設置とその管理の指導及び調査、②各種の講習会や研修会等の開催及びその資料の配布、③社会教育施設の設置・運営に必要な物資の提供及びその斡旋、④青年学級の奨励等を行うこととなった（同法6条）。

 これらの事務を円滑に行うために、都道府県及び市町村教育委員会の事務局には、「社会教育主事」という専門的教育職員が必置となる。その職務は、社会教育を行う者の要求に応じて、青少年教育、婦人教育、公民館の事業、その他社会教育の振興や芸術の普及向上に関して、専門的技術的な指導・助言を与えることである（地方教育行政法48条2項六号）。この主事の職務を助ける形で、社会教育主事補を置くこともできる。

 法制上の整備としては、1950（昭和25）年に図書館法、文化財保護法、1951（昭和26）年に博物館法、1953（昭和28）年に青年学級振興法、そして1961（昭和36）年にスポーツ振興法などの法律が、次から次へと制定された。これらの法律の制定により、教育行政上の社会教育制度がかなり整備・充実されたといえる。

 加えて、学校教育法では、「学校教育上支障のない限り」という条件つきで、「学校には、社会教育に関する施設を附置し、又は学校の施設を社会教

育その他公共のために利用させることができる」(85条)と定めた。社会教育法の6章でも、学校施設を、文化講座・夏期講座などの各種講座や青年学級の開設など、社会教育のために利用できるように規定された。

このように、国や地方公共団体は、青少年及び成人が自主的に社会教育活動を進め、文化的教養を高められるように各種の施設の設置・利用や各種の講演会・講座・体育行事の開催、それらの財政的援助・奨励など、さまざまな環境醸成に努めることになった。

B 政治教育と宗教教育

[1] 政治教育

(1) 政治教育の尊重

戦前、天皇制国家主義の教育体制の下では、国民がその天皇の政治組織や地方行政のしくみについて関知する必要はなかった。政治上の意見を述べることも許される状況にはなかった。それに対し、戦後は主権在民の国家の時代となり、国民がその国家の担い手となった。その国民に、学校教育上政治的教養はもとより、政治教育も施される必要があった。

こうした時代の要請から、教育基本法(旧)8条に、「良識ある公民たるに必要な政治的教養は、教育上これを尊重しなければならない」と定めるようになった。ここでの公民とは、古代律令国家の時代における公地公民のそれではなくて、国または地方公共団体を構成し、その政治に積極的に参加する国民または在民のことをいう。

したがって、国または地方公共団体の構成員たる主権者が近い将来に参政権をもつ以前から、そのことについて十分知っておくという意味での教養を学ぶことは当然のことであろう。とくに、社会科などの教科はその役割を担うことになった。その教科内容としては、民主政治の基本原理、基本的人権の保障と法の支配、自由・権利と責任・義務の関係、公民としての基礎的知識や批判力などが扱われる。

(2) 政治的活動の禁止

このように、同条1項では政治教育が尊重され、国民がその教養を学ぶことは肯定されている。ところが、同条2項は、「法律に定める学校は、特定の政党を支持し、又はこれに反対するための政治教育その他政治的活動

をしてはならない」と、政治教育を進める上での禁止事項を明示した。これは政治教育における、いわば歯止め規定ともいえる。この2項の内容を詳細にみてみよう。

最初の「法律に定める学校」とは、校舎や施設などの物的要素ではなくて、学校教育法1条で規定する国立・公立・私立のすべての学校に属する教育職員という人的要素を指す。したがって、「学校は、……してはならない」という禁止規定は、校長以下のすべての教育職員に適用される。

まず、国立学校教員の政治的行為についてみると、その身分は国家公務員であるがゆえに、国家公務員法の適用を受ける。同法102条で、具体的事例を挙げて、「政党又は政治的目的のために、寄附金その他の利益を求め、若しくは受領し、又は何らの方法を以てするを問わず、これらの行為に関与する」政治的行為を、国立学校の教員は選挙権の行使を除いてはしてはならないとある。

同じ項で、さらに他の政治的行為の内容については、人事院規則14-7に委ねるとした。その中で、政治的行為の禁止適用範囲や政治的目的・政治的行為の定義づけが詳細に明記された。ここで留意すべき点は、禁止行為の適用範囲が非常勤や臨時任用の職員にまで及ぶことである。もう一つ、政治的目的をもった政治的行為は当然禁止するが、「政治的目的をもってなされる行為であっても、同規則でいう政治的行為に含まれない限り」（同規則）においては、違反にはならないということである。

次に、公立学校教員の政治的行為も同様に制約される。戦後、最初の地方議会選挙などでは、現職にある教員が選挙運動に係わるとか、あるいは自ら立候補して、議会議員に当選し、兼務する者もいたようである。この状況をとらえて、地方公務員法には、「職員は、政党その他の政治的団体の結成に関与し、若しくはこれらの団体の役員となってはならず、又はこれらの団体の構成員となるように、若しくはならないように勧誘運動をしてはならない」（同法36条）と定められた。

[2] 宗教教育
(1) 宗教教育の尊重
戦前でも、国家は教育・政治と宗教について原則的に政教分離の政策を

とってきた。だが、じっさいは宗教一般に対して排他的態度をとりつつも、国家神道のみに国公認の宗教的性格をもたせ、それを国の道徳的理念にまで仕上げてきた経緯がある。戦後に至っては、GHQの厳しい占領政策により、宗教に対する排他的態度は全面的に払拭されることとなった。教育基本法（旧）9条はそれを裏づけている。

同条は、「宗教に関する寛容の態度及び宗教の社会生活における地位は、教育上これを尊重しなければならない」と、宗教教育を尊重する基本的態度を明記した。ここでの宗教教育とは、どの宗教についても、その知識や儀式などに理解を示し、それを通して宗教的情操を培う教育のことである。これは、「信教の自由」（憲法20条）の規定を学校教育上生かし、保障したものである。

(2) 宗教的活動の禁止

しかし、教育基本法（旧）9条2項では、政治的活動と同様に、行為面における宗教的活動を禁止すると規定された。すなわち、「国及び地方公共団体が設置する学校は、特定の宗教のための宗教教育その他宗教的活動をしてはならない」。この禁止規定は国・公立学校の教育職員に限って適用される。これは、憲法20条3項の「国及びその機関は、宗教教育その他いかなる宗教的活動もしてはならない」という政教分離に基づくものである。したがって、国・公立学校では、特定の宗教や宗派の教義を説いたり、特定の宗教儀式や祭典などに参加させたりするような宗教的活動は禁止される。

それに対して、私立学校は政治的活動の場合とは異なって、この禁止規定から何らの拘束も受けないことになる。私立学校は、宗教による教育活動を行ってきた長い伝統をもち、憲法の「信教の自由」の規定からも当該学校の教育方針として自由に教育を行い得るのである。

C　教育行政

[1] 教育行政の独立性

戦前の教育行政は、国家による強い支配統制の下で中央集権的に遂行されてきた。たとえば、国が教員を独占的に養成する師範学校制度とか、国が臣民として守るべき徳目を示した教育勅語体制とか、あるいは国が自ら

教科書を編集しそれを強制的に使用させる国定制などの構築は、その代表的な例である。

この教育行政の下で、国民は天皇制国家に仕える「忠良な臣民」として形成されてきた。しかし、これはGHQの占領政策により全面的に否定されるべきものであった。戦後の教育行政は戦前のそれを180度転換させていくことになる。

戦後の教育行政のあり方は、教育基本法（旧）10条に明記された。すなわち、「教育は、不当な支配に服することなく、国民全体に対し直接に責任を負って行われるべきものである」と。公正な教育行政は、いかに民意を教育に反映させ、中央の行政上の権限を地方に委ね、独立性を確保するかである。そして、教育行政の究極的な目的は、国民の要請にしたがい、それに応える形で責任を果たすことである。こうして、教育の民主化・地方分権化・独立性の三つの原則が確立されることになる。

同条にある「不当な支配」とは何か。それは、戦前の教育がときの軍部や一部の官僚などにより左右された事実をいう。戦後では、党派的勢力・団体や労働組合などによる意図的な介入がこれに相当する。不当となるかどうかは、行政側の決定が手続きの上で合法的であるか否か、あるいは国民全体に対し直接責任を負っているか否かによって判断されよう。

[2] 教育諸条件の整備確立

次に、同条2項では、1項での教育行政の民主的原則という自覚に基づいて、教育行政の目標を明示している。つまり、教育行政は、1項の「自覚のもとに、教育の目的を遂行するに必要な諸条件の整備確立を目標として行われなければならない」とした。

この「必要な諸条件」とは、同法1条の「教育の目的」を実現するために、学校や社会教育などに要する施設を設置したり、それに必要な人員をそろえたり、あるいはその後の管理・運営・財政などを支援・援助したりするなどの要件をいう。教育行政の及ぶ範囲は、この種の外的事項のみに限定して、教育の内容・方法などの内的事項には介入すべきでないとされた。

その後、教育条件を外的事項と内的事項のどこで区分するかという議論

は多々あった。結局のところ、教育内容も教育の諸条件に含めるという解釈が有力となり、教育行政は、たとえば文部省が学習指導要領を公示するような形で、内的事項にも及ぶようになった。だが、教育行政がその遂行にあたっては自己抑制的であるべきことは、同法10条の趣旨からもいえるだろう。

　戦後の教育行政の改革でもっとも画期的なことは、この10条の精神・理念に基づいて、1948（昭和23）年に「教育委員会法」が制定されたことである。この法律により、教育委員の公選制や委員会の組織・職務権限を内容とする教育委員会制度が成立したのである。しかし、この法律も1956（昭和31）年、教育委員の公選制から任命制への変更や、都道府県教育長の任命に関する文部大臣の承認などに軌道修正するため、「地方教育行政の組織及び運営に関する法律」（地方教育行政法）に改正された。

　一方、文部省も1949（昭和24）年の「文部省設置法」により監督行政から指導助言へと行政のあり方を変えた。文部省は教育行政の地方分権の原則にしたがって、戦前の官僚的で中央集権的な指揮監督を行うやり方から、地方の教育委員会に専門的技術的に指導助言を行うやり方へと変貌を遂げたのである。

4　中央教育審議会の動向と教育政策・行政

A　中央教育審議会の動向

[1] 中教審の設置

　戦後日本の教育改革は、本章1節 D [2]「教育基本法（旧）の要綱」の項で触れたように、教育刷新委員会（1946年）やその改称・拡大された教育刷新審議会（1949年）による専門的な調査審議を経て推進された。これら審議会における調査審議は、GHQ の主導によりなされた。しかし、審議会はその審議の結果を、内閣総理大臣の諮問に対して、単に「答申」したのではなくて、専門的な立場で実質的に「建議」してきたのである。

　一方、1951（昭和26）年に日米の間でサンフランシスコ対日講和条約及び

日米安全保障条約が調印された。これによりアメリカの対日占領政策は終了することとなった。それに伴って、占領下の教育刷新審議会もその使命を終えて、自主的な教育改革とその完全実施は日本側に委ねられることとなった。

そこで、中央教育審議会（中教審と略称）は 1952（昭和 27）年、教育刷新審議会の最終建議に基づいて、はじめて日本独自の判断で文部大臣の諮問機関としてその省内に設置された。

[2] 中教審の目的と任務

中教審の目的は、文部省設置法 7 条 2 項に明記されている。それによると、「文部大臣の諮問に応じて教育、学術又は文化に関する基本的な重要施策について調査審議し、及びこれらの事項に関して文部大臣に建議する」とある。

中教審の委員は、「人格が高潔で、教育、学術又は文化に関し広くかつ高い見識を有する者のうちから、文部大臣が内閣の承認を経て任命する 20 人以内の委員で組織する」（同法 7 条 3 項）。別に、特別な事項を審議する臨時委員や専門事項を調査する専門委員を置くこともできるが、事実置かれることはなかった。委員の任期は 2 年であって、会議は総会と特別委員会の二本立てにして、非公開で開かれるとした。

中教審は占領政策の指示によらず、日本が独自に設置したものの、実際はたとえば文部大臣が自ら委員の任命を行わず、学術団体や審議会などの推薦によって任命するやり方をとった。また、中教審は本格的な調査研究のための独自の機関をつくらず、文部省の作成した審議原案のみを検討することになる。

要するに、中教審は、主体的な教育改革とその実施を行う立場にあったにもかかわらず、その前身である教育刷新審議会が 1946（昭和 21）年から 1951（昭和 26）年までの間に 35 回も出したような「建議」を、1 回も行わなかった。むしろ、中教審には、占領統治という歴史的な特殊事情の中で進められてきた戦後教育改革が、果たして日本の実情に即応しているかどうかに、腐心せざるを得ない現実要請があったのである。

こういうわけで、中教審はその任務として日本の教育政策の基本にかか

わる重要事項を審議し、政策の方向性を決定づけてはいくが、それはおもに講和条約後の教育改革全般にわたる見直しについて包括的な検討を加えるにすぎなかった。結果的には、1953 (昭和 28) 年の第 1 回から 1971 (昭和 46) 年の第 22 回までの答申を出したのである。以下、紙数の制約がある関係上、学校教育に関するおもな答申内容だけを取り上げそれについて考察していこう。

B 中教審の教育政策・行政
[1] 義務教育に関する答申

先に本章 2 節 C [3] (3)「義務教育に関する諸措置」の項で述べたように、教育基本法 (旧) や学校教育法、その他の法令でもって、日本の義務教育体制は確立されたのである。この体制は中教審による 1953 (昭和 28) 年の「義務教育に関する答申」では、どのようにとらえられ、どう改善されたか。

この答申によると、戦後教育改革はその基本理念の点では十分達成されたが、それが日本の実情に適しているとは言い難かった。答申はそのため、義務教育について慎重に検討を加えることとした。それは以下の(1)～(3)の三つの結論に達したというのである。

(1) 学校制度の整備充実

まず、答申では 6・3 制の学校制度は堅持するとした。その上で、6・3 制における実施上の課題は、施設・設備などの不足やそのための財源手当の不足にあったと指摘した。そして、施設・内容をも整備充実することに努めなければならないとした。

すでに、1952 (昭和 27) 年に「義務教育費国庫負担法」が制定され、すぐに一部改正されていた。これにより、教育の機会均等を保障し、義務教育の無償制を原則とする立場から、市町村立義務教育諸学校の教職員給与費は都道府県の負担とするが、国がその実額の 1/2 (現行は 1/3) を負担することになった。次の課題は、老朽校舎の改築、二部授業の解消、施設や設備の適正な基準までの整備などをどうするかであった。

そこで、1958 (昭和 33) 年の「義務教育諸学校施設費国庫負担法」が公布施行された。同法は、義務教育諸学校の建物建築に要する経費の国庫負担分を規定したものである。校舎・屋内運動場の新築・増築の場合は経費の

1/2を、改築の場合は1/3をそれぞれ限度額まで、国庫が負担することになった。

国庫補助に関しては、義務教育諸学校を含む公立学校が自然災害による場合の復旧費を国が2/3を負担する「公立学校施設災害復旧国庫負担法」（1953〔昭和28〕・1958〔昭和33〕年）が定められた。1958年に、いわゆるすし詰め学級の解消を図るために「公立義務教育諸学校の学級編制及び教職員定数の標準に関する法律」が制定された。

加えて、「へき地教育振興法」と「盲学校、聾学校及び養護学校への就学奨励に関する法律」も1954（昭和29）年に公布された。答申はそれを追認する形で、「へき地教育及び特殊教育振興に関する答申」として出された。その内容は、教育の機会均等の趣旨とへき地教育や特殊教育の特殊事情にかんがみて、財政上・行政上の具体的施策を講ずるように勧告した。

(2) 教育委員会制度の現状維持

答申によると、教育委員会制度については、相当議論の余地があるが、この制度は可能な限り、教育の中立性と自主性を維持するために存続されるべきだという趣旨を尊重するとした。

第一に、教育委員会の性格や設置単位は現行法の通りとする。しかし、規模や財政力などに問題がある場合、その弱小市町村に対し設置義務を緩和し、またその設置や廃止については、当該の地方自治体に任せるとした。

第二に、教育委員の選任は現行法通り公選制を維持する。ただし、都道府県などの広い地域にあっては選挙区を認定し、教職員の立候補については離職後一定期間の経過を必要とする、という制約を加えた。

(3) 教員の身分と養成

最後に、市町村立義務教育諸学校教員の身分については、給与・福利厚生・配置などの関係を考慮して、都道府県の公務員の身分にすることが望ましいとした。先の「義務教育諸学校国庫負担法」では、すでにこの身分の保障のために教職員給与費が定められていた。

もう一つ、教員の養成は大学四年課程を原則とし、当分の間教員の需給関係から短大二年課程を設けることも認めることとした。

[2] 教員の政治的中立性維持に関する答申
(1) 政治的中立性の問題
　講和条約後の教育界では、保守と革新の政治的対立が激化するにつれて、中教審も政治的中立の問題について答申することとなった。それが1954（昭和29）年1月の「教員の政治的中立性維持に関する答申」である。

　この答申は、教員が政治的中立性を守るべき守備範囲として、学生・生徒・児童に対する直接の教育活動の点にのみとどめると抑制気味に述べる。ところが、近来の教員の組合活動に矛先を向けると、その活動は通常の政治的団体の活動と何ら変わらず、組合活動をその活動の記録やデータを挙げながら、手厳しく批判するに及ぶのである。

(2) 教育二法の制定
　このように、中教審が特定の組合活動を批判の対象にするのは、まことに珍しいことである。とりわけ、教員の職員団体及びその連合体が年少者の純白な政治的意識に対し、一方に偏向するような政治的指導を行う機会を絶無ならしめるように適当な措置を講ずるべきだとする。

　この答申が出て、わずか半年後に早々と「義務教育諸学校における教育の政治的中立の確保に関する臨時措置法」と「教育公務員特例法の一部を改正する法律」、いわゆる教育二法が制定・公布された。

(3) 教育二法の内容
①教員の政治的中立性の確保

　戦後早くから、実際問題として、公教育が特定の政党・政派からの中立性を維持することは困難とされていた。公教育に携わる教員は非常に多数存在し、選挙時には有権者として行動する場合が多くみられた。中立性がしばしば揺さ振られてきたことも、事実なのである。

　そこで、教育二法のうちの前者の法律が制定されたわけである。同法3条では、公教育における中立性を確保するために禁止事項として、①特定の政党等の政治的勢力の伸長又は減退に資する目的をもって、②学校の職員を主たる構成員とする団体の組織又は活動を利用し、③義務教育諸学校に勤務する教育職員に対し、④義務教育諸学校の児童又は生徒に対し、特定の政党等を支持させ、又はこれに反対させる教育を行うことを教唆し、又はせん動をすること（同法3条）、の四つの要件を具体的に厳しく定めた。

すでに、1950（昭和25）年制定の公職選挙法でも、学校教育法に規定する校長及び教員が児童・生徒・学生に対して、教育上の自らの地位を利用して選挙運動をすることを禁じている（同法137条）。「地位利用」とは、教育者としての地位に結びつけ、それに伴う影響力のある者が一定の場所・会合で候補者の推薦を決めたり、その投票依頼の勧誘をしたり、あるいは児童生徒を受け持つ担任教員がその父兄・親に特定の候補者の氏名を挙げたり、その投票を依頼したりすることなどの事例をいう。

②公立学校教員の政治的活動の全面禁止

一方、公立学校の教員は、戦後しばらく地方公務員法36条2項により、自分が属する地方公共団体の区域の外にあっては、公の選挙・署名運動や寄附金などの金品の募集運動ができたのである。

この規定に対して、区域外で選挙運動を応援する者がみられたという理由で、教育公務員特例法で縛りをかける必要があった。それが教育二法のうちの後者の法律である。同法に、「公立学校の教育公務員の政治的行為の制限については、当分の間、地方公務員法36条の規定にかかわらず、国立学校の教育公務員の例による」（同法21条の3）とある。つまり、公立学校の教員も、どの区域にあっても、政治的活動が全面的に禁止されるようになった。

[3] 教科書制度の改善方策についての答申
(1) 教科書の検定制と文部大臣の検定権

戦前の教科書制度は、国が教科書を独占的に著作し、それのみを強制的に使用させるという国定制をとっていた。それが戦後米国教育使節団の勧告により、監督庁の検定を経て、合格した教科書を使用させるという検定制に改められた。この検定制の意義は、誰でも教科書を自由に著作することができ、監督庁の検定を経て合格さえすれば、教科書として使用できるという制度である。

教科書の検定権は監督庁にあるが、1953（昭和28）年の学校教育法一部改正により、その監督庁を、従来の都道府県の教育委員会または知事から文部大臣に明確に指定するようになった。これ以降、文部大臣が検定の権限を、国の責任において教科書の内容を充実・向上させるという理由でもっ

て確保したのである。文部大臣はしだいにその教科書検定権を強化する方向に動き、中教審に検定のしくみや教科書採択のしかたなどに関する答申を求めた。それが1955（昭和30）年の「教科書制度の改善方策について」という答申である。

(2) 教科書検定の厳格化と強化

答申内容は、おもに教科用図書検定調査審議会による検定を強化すること、教科書の広域採択制を採用すること、教科書の適正な価格や教科書の円滑な発行や公正な供給を図ることなど、となっている。

文部省はこの答申により、教科書検定の調査に携わる非常勤委員の数を、従来の16人から80人に大幅に増員した。併せて、1956（昭和31）年の文部省設置法施行規則の一部改正により、新たに専任の教科書調査官40人を置いて、その後の教科書検定を厳格にした。この制度による最初の検定では、じつに検定申請本の全体の35%が不合格の教科書となり、修正意見の付いた教科書もあり、その主なるものが社会科の教科書であった。

実際、文部省は社会科申請本の修正で、日本の中国「侵略」という語を「進出」という記述に変更させた。このことが近隣諸国に知れわたり、中国からは歴史の事実を歪めたと批判や抗議を受けることになった。その後、教科書検定の強化は、日中・日韓間の外交問題にまで発展した。

この検定強化後、1963（昭和38）年、「義務教育諸学校の教科用図書の無償措置に関する法律」が制定され、教科書の無償給与が順繰りに年次計画で進行していくのである。

[4] 期待される人間像の答申

(1) 経済界の人材開発の要請と中教審の諮問

学校教育がどういう人間像を形成するか、それは教育基本法(旧)1条「人格の完成」で明示される。しかし、これは法律上の抽象的な目的規定であって、それを現実の学校教育の目標にどう具体化するかが求められる。

この課題は1960年代の教育界にあった。経済審議会が折しも、「わが国経済を健全に発展させるためにとるべき人的能力政策の基本的方向いかん」という諮問を受け、その答申を『経済発展における人的能力開発の課題と対策』という本で公刊した。荒木万寿夫文部大臣もここでの人材開発

の政策を文部行政に反映させようとして中教審に諮問した。
　中教審は文部大臣の諮問に応えて、「後期中等教育の拡充整備についての答申」を出した。その答申とは別記の形で、1966（昭和41）年に「期待される人間像」が出された。これは高坂正顕が執筆した力作といわれるが、天野貞祐の『国民実践要領』（1953）の趣旨に沿うものである。

(2) 答申の内容

　答申は後期中等教育を受ける 15〜18 歳までの青少年すべてに対して、その教育の機会を完全に提供する方針を打ち出した。と同時に、経済界からの要請も入れて、①個人、②家庭人、③社会人、④国民の四つの観点から「期待される人間像」の内実を明確にした。

　まず、今後の国際社会における人間像はいかにあるべきか、というテーマに答えるために、次の三つが要請される。すなわち、人間性を向上させ人間能力を開発せよ、世界に開かれた日本人であれ、そして民主主義を確立せよ、と。

　しかし、そのような人間となることは、それにふさわしい恒常的かつ普遍的な諸徳性と実践的な規範を身につけることが必要である。次に挙げるのが、日本人にとくに期待される諸徳性・規範である。つまり、①個人としては、「自由であること」「個性を伸ばすこと」「自己をたいせつにすること」「強い意志をもつこと」「畏敬の念をもつこと」という徳性が期待される。②家庭人としては、「家庭を愛の場とすること」「家庭をいこいの場とすること」「家庭を教育の場とすること」「開かれた家庭とすること」という心得が求められる。③社会人としては、「仕事に打ち込むこと」「社会福祉に寄与すること」「創造的であること」「社会規範を重んずること」という規範が期待される。④国民としては、「正しい愛国心をもつこと」「象徴に敬愛の念をもつこと」「すぐれた国民性を伸ばすこと」という徳性も同様である。この④で求められる「正しい愛国心をもつこと」が、すでに1958（昭和33）年に週1時間の「道徳の特設」のねらいに即応するものである。

　このように、国家社会の要請に応じて、国際競争に勝ち得るような人間の能力が国家社会を形成する主体として自己の内から形成されるべきものとなる。しかし、問題なのは、国家が、個人や家庭人としてもつべき人間の諸徳性を外から押し付けたり、個人や家庭の生活のあり方を規定したり

することである。これは、戦時中の国家が『臣民の道』を作成し、それを国民に強要し、個人の内面にまで踏み込んだ点とまったく同じことである。

C 臨時教育審議会の設置と教育改革
[1] 臨教審の設置

以上のように、1950・60年代の教育改革や新教育の見直しは、中教審がその基本的方向を打ち出し、それに沿って進められてきた。しかし、戦後40年も経過すると、いろいろな綻びが目立ち始めていた。1984年の中曽根内閣は「戦後政治の総決算・戦後教育の見直し」を強調して、この内閣の鳴物入りで、臨時教育審議会（臨教審と略称）を発足させた。

臨教審は1984（昭和59）年、文部省の中ではなくて、首相直属の下に設置された。当時、学校現場では、解決不能な偏差値教育や受験教育の過度な進行、校内暴力やいじめなどの教育荒廃の現実があり、経済社会では、産業構造の高度化、情報化社会の進展、生涯学習への大いなる期待、各種分野の国際化の動向などの時代背景があった。臨教審の目的は中教審とは別に、これらの変化に対応し得るような学校・教育制度を描き出すことであった。

[2] 臨教審の教育改革の基本的理念

臨教審は、教育改革の基本的理念として、①画一主義から個性重視の原則、②学校教育体系の肥大化から生涯学習体系への移行、③国際化・情報化・高齢化などの社会変化への対応、という三原則を打ち出した（最終答申）。とりわけ、①の「個性重視の原則」に基づいて、学校教育における根深い病弊である画一性、硬直性、閉鎖性、非国際性を打破して、個人の尊厳や自由・自律、自己責任の原則を基調とする制度へ改革することとした。

答申では、自己責任の伴う教育の自由化が強調され、そこへ学校に市場原理・競争原理がもち込まれるようになった。紆余曲折を経て、約10年後に「教育特区」による学校設立や「学校選択制」による通学区域の弾力的運用などが施行された。もう一方の中教審も、この臨教審の意向を受けて、日本の社会が来る21世紀に向けて、国際化、情報化、科学技術の発展、環境問題への関心の高まり、高齢化・少子化などのさまざまな面で大きく変

化していくことが見込まれ、これらの変化を踏まえた新しい時代の教育のあり方を答申するのである。

[3] 臨教審の教育改革の提言

臨教審は以上の教育改革の基本的理念に沿って、1987（昭和62）年8月までの4回にわたる答申で、以下のような教育改革を提言した。

①教師初任者研修制度の創設。これは、新規採用教員に対して1年間にわたって行われる指導教員による実践的研修制度である。②単位制高等学校の新設。これは、学年による教育課程の区分を設けず、在学3年以上で必要な単位を修得すれば、卒業できる制度である。高校中途退学者の場合、不足単位を補充すれば卒業できる長所がある。③6年制中等学校の創設。これは中等教育前期課程3年と後期3年を最初から一体化した制度である。④教育職員免許法の改正。免許状の種別化を図り、大卒程度を基礎資格とする一種免許状、短大卒程度の二種免許状、大学院修士課程卒程度の専修免許状、そして当該都道府県有効の特別免許状の4種類が設けられる。⑤小学校低学年における生活科の新設。これは、教科の統合化と活動や体験を通じた総合的な指導が強調され、理科と社会科を廃止して、その統合としての新教科をつくることである。⑥中学校の選択履修幅の拡大。これは、個々の生徒の能力・適性に応じるような多様な教科内容を用意し、授業時数を弾力的に運用し、習熟度別指導を奨励することである。

その他、高等学校の社会科を地歴・公民科へ解体することや、国旗・国歌をいっそう重視することなども提案された。これらの提言は、1989（平成元）年の学習指導要領の改訂にも一部反映されていくのである。

考えてみよう

問題
(1) 戦時中の軍国主義的・超国家主義的教育を教育の民主化の観点から考えてみよう。
(2) 教育基本法（旧）の根本的理念や原則のもつ意義を今日的立場でとらえ、制定当時からどう変容したかを考えてみよう。

解答への手がかり
(1) 国家は自らの主権を外国勢力から守るために国民を戦争に動員する教育体制を構築するものである。それは個々の国民の権利・生活を犠牲にして成立する。国家と国民の両者の立場を比較してみよう。
(2) 教育基本法（旧）に規定された教育の理念・原則や目的・方針などは、中教審や臨教審における議論の過程で若干変容していく。その議論の過程を丁寧にみてみよう。

第 6 章 現代の教育政策と行政

本章のポイント

　21世紀に入ると日本の教育課題はより複雑さを増した。その中で2000年代に大きな議論となったのが「ゆとり教育・学力低下問題」と「教育基本法改正」であった。21世紀へ向けた新しい教育目標である「生きる力」を育てる方策として導入された「ゆとり教育」は学力低下を招いたとして方針転換を余儀なくされた。一方、憲法論議とも関連し長年にわたり保守陣営の懸案事項とされた教育基本法（旧）の改正は反対論もある中2006年に行われた。その他、キャリア教育、特別支援教育、教員の資質向上など多様な改革が行われた。2008年以降現在までの教育政策の方針は教育基本法17条に明記された「教育推進基本計画」において示されている。

1 2000年代の教育政策諮問機関

A　2000年代における首相直轄の諮問機関

　教育政策における「現代」をどこに置くかを結論づけることは難しいが、ここではとりわけ2000年以降を対象ととらえておきたい。

　現在の文部科学省の諮問機関は中央教育審議会であり、基本的な政策指針はここから示されるが、2000年以降は政治主導による教育政策の実現を意図して内閣直轄による諮問組織も設置されていた。それが「教育改革国民会議」「教育再生会議」「教育再生懇談会」である。ここでの議論が基本方針となってのちの多くの教育政策を形づくっていくこととなる。現代の教育政策を述べる前に、その議論の場となったこれらの諮問機関について概観する。

B　教育改革国民会議

　教育改革国民会議は、教育再生を最重要課題として位置づけていた小渕恵三内閣総理大臣のもと、2000（平成12）年3月24日「21世紀の日本を担う創造性の高い人材の育成を目指し、教育の基本に遡って幅広く今後の教育のあり方について検討する」ことを目的として設置された（小渕首相は同年5月に急死、森喜朗首相が引き継いだ）。ノーベル物理学賞の江崎玲於奈座長のもと26名の有識者によって構成された。同年12月22日、「教育を変える17の提案」が提出された。

　まず、人間性豊かな日本人を育成する提案として、「教育の原点は家庭であることを自覚する」「学校は道徳を教えることをためらわない」「奉仕活動を全員が行うようにする」「問題を起こす子どもへの教育をあいまいにしない」「有害情報等から子どもを守る」「一人ひとりの才能を伸ばし、創造性に富む人間を育成する」を示した。

　次に教育の一律主義を改め、個性を伸ばす教育システムを導入する提案として「記憶力偏重を改め、大学入試を多様化する」「リーダー養成のため、大学・大学院の教育・研究機能を強化する」「大学にふさわしい学習を促すシステムを導入する」「職業観、勤労観を育む教育を推進する」「新しい時

代に新しい学校づくりを」を示した。

　また、教師の意欲や努力が報われ評価される体制をつくる提案として「地域の信頼に応える学校づくりを進める」「学校や教育委員会に組織マネジメントの発想を取り入れる」「授業を子どもの立場に立った、わかりやすく効果的なものにする」「新しいタイプの学校（コミュニティ・スクール等）の設置を促進する」を示した。

　そして「教育施策の総合的推進のための教育振興基本計画を」「新しい時代にふさわしい教育基本法を」といった日本の教育行政を本質的に転換する政策も示された。

　以上のように、教育基本（旧）法改正を中心とする保守的傾向の強い政策を中心に、現代的な対応を図る方策を示した。

C　教育再生会議

　教育再生会議は、「美しい国」のスローガンのもとに教育再生を目指した安倍晋三内閣において2006（平成18）年10月に設置され、計4回にわたり報告が提出された。

　2007（平成19）年1月24日の第一次報告では、初等中等教育を中心に、①「ゆとり教育」を見直し、学力を向上する、②学校を再生し、安心して学べる規律ある教室にする、③すべての子供に規範を教え、社会人としての基本を徹底する、④あらゆる手だてを総動員し、魅力的で尊敬できる先生を育てる、⑤保護者や地域の信頼に真に応える学校にする、⑥教育委員会の在り方そのものを抜本的に問い直す、⑦「社会総がかり」で子供の教育にあたる、の7つの提言を示し23項目の内容を挙げた。とくに緊急対応として、いじめ問題への対応、教員免許更新制導入、教育委員会制度の抜本改革、学習指導要領の改訂及び学校の責任体制の確立のための学校教育法改正を挙げていた。

　同年6月1日の第二次報告では、ゆとり教育改革の具体策としての授業時数10％増加、社会人採用のための特別免許状の活用促進、教員評価を踏まえたメリハリある教員給与体系の実現、道徳の教科化、学校と家庭、地域の協力による徳育推進といった道徳教育の重視、大学における外部評価の推進や世界トップレベルの教育水準を目指す大学院教育の改革などの施

策が示された。同年12月25日の第三次報告はこれらの報告をさらに具体的に詳述し、2008（平成20）年1月31日の最終報告でこれまでに示した提言の実現に向けた方策を示した。

2007（平成19）年9月に安倍内閣は退陣し、教育再生会議は最終報告の提出をもって解散し、その後継として福田内閣に教育再生懇談会が設置されたが、民主党政権樹立後の2009（平成21）年11月17日に廃止された。

2　「ゆとり教育」批判と教育政策の転換

A　「ゆとり教育」の誕生とその本質

2000年以降、教育政策の重大論点の一つとなったのが「ゆとり教育」の是非である。この問題は学力低下論争と密接に絡み合いながら、教員や研究者など専門家レベルでの議論を越えて一般社会にも定着した言葉となった。今や「ゆとり」といえば「頭の悪い」「甘ったれた」といったイメージでとらえられ、当のゆとり世代は「どうせ自分はゆとりだから」というある種の劣等意識をもつようにさえなってきたといわれる。しかし「ゆとり教育」とは何かについてちゃんと理解している人は意外に少ない。その本質はどのようなものなのだろうか。

[1] ゆとり教育の始まり

ゆとり教育は2000年以降の産物ととらえられがちだが、そもそもこの言葉が初めて使われたのは1970年代後半の学習指導要領改訂であった。

高度経済成長期における経済優先型の教育政策は日本の成長を支える重要なファクターとなったが、そこで行われた教育内容の高度化や高学歴化に伴う受験戦争の激化は詰め込み型教育を助長し、子どもたちは本来の学びから遠ざけられていった。オイルショックにより高度経済成長は終焉を迎え、さまざまな問題が顕在化すると新しい教育政策の模索が始まった。1977（昭和52）年～1978（昭和53）年の学習指導要領改訂では詰め込み型の教育を見直して調和的な人間形成を重視した「ゆとりと充実」という考え

方を提示し、教育内容を一部削減し学校の裁量による「ゆとりの時間」を設けた。これがゆとり教育の始まりである。

[2] 1980年代の臨時教育審議会と教育改革

　この抜本的教育改革の模索は1980年代に入ると本格化した。それが1984（昭和59）年8月に設置された臨時教育審議会（臨教審）であった。当時の中曽根康弘首相は「戦後政治の総決算」の一つとして教育改革を位置づけ、首相直属でこの審議会を設置した。臨教審は改革の視点として、①「個性重視の原則」の確立、②学歴社会を脱却する「生涯学習体系への移行」、③国際化や情報化など「変化への対応」の3点を挙げ、教育課程のあり方にも大きな影響を与えていった。

　これを受けた1987（昭和62）年の教育課程審議会答申では、豊かな心をもち、たくましく生きる人間の育成、自ら学ぶ意欲と社会の変化に主体的に対応できる能力の育成の重視、国民として必要とされる基礎的・基本的な内容の重視、個性を生かす教育の充実、国際理解を深め、我が国の文化と伝統を尊重する態度の育成などが提言された。

　1989（平成元）年の学習指導要領改訂では、小学校1、2年で社会科と理科を統合し体験型学習を基本とした「生活科」が新設され、中学校では個性重視の観点から選択履修が拡大され、高等学校でも地域や学校、生徒の実態や学科の特色に応じて独自の科目（その他の科目）を設けることが可能となった。

　また、この改訂に伴って「新学力観」という考え方が提示された。知識中心型の学力観を改め「興味・関心・意欲・態度」「思考・判断」「技能・表現」「知識・理解」という多様な観点から学力をとらえようとするものであった。

[3] 1998年学習指導要領改訂における「生きる力」とゆとり教育

　1990年代は以上のような教育政策を引き継ぎつつ、東西冷戦の終焉、バブル経済の崩壊と長期的不況、高度情報化社会、高齢化社会、環境破壊といった新しい社会状況に対応した教育改革が急務となった。

　第15期中央教育審議会は1996（平成8）年7月に第一次答申を発表した。

その中で、変化の激しい社会の中では「いかに社会が変化しようと、自分で課題を見つけ、自ら学び、自ら考え、主体的に判断し、行動し、よりよく問題を解決する資質や能力」や「自らを律しつつ、他人とともに協調し、他人を思いやる心や感動する心など、豊かな人間性」が重要であるとし、このような資質能力のことを「生きる力」と名付けた。

この「生きる力」を養成すべく1998（平成10）年に学習指導要領が改訂された。最大の改革点は「総合的学習」の新設、教科内容の3割削減及び学校週5日制の完全実施であった。総合的学習は「生きる力」を養成する根幹のカリキュラムとして位置づけられ「学び方やものの考え方を身に付け、問題の解決や探究活動に主体的、創造的に取り組む態度を育て、自己の生き方を考えること」をねらいとした。例として国際理解、情報、環境、福祉・健康などの課題を提示し、具体的内容については児童・生徒の興味関心や、地域・学校の特徴に応じて各学校の創意工夫を生かした特色ある教育を構成するものとされた。

教科内容の3割削減（表6-1参照）は、総合的学習の新設、産業界より要求された学校週5日制の導入といった要素を背景としながら、教育内容を厳選しゆとりをもって基礎学力をしっかり定着させる学習を目指したものであった。また、情報化時代の進展に合わせ、高等学校で「情報科」が新設された。

B　ゆとり教育批判の始まりと文部科学省の方針転換
[1] ゆとり教育批判

1998（平成10）年の学習指導要領改訂は前述のような大きな変革を伴ったため、改訂当初からさまざまな議論が沸き上がっていた。たとえば、まだ改訂学習指導要領実施前の2000（平成12）年の段階で、教育改革国民会議の委員からは「ゆとり教育はゆるみ教育だ」という指摘もあったとされる。このような、現在まで続くゆとり教育のマイナスイメージの根幹は、当初から潜在的に存在していた。

このようなイメージと同時に実態的問題として指摘されたのが、「学力低下」との関係であった。主体的な経験型教育を重視し教育内容を削減するような教育カリキュラムを進めていった結果、基礎学力が低下した、と

表 6-1　中学校各教科、領域の時間数比較（1998 年改訂による）

教科領域	学年	改訂年 1989 年	改訂年 1998 年	教科領域	学年	改訂年 1989 年	改訂年 1998 年
国語	1 年	175	140	技術・家庭	1 年	70	70
国語	2 年	140	105	技術・家庭	2 年	70	70
国語	3 年	140	105	技術・家庭	3 年	70-105	35
社会	1 年	140	105	外国語	1 年	選択教科	105
社会	2 年	140	105	外国語	2 年	選択教科	105
社会	3 年	70-105	85	外国語	3 年	選択教科	105
数学	1 年	105	105	道徳の時間	1 年	35	35
数学	2 年	140	105	道徳の時間	2 年	35	35
数学	3 年	140	105	道徳の時間	3 年	35	35
理科	1 年	105	105	特別活動	1 年	35-70	35
理科	2 年	105	105	特別活動	2 年	35-70	35
理科	3 年	105-140	80	特別活動	3 年	35-70	35
音楽	1 年	70	45	選択教科	1 年	105-140	0-30
音楽	2 年	35-70	35	選択教科	2 年	105-210	50-85
音楽	3 年	35	35	選択教科	3 年	105-280	105-165
美術	1 年	70	45	総合的学習	1 年	未設置	70-100
美術	2 年	35-70	35	総合的学習	2 年	未設置	70-105
美術	3 年	35	35	総合的学習	3 年	未設置	70-130
保健体育	1 年	105	90	3 年間の総時間数		3150	2940
保健体育	2 年	105	90				
保健体育	3 年	105-140	90				

いうのが主な論旨であった。たとえば、経済学者の西村和雄らが著した『分数ができない大学生』(1999) は、大学生の学力低下を実証的に世に問い大きな反響を得た。その後、ゆとり教育・学力低下論争は多様な賛否両論が渦巻き、専門家や教育関係者を中心に大きな議論となる一方、世間一般において先のようなマイナスイメージの広がりをみせていった。

[2] ゆとり教育からの方針転換と学力到達度調査

　ゆとり教育批判が広がると文部科学省はかなり早い段階から教育政策の方針転換を模索し始めた。2002 (平成 14) 年に「確かな学力の向上のための 2002 アピール『学びのすすめ』」を発表し、宿題などの「補修的学習」や学習指導要領の内容を越えた「発展的な学習」を奨励し始めた。
　翌 2003 (平成 15) 年 12 月には学習指導要領を一部改訂し、実態に合わせて学習指導要領に示していない内容の指導を制度的にも可能にすることで「発展的な学習」を可能なものとした。これは現行の学習指導要領体制に

なって以来初めて「歯止め規定」を解除したものとして注目される。

このような流れに決定的な影響を与えたのが、経済協力開発機構（OECD）が2003年に行った学習到達度調査（PISA）であった。この調査は世界各国で15歳を対象に3年ごとに行われており、2003年は41ヵ国で実施されたが、日本は前回から順位を下げ、学力低下論を証明するデータとして大きな話題となった。学力低下の実態とゆとり教育との関連は現在まで多様な議論が展開されているが、これら一連の状況により世論は学力低下の原因とされた「ゆとり教育」批判へと流れていった。

ついに2005（平成17）年、中山成彬文部科学大臣は「脱ゆとり教育」を宣言し、ゆとり教育批判に対応すべく学習指導要領の改訂作業を本格化させた。

3年後の2006年に行われたPISAでも日本の順位低下の傾向は変わらず、脱ゆとり教育への流れに拍車がかかっていった。

C 2008年における学習指導要領の改訂
[1] 学習指導要領改訂の基本的な考え方

一連のゆとり教育批判への対応は安倍晋三内閣時に設置された教育再生会議の第一次報告（2007〔平成19〕年1月24日）において「ゆとり教育を見直し、学力を向上する」と明記され、2008（平成20）年1月に中央教育審議会答申「学習指導要領等の改善」において具体的内容が示された。

注目されるべきは、前回改訂の根幹である「生きる力」はそのまま継承しつつ、前回指導要領の不備を是正することで新しい教育の方策を示すという形をとっている点である。

まず、現代は新しい知識・情報・技術があらゆる領域で飛躍的に重要性を増す「知識基盤社会」の時代であると位置づける。そのような社会では知識や人材をめぐる国際競争が加速するとともに異文化間の共存や国際協力の必要性が増大するが、そこで必要な能力こそが前回学習指導要領で示した「生きる力」であるとする。

一方、子どもたちの学力や学習状況、生活習慣などについてOECDのPISA調査や国際教育到達度評価学会（IEA）のTIMSS調査、日本で行われた全国学力・学習状況調査などの各調査を元に分析をしている。その中で、

日本の子どもたちの現状について、「生きる力」で重視している思考力・判断力・表現力など、学習意欲、学習習慣・生活習慣、自分への自信や自らの将来についての関心、体力などに課題があるとしている。

　これら課題を生み出した学校側の要因として、①「生きる力」に対する学校や親、社会の理解不足、②生徒の自主性尊重の裏返しとしての指導の躊躇、③各教科と総合的学習との連携不足による思考力・判断力・表現力育成の不備、④授業時間数の不足、⑤学校教育における家庭や地域の教育力低下への対応不足、を挙げた。

　そしてこのような課題を克服すべく次期学習指導要領改訂の基本方針として、①「生きる力」という理念の共有、②基礎的・基本的な知識・技能の習得、③思考力・判断力・表現力などの育成、④確かな学力を確立するために必要な授業時数の確保、⑤学習意欲の向上や学習習慣の確立、⑥豊かな心や健やかな体の育成のための指導の充実、の6点を掲げた。

　以上を要約すれば、根本理念である「生きる力」の育成は堅持しつつ、その具体的方策であったゆとり教育による問題点を是正し、とりわけ基礎知識の習得や学習習慣、生活習慣の改善を重視するというものであった。そこでは「ゆとり教育」か「詰め込み教育か」という二者択一的な政策論争を脱し、基礎的・基本的な知識・技能の習得と思考力・判断力・表現力などの育成との両立を目指している。

[2] 改訂学習指導要領の中身

　以上の答申を経て、2008（平成20）年3月に小学校・中学校、翌2009（平成21）年に高等学校の改訂学習指導要領が公示された。この改訂はゆとり教育批判への対応だけでなく教育基本法への対応という点も含まれている。その基本的ポイントは、教育基本法などで明確になった教育の理念を踏まえた「生きる力」の育成、知識・技能の習得と思考力・判断力・表現力などの育成のバランスの重視、授業時数の増加、道徳教育や体育などの充実による豊かな心や健やかな体の育成としている。

　具体的な教育課程の内容について中学校を例にみると（表6-2参照）、まず国語・社会・数学・理科・外国語・保健体育の授業時数が実質10％程度増加し、週当たりのコマ数が各学年で週1コマ増加している。これは単純

な学習内容の増加というだけではなく前述のような思考力・判断力・表現力の育成を目指したものである。一方で「総合的学習」が削減され、選択授業の時間数を無くした。なお、全体として授業数は増加したが学校週5日制はそのままとした。

　次に教育内容についてみてみる。言語活動については国語を中心に説明、批評、論述、討論などの学習の充実を図った。理科・数学は国際的な通用性、内容の系統性の観点から指導内容を増加させ、また、反復による指導、観察・実験、課題学習を重視した。教育基本法への対応として伝統、文化の教育の充実も示された。たとえば、古典や歴史教育、宗教、文化遺産に関する学習のほか、和楽器、唱歌、美術文化、和装、武道などの重視が挙げられる。道徳教育については集団宿泊活動、自然体験活動、職場体験活動などの推進、道徳教育推進教師を中心とした指導体制が位置づけられた。外国語については聞く・話す・読む・書く技能の総合的な充実を図り、小学校5・6年生に外国語活動を導入した。また、漢字の語数も増加した。

表6-2　中学校各教科、領域時間数の比較（2008年改訂による）

教科領域	学年	改訂年 1998年	改訂年 2008年	教科領域	学年	改訂年 1998年	改訂年 2008年
国語	1年	140	140	技術・家庭	1年	70	70
国語	2年	105	140	技術・家庭	2年	70	70
国語	3年	105	105	技術・家庭	3年	35	35
社会	1年	105	105	外国語	1年	105	140
社会	2年	105	105	外国語	2年	105	140
社会	3年	85	140	外国語	3年	105	140
数学	1年	105	140	道徳の時間	1年	35	35
数学	2年	105	105	道徳の時間	2年	35	35
数学	3年	105	140	道徳の時間	3年	35	35
理科	1年	105	105	特別活動	1年	35	35
理科	2年	105	140	特別活動	2年	35	35
理科	3年	80	140	特別活動	3年	35	35
音楽	1年	45	45	選択教科	1年	0-30	未設置
音楽	2年	35	35	選択教科	2年	50-85	未設置
音楽	3年	35	35	選択教科	3年	105-165	未設置
美術	1年	45	45	総合的学習	1年	70-100	50
美術	2年	35	35	総合的学習	2年	70-105	70
美術	3年	35	35	総合的学習	3年	70-130	70
保健体育	1年	90	105	3年間の総時間数		2940	3045
保健体育	2年	90	105				
保健体育	3年	90	105				

[3] 全国学力・学習状況調査の実施

　文部科学省は全国の児童生徒の学力の実態を調査するため、2007（平成19）年から43年ぶりに全国学力・学習状況調査を実施した。調査の目的は、義務教育の機会均等とその水準の維持向上の観点から、全国的な児童生徒の学力や学習状況を把握・分析し、教育施策の成果と課題を検証し、その改善を図ること、そのような取り組みを通じて、教育に関する継続的な検証改善サイクルを確立すること、学校における児童生徒への教育指導の充実や学習状況の改善などに役立てることとしている。対象は小学校第6学年と中学校第3学年で、教科（国語、算数・数学、24年度から理科も追加）や生活習慣などに関する調査が行われた。教科に関しては「知識」「活用」の両面から出題された。この調査は悉皆で行われたことで、競争を激化し教育に大きな問題を引き起こすなどの批判があり、民主党政権樹立後に悉皆から抽出方式に変更したが、調査を希望する自治体も受け入れている。

3　教育基本法と教育政策・行政

A　教育基本法（旧）の改正
[1] 教育基本法（旧）改正論

　1947（昭和22）年3月に公布され戦後民主主義教育の根幹を形づくった教育基本法（旧）が、日本国憲法との密接な関係をもって長く日本の教育を支えてきたことは、すでに第5章にて述べてきた通りである。しかしながら教育基本法（旧）はその性格ゆえ、主に保守陣営から改正論が繰り返し示されていた。教育基本法（旧）改正派の論点は主に三つに整理されるだろう（坂田, 2007）。

　一つ目は「教育基本法押しつけ論」で、教育基本法（旧）の制定当時はGHQ（連合国軍総司令部）の占領下化にあったため、その制定が日本国民の自由意志によるものではなかったというものである。この論は憲法改正論とも密接にリンクし、教育基本法（旧）公布以降根強く存在する古典的改正論である。

二つ目は公共の過小評価論で、教育基本法（旧）が戦前期への反省により「個人の権利」を最優先に考えているために公共への意識が低くみられているという批判である。これは公共の精神、さらにいえば社会や国家に対する認識を強調すべきという考え方に繋がる。これもしばしば沸き上がる論である。

　これらいわば古典的改正論に対し三つ目に挙げられるのは、近年の日本社会の変化への対応を強調する反対論である。戦後60年を経て科学技術の進歩や情報化、国際化、少子高齢化、環境問題、学校現場や青少年の多様な問題を抱える危機的状況などを打破すべく新しい教育基本法を目指すべきというものである。

[2] 教育基本法（旧）改正までの動き

　政府与党による教育基本法（旧）改正に向けた動きは何度かあったが、それが本格的に動き出したのは1999（平成11）年のことだった。同年8月に国旗・国家法が設立したが、9月に当時の小渕恵三首相が教育基本法（旧）の見直しの意図を明言した。翌2000（平成12）年3月に首相直轄の諮問機関である教育改革国民会議が設置され、その中で具体的な改正論が繰り広げられた。同年12月に「教育を変える17の提案」を発表したが、その一つとして「新しい時代にふさわしい教育基本法を」が位置づけられ、そこで三つの観点が求められた。第一は、科学技術の進展やグローバル化、環境問題、少子高齢化など新しい時代を生きる日本人の育成の観点、第二は伝統や文化など次代に継承すべきものを尊重、発展させていく観点、第三は教育基本法の内容に理念的事項だけでなく具体的方策を規定する観点であった。

　この教育改革国民会議の議論を経て翌2001（平成13）年11月に中央教育審議会に諮問され、2003（平成15）年3月20日に答申「新しい時代にふさわしい教育基本法と教育振興基本計画のあり方について」がまとめられた。

　政府与党は2003年5月に「教育基本法に関する協議会」を発足させ、3年間にわたって検討を加えた末、2006（平成18）年4月13日に教育基本法に盛り込むべき項目内容についての最終報告を提出した。政府はこの報告をもとに閣議決定し、ついに改正案が提出された。通常国会は6月に閉会

となり9月の臨時国会で改めて審議され、12月15日参議院にて可決成立し、12月22日に公布された。約7年をかけて与党の念願であった改正がここに実現した。

[3] 教育基本法改正への批判

教育基本法の改正は同法が教育法規の中でも「教育の憲法」と呼ばれるほど特別の位置にあり、さらに改憲論議も絡んでいるため、イデオロギー対立的側面も含みつつ激しい議論が繰り広げられた。国会に改正案が提出されると改正に批判的な人々は猛烈な反対運動を展開した。日本教職員組合や私立大学、短大教員組合などの教員組織、日本弁護士連合会などの法曹団体、民間教育研究団体、各種市民団体などこの改正を憂慮するさまざまな団体から反対声明が矢継ぎ早に出された。とりわけ日本教育学会など教育学関係学会の動きは早く、2002年秋頃から各学会間で協議が重ねられ2003（平成15）年3月に各教育学会代表者名義で「教育基本法の見直しに対する要望」が文部科学大臣と中教審会長宛てに出された。教育学関連15学会は共同公開シンポジウムを開催し、報告集や資料集を多数まとめあげるなど精力的に反対活動を展開した。

その論点は極めて多様であるが、その中心となる考え方を簡潔にまとめるならば、教育基本法（旧）において明確にされている戦後民主主義に基づく教育の権利を保障する理念を弱め、国家的統制を実現させる政策が改正案の各条文に巧妙に仕組まれている、というものであった。

B 新教育基本法の中身

1947年の教育基本法（旧）公布以来初めての全面改正によってその内容や考え方は大きく変わった。旧法と比較しながらとくに変更点を取り上げてその特徴をみていく。

[1] 前文

前文はその法律の基本的立場や考え方を示すものである。旧法と比べると、「民主的文化的国家の発展」「平和と福祉への貢献」といった根本的理念は継承されている一方、変化もみられる。一番の大きな変化は「公共の

精神を尊び」「伝統を継承し、新しい文化の創造を目指す」と示されている点である。この内容は他の条項にも関連してもっとも大きな議論となった論点である。前述したように旧法に対して、個人の権利の側面が強くバランスを欠いており、公共への意識、国家や社会への意識が弱まったとする批判が根底にあると考えられる。

次に日本国憲法との関係において微妙な変化がみられる。新旧いずれも「日本国憲法の精神にのっとり」との文言があるが、旧法で明記されていた、日本国憲法の理想の実現は「根本において教育の力にまつべきものである」という文言が削除されている。これについては憲法の理念と教育との関係を不可分とする旧法から後退したとみる向きもある。

[2] 教育の目的、目標

目的、目標の位置づけは教育基本法（旧）改正論議において最も対立の激しかった部分である。

目的と目標という言葉は似た言葉であるがその違いは、目的が本質的な方向性を示す抽象的な理念であるのに対し、目標は具体的に身につけるべき資質を示すものである。旧法では理念を明示するのが基本法の役割であるとして目標は示されていなかったが、新法では目標が2条において明示され、その中で20以上の徳目が列挙された。

目的については「人格の完成」と「平和で民主的国家及び社会の形成者」という文言は継承されたが、「真理と正義を愛し、個人の価値をたつとび、勤労と責任を重んじ、自主的精神に満ちた」という言葉を削除し「必要な資質」という言葉に簡略化された。その必要な資質が「目標」として具体化されたといえるだろう。

その目標には「真理を求める態度」「自主及び自立の精神」「勤労を重んずる態度」「正義と責任」「男女の平等」のように旧法に示されていた理念を継承した内容以外に、「自然を大切にし、環境の保全に寄与する態度」という現代的な徳目（同条4号）、「伝統と文化を尊重し」「我が国と郷土を愛する」態度といった旧来より保守陣営から求められていた徳目（同条5号）も示された。とりわけ最後の愛国心や郷土愛に関わる条項はイデオロギー的特徴の色濃い教育基本法（新法）論議最大の論点となり賛否両論が沸き上がった。

目標に示された徳目はいずれもすでに学習指導要領などで示されていた内容であり、それらの位置づけを教育基本法に明記することにより徹底化を図ったものであった。一方、学校教育の目標として位置づけられていた項目が社会教育のみならず家庭教育にも関わる教育基本法において示されたことが、今後どのような影響を与えるのか憂慮される点である。

[3] 生涯学習

3条では現代の教育政策の重要課題である生涯学習の理念について新しく規定された。1965年にユネスコの成人推進に関する国際委員会でラングラン（Paul Lengrand）によって生涯教育として提唱されたこの考え方は、1980年代から日本においても本格的な議論が始まり、制度的な整備が進められていった。「生涯にわたって、あらゆる機会に、あらゆる場所において学習ができ、その成果を適切に生かすことのできる社会の実現」は生涯学習が浸透してきた現代においてはより重視される。

[4] 教育の機会均等、義務教育、学校教育、教員

4条「教育の機会均等」2項において、「障害のある者が、その障害の状態に応じ、十分な教育を受けられるよう、教育上必要な支援を講じなければならない」と定められた。特殊教育が特別支援教育へと転換する中で障害者の教育の権利を明確にしたものである。

5条「義務教育」では、保護する子どもへの普通教育を受けさせる義務が規定されたが、旧法では9年と定めていたところ、「別に定めるところにより」と年数の規定が削除された。幼稚園や高等学校の義務教育化、飛び級の導入の可能性を配慮した規定といえる。また新法では義務教育の「目的」が新たに定められ、「各個人の有する能力を伸ばしつつ社会において自立的に生きる基礎を培い、また、国家及び社会の形成者として必要とされる基本的資質を養う」と規定された。また、3項において義務教育における国と地方公共団体の役割と責任について規定した。

6条「学校教育」では新たに2項において組織体制や教育的機能の根本が示されたが、その中で2条「教育の目標」との関わりを明確にしている。また「教育を受ける者」が学校生活において規律や自ら進んで学習に取り

組む意欲を高めるよう重視することが規定されている。このような学習者側への規定は、「教育を受ける権利」を前提とした旧法からの本質的変化として注目される。

9条「教員」は近年の教員への要求を反映させるべく旧法6条2項を独立させた形となっている。そこでは「研究、修養」の必要性、「養成と研修」の充実が示された一方で、「全体の奉仕者」という規定が削除された。

[5] 大学、私立学校

7条「大学」と8条「私立大学」は教育基本法において初めて規定された項目である。

大学については近年学問研究だけでなく教育の充実が強く求められ、また社会・経済・文化の発展・振興や国際競争力の確保といった国家戦略上からも高等教育が重要視されている。そのことを踏まえ「高い教養と専門的能力を培うとともに、深く真理を探究して新たな知見を創造し、これらの成果を広く社会に情報提供することにより社会の発展に寄与するものとする」と記された。また、社会の要求に従い学問的自律性をなくすことのないよう「自主性、自律性その他大学における教育及び研究の特性が尊重されなければならない」ことも同時に規定された。しかし、憲法に規定されている大学の自治がどこまで保障されるかは不鮮明との指摘もなされている。

私立学校はいうまでもなく日本の学校教育の中で極めて大きな役割を担っているものであり、その重要性を位置づけたものである。条文の後半で「国及び地方公共団体は、その自主性を尊重しつつ、助成その他の適当な方法によって私立学校教育の振興に努め」ることが明記された。これまで私学助成については、日本国憲法89条との関連で憲法違反であるという批判が存在しており、そのような見方への対応という側面があると思われる。一方、私立学校が「公の性格」を有すると位置づけられたが、現行教育法規における役割としての基本的な性格を示したととらえるべきか、それとも批判されている国家的統制の側面を強めたものとしてとらえるべきか、議論が分かれるところである。

[6] 家庭教育

10条において「家庭教育」の条文が新設された。これまで家庭教育は「社会教育」の概念に属すものとして条文は存在しなかったが、「児童の権利条約」においても家庭が子どもの養育に関する第一義的責任を負っていることが位置づけられており、近年の家庭教育の変化やさまざまな問題状況に対応すべくその責任と国、地方公共団体の支援の促進を明確化したといえる。一方で2条に規定された教育目標との関係の問題、すなわち親の子どもを教育する権利との兼ね合いについては2項で「家庭教育の自主性を尊重」する旨を規定している。

[7] 幼児期の教育

11条「幼児期の教育」も新設の条文である。近年さまざまに指摘されている子どもたちの問題状況、たとえば人間関係能力の低下や社会的モラルの低下などは幼児期の教育から考えるべき問題であり、過去の中央教育審議会答申でも示されているところである（「幼児期からの心の教育の在り方について」「子どもを取り巻く環境の変化を踏まえた今後の幼児教育の在り方」など）。幼稚園や保育所はもとより家庭や社会教育全体で良好な環境整備、さまざまな方策が採られるよう、国や地方公共団体による振興が求められている。

[8] 社会教育

12条「社会教育」は旧法から基本的に引き継いだものである。これまでは社会教育の中に家庭教育も含まれていたが、前述の通り新法では家庭教育が明確に分けられた。

今回新たに「個人の要望や社会の要請にこたえ」という文言が加わったが、この「社会の要請」が果たしてどのレベルの社会的要請を含むのか、教育の権利保障としての旧法上の理念との関係が議論となっている。

[9] 学校、家庭、地域住民などの連携協力

13条「学校、家庭及び地域住民等の相互の連携協力」は新設の条文である。家庭や地域社会の変化によりそれぞれの教育的機能が低下したことで近年は三者の関係強化が強く指摘されるようになり、実際にこれらの関係

強化を伴う諸施策が具体的に実行されている状況である。そのことを明確化すべく「それぞれの役割と責任を自覚するとともに、相互の連携及び協力に努める」と位置づけられた。

この連携協力についても果たして2条とどのような関係をもつものなのか議論がなされている。

[10] 教育行政

16条「教育行政」は旧法と比べると内容がより詳細に規定され変化も大きい。

はじめの「教育は、不当な支配に服することなく」という文言までは同じであるが、旧法では「国民全体に対し直接に責任を負って」となっていたところが新法では「この法律及び他の法律の定めるところにより」と文言に変わっている。旭川学力テスト訴訟では旧法10条の条文をもとに国の教育内容、方法への関与が不当であることが争われたが、最高裁判決では必要と認められる範囲内において国は関与できる機能をもつことが示された。今回の文言の変更はこのことが影響したといえる。

また、2～4項では、国と地方公共団体の役割を明確化し、国は教育の機会均等と教育水準の維持向上のために教育施策を総合的に策定、実施すべきこと、地方公共団体はその地域の教育振興を図るために教育施策を策定実施すべきこと、両者は必要な財政措置を講じることが明記された。

[11] 教育振興基本計画

教育基本法が示した理念が実現されるには具体的な教育振興施策とその実施が不可欠であり、そのことを明確化したのが「17条」である。これも新設の条文である。政府については、教育振興施策の基本方針や具体的な施策についての計画を定め、国会に報告し公表しなければならないとした。また、地方公共団体は政府の計画を参酌し、地域の実情に応じて教育振興のための施策に関する基本的計画を定めることが明記された。

この計画は社会的状況などを見極めながら今後5年間に重点的に取り組むべき分野を明確にするとともに、具体的目標を明記し、その到達度を数値的に検証することが求められている。

4 その他の教育政策

これまで取り上げてきた「ゆとり教育」「教育基本法（旧）改正」以外にも近年さまざまな教育政策が計画、実行されている。その中で、本節では「キャリア教育」「特別支援教育」「教員の資質向上」の3点を取り上げていきたい。

A　キャリア教育の推進
[1] 進路指導の問題、雇用情勢の変化

進路指導は元々職業教育という名称から始まり昭和30年代に進路指導へと名称変更されたが、その定義は「進路指導は、生徒の一人ひとりが、自分の将来の生き方への関心を深め、自分の能力・適性等の発見と開発に努め、進路の世界への知見を広くかつ深いものとし、やがて自分の将来への展望を持ち、進路の選択・計画をし、卒業後の生活によりよく適応し、社会的・職業的自己実現を達成していくことに必要な、生徒の自己指導能力の伸長を目指す、教師の計画的、組織的、継続的な指導・援助の過程」であるとされ、学級活動など学校教育全体で行われるべきものと位置づけられていた。しかしながら、現実の進路指導は入学試験対策や職業斡旋的ないわゆる出口指導と呼ばれるものが中心となっており、理想的な進路指導が行われているとは言い難かった。

加えて、1990年代以降のいわゆる「失われた20年」の中で経済状況は悪化、長期停滞し、雇用のあり方も終身雇用、年功序列から能力主義的な雇用へと変貌を遂げ、正規雇用の減少と非正規雇用の増加という厳しい状況が常態化した。さらにニートの増加、高い離職率、若者の就労意識の変化などさまざまな問題も顕在化し始めた。

[2] 進路指導からキャリア教育へ

このような状況の中で、進路指導は単に学校内の指導を超えて日本の社会全体の問題としてとらえられるようになってきた。そこで取り上げられた考え方が「キャリア教育」であった。これはもともと1971年に米国連邦

教育局が発表した進路指導の理論で、自己の将来の職業生活、生活様式を選択し、形成していくことに必要な能力や、自分自身と職業・労働についての知識や態度を養うために全学校段階を通して行われる総合的教育プログラムである。

これが日本で取り上げられていったのは 2000（平成 12）年以降のことである。1999（平成 11）年 12 月中央教育審議会答申「初等中等教育と高等教育との接続の改善について」で「学校と社会及び学校間の円滑な接続を図るためのキャリア教育を小学校段階から発達段階に応じて実施する必要がある」と明言され、これを受けて 2001（平成 13）年 8 月、国立教育政策研究所に「児童生徒の職業観・勤労観を育む教育の推進に関する調査研究会議」が設置された。一方、文部科学省内にも 2002（平成 14）年 11 月「キャリア教育の推進に関する総合的調査研究協力者会議」が設置された。

2003（平成 15）年 6 月には経済産業、文部科学、厚生労働、経済財政政策担当の 4 大臣により「若者自立・挑戦戦略会議」が組織され、「若者自立・挑戦プラン」が策定された。キャリア教育はこのような省庁横断型の政策の中の一つとして位置づけられているのである。

2004（平成 16）年 1 月、文部科学省の「協力者会議」は報告書を提出、この年から「キャリア教育」の実践が全国規模で推進されるようになった。文部科学省「キャリア教育推進の手引」（2006）ではキャリア教育で養成される能力として、①人間関係形成能力（自他の理解能力、コミュニケーション能力）、②情報活用能力（情報収集・探索能力、職業理解能力）、③将来設計能力（役割把握・認識能力、計画実行能力）、④意志決定能力（選択能力、課題解決能力）の 4 領域 8 能力を提示した。これらを養成すべく総合的な学習や職場体験（学校行事）、その他の教科領域も含めた横断的なプログラムを構成することが期待されている。

B 特別支援教育

2000 年以降大きな変化をみせた教育政策の一つが「特別支援教育」である。それまで特殊教育と呼ばれていた障害をもつ人たちへの教育はどのような変化を遂げたのか。

[1] 日本の特殊教育

 戦前より続く特殊教育は、1947 (昭和22) 年の教育基本法 (旧) 及び学校教育法によって盲学校・聾学校・養護学校への就学が義務化された。しかし重度の障害者については1970年代後半まで長らく就学が免除、猶予され現実にはほとんど就学が許可されなかった。1979 (昭和54) 年に養護学校の義務化が実現したが、一方で障害児を普通学級から排除している「隔離教育」であるとの批判も根強かった。

[2] 世界の障害者政策の流れ

 一方、世界では1950年代頃から障害者が一般の人々と同等のノーマルなライフサイクルを送る権利があるというノーマライゼーションの考え方が北欧から広がりをみせていった。この考え方は1971年「国連知的障害者権利宣言」、1975年「国連障害者権利宣言」へと繋がっていき、さまざまな障害者の権利に関する指針が示された。このような流れの中で障害者の社会参加を社会的責任としてとらえる福祉政策が世界的に広まっていった。現在のバリアフリーの考え方もこのような流れに基づくものである。

 1994年にはユネスコにより開催された「特別ニーズ教育世界会議」で「サラマンカ声明」が採択された。それは障害児や移民など特別なニーズをもつ子どもたちへの教育に向けた基本政策であり、インクルーシブ教育、すなわち誰も排除 (exclusive) されずすべての者を含み込む教育のあり方を示した。このような世界的な動向は日本の特殊教育のあり方にも影響を与えていくこととなった。

[3] 特殊教育から特別支援教育へ

 文部科学省では、2001 (平成13) 年10月に「特別支援教育の在り方に関する調査研究協力者会議」を設置し、2003 (平成15) 年3月に「今後の特別支援教育の在り方について (最終報告)」が取りまとめられた。

 そこでの議論を基に2004 (平成16) 年2月、中央教育審議会は特別支援教育特別委員会を設置し、2005 (平成17) 年12月に「特別支援教育を推進するための制度の在り方について」を答申した。その中で以下の点が示された。①障害のある児童生徒などの教育について、従来の「特殊教育」か

ら、一人ひとりのニーズに応じた適切な指導及び必要な支援を行う「特別支援教育」に転換すること、②盲・聾・養護学校の制度を、複数の障害種別を教育の対象とすることができる学校制度である「特別支援学校」に転換し、盲・聾・養護学校教諭免許状を「特別支援学校教諭免許状」に一本化するとともに、特別支援学校の機能として地域の特別支援教育のセンターとしての機能を位置づけること、③小・中学校において、学習障害(LD)・注意欠陥/多動性障害(ADHD)を新たに通級による指導の対象とし、また特別支援教室の構想については、特殊学級が有する機能の維持、教職員配置との関連などの諸課題に留意しつつ、その実現に向け引き続き検討すること。

　これら一連の議論を踏まえて制度の見直しに着手し、2006(平成18)年6月に成立した改正学校教育法により、盲・聾・養護学校が翌2007(平成19)年4月より「特別支援学校」に一本化され、小中学校の特殊学級が特別支援学級へと変わった。障害の種類に関係なくすべての者の特別な教育的ニーズに応えていくという特別支援教育の理念が反映されたものである。また、1993(平成5)年度より制度化されている通級の対象として2006(平成18)年から自閉症、学習障害、注意欠陥/多動性障害の児童生徒が対象に加わった。

　2007(平成19)年文部科学省は「特別支援教育の推進について」を通知し、校内に特別支援教育委員会の設置と特別支援教育コーディネーターの指名を求め、障害のある児童生徒と障害のない児童生徒の交流や共同教育を指示した。

C　教師の資質向上政策
[1]　教育再生会議における教員政策の提言
　もう一点、近年の教育政策の大きな改革として「教員の資質向上政策」が挙げられる。教員政策は決して近年始まったものではなく、公教育制度が誕生して以来絶えず続いているものであるが、2000年頃から教員の不祥事や学力低下論争などにより教員に対する世の中の目が段々と厳しくなる中で、教員問題が教育政策課題の一つとして浮上してきた。その本格的な検討が具体的に示されたのは安倍晋三内閣時に設置された教育再生会議で

あった。

　2007（平成19）年1月発表の第一次報告の中では、「教員の質の向上」が課題として取り上げられた。その目標について「あらゆる手だてを総動員し、魅力的で尊敬できる先生を育てる」こととし、その具体的方策として、①社会の多様な分野から優れた人材を積極的かつ大量に採用する、②頑張っている教員を徹底的に支援し、頑張る教員をすべての子どもの前に（メリハリのある給与体系で差をつける、昇進面での優遇、優秀教員の表彰）、③不適格教員は教壇に立たせない、教員養成・採用・研修・評価・分限の一体的改革（実効ある教員評価、指導力不足認定や分限の厳格化）、④真に意味のある教員免許更新制の導入、が位置づけられた。

　同年6月の第二次報告では、「ゆとり教育見直しの具体策」として教員の質を高め、子どもと向き合う時間を大幅に増やすために、①社会人採用のための特別免許状の活用促進、②授業内容改善のための教員研修の充実、③教員評価を踏まえたメリハリある教員給与体系の実現、④教員の事務負担軽減が示された。

　さらに同年12月の第三次報告では、多分野の社会人受け入れ策として特別非常勤講師、特別免許状を活用し、採用者の2割以上を目標とすること、教員養成大学・学部の教育など、教員養成の在り方を抜本的に見直すことが提言された。

[2] 教員免許更新制

　これらの提言の中からここでは「教員免許更新制」を取り上げる。前述の通り2007年1月の教育再生会議第一次報告で提言され、同年の通常国会に教育職員免許法改正案が提出され、同年6月に成立した。実施は2009（平成21）年4月からである。

　教員免許更新制の目的は、その時々で教員として必要な資質能力が保持されるよう、定期的に最新の知識技能を身に付けることで、教員が自信と誇りをもって教壇に立ち、社会の尊敬と信頼を得ることを目指すことと位置づけられている。

　教員免許状の有効期間は資格取得後10年後の年度末とし、更新するためには満了日の2年2ヵ月から2ヵ月前までの2年間に30時間以上の免許

状更新講習を修了しなければならない。講習は大学などが文部科学大臣の認定を受けて開設し、最新の知識技能の修得を目指すものとしている。

　教員の資質向上政策として鳴り物入りで導入された教員免許更新制ではあったが、国による教育統制であるという批判のほか、現場レベルでのさまざまな混乱による批判も多く、政権与党となった民主党は教員免許更新制について廃止の意向を示していた。しかし、いわゆるねじれ国会の影響もあり廃止は見送られている状況である（2012年9月現在）。

[3] 教職大学院の設置と教職課程改革の流れ

　公教育の教員を養成するために大学に設置されている教職課程に対してはこれまでさまざまな形で改革、改善提言が論じられていた。その多くは即戦力となる教員養成のための実践的な教育プログラムの必要性という視点によるものであった。一方で、子どもたちの学ぶ意欲の低下や社会意識・自立心の低下、社会性の不足、いじめや不登校などの深刻な状況など複雑で多様化した諸課題に対応できる高度な専門性と豊かな人間性・社会性を備えた力量ある教員が求められてきた。そこで高度な専門性をもつ教員の養成のために構想されたのが「教職大学院」制度である。この制度は、科学技術の進展や社会・経済のグローバル化に対応できる高度専門職業人養成へのニーズの高まりに対応するために2003（平成15）年より始まった専門職大学院制度の一つとして位置づけられ、中央教育審議会答申「今後の教員養成・免許制度の在り方について」（2006〔平成18〕年7月11日）において提言され、2008（平成20）年度より開設された。

　標準修業年限は2年で、所定の課程を修了すると教職修士（専門職）の学位が授与される。入学対象者は教職免許を取得した新人教員のほか、地域や学校における指導的役割を果たし得るスクールリーダー（中核的中堅教員）が想定されている。

　この制度は教職課程制度そのものを改革したものではなかったが、その後に教職課程6年制への流れをつくり出した。民主党政権樹立後の2009（平成21）年、鈴木寛文部科学副大臣は教員制度改革案を提言した。その内容として、教員免許更新制を廃止した上で、教員免許取得条件を大学院修士課程とし、教育実習を1年程度に増やし、10年程度の現場経験を積んだ

すべての教員が大学院などで1年程度研修を受け「専門免許状」を取得するなどを挙げていた。2012（平成24）年5月15日に中央教育審議会が公表した、教員の資質能力向上特別部会「教職生活の全体を通じた教員の資質能力の総合的な向上方策について（審議のまとめ）」では、教員免許改革の方向性として教員養成を修士レベル化し、学部4年で取得する「基礎免許状」、修士課程2年で取得する「一般免許状」、高い専門性を身に付けたことを証明する「専門免許状」を創設するとし、「基礎免許状の者は、早期に一般免許状を取得することが期待される」ことを提言している。

5 今日の教育政策・行政の課題

A 今日の教育政策の傾向
[1] 戦後教育政策史の流れ

これまでの日本の戦後教育政策史の時代区分を設定するとすれば、民主化を目指した戦後教育改革期、東西冷戦及び高度経済成長下における逆コース的経済政策優先型改革期、1970年代後半以降の安定成長期における改革の模索期、1990年代以降の経済低迷期における教育政策混乱期という区分ができるであろうか。これらをみると、高度経済成長期までは民主化にしても経済成長にしても国の向かうべき方向がはっきりしており、教育政策をどのように対応させるかが本質的な課題であった。そこではさまざまな激しい議論が交わされてきたが、保革対立的構造を前提とした論点は比較的明確であった。しかし、経済成長が達成され、一方で1990年代以降冷戦構造が崩壊し、経済が長期低迷を続けて社会のさまざまな面が急速な変化を遂げると、二極対立的な議論は教育問題の本質的な解決に効力を発揮しにくくなった。同時に現実的な教育課題が多様化、複雑化する中で、教育課題の解決に向けた政策はさまざまに実行されるもののむしろ混迷の度を深めていく感さえある。

[2] 新自由主義と国家統制的傾向

　そのような現実的困難さを抱える一方で、教育政策の傾向として指摘されるのは、新自由主義に起因する学校教育の競争主義化と国家統制的傾向である。前者は、学校教育に自由主義的な競争原理をもち込むことで、互いに切磋琢磨し、より質の高い学校教育を実現しようとする考え方である。品川区などでみられる学校選択制の導入、学校の個性を重視する総合的学習の導入、学校設置主体として株式会社などを認めたこと、教員評価や学力調査の導入など、さまざまな制度改革が新自由主義的な方向性のもとで実施されていった。国立大学の国立大学法人化もこの文脈でとらえることができるだろう。

　後者の国家統制的側面の強化は、戦後教育政策の中で保守勢力が絶えず実現を模索してきたことであり決して現代に始まったことではないが、とりわけ教育改革国民会議以降その傾向が強くなってきたことが指摘される。本章3節で詳述した教育基本（旧）法改正はその象徴的事象といってよいだろう。

[3] 政権の混乱と教育政策

　近年、教育政策の決定を難しくしている要因の一つに国政の混乱状況がある。2009（平成21）年に政権交代を実現させた民主党は、「国民生活が第一」というスローガンのもとマニフェストにおいてさまざまな教育政策を掲げていた。実際に公立高校の無償化や子ども手当てなどの政策は実現し、批判の多かった全国学力・学習状況調査を悉皆から抽出方式に変更させるなどして教育政策は大きく転換するかにみえた。しかし、政権がほころびをみせはじめ支持率が徐々に低下し、いわゆる衆参のねじれ国会が常態化し、政権基盤が弱体化すると徐々に教育政策の転換をみせはじめた。子ども手当ては児童手当へと戻り、保育所の待機児童の解消を目指した「総合こども園」構想も断念、野党への歩み寄りの中でその教育政策は是正を余儀なくされていった。

　政党が分裂、離合集散を繰り返し、一方で大阪維新の会のような新しいタイプの政党も誕生している。さらに財政状況の逼迫も含め、今後の国政がさらに混迷の度を深めていくことが予想される中、教育政策がどのよう

な方向に向かっていくのかもみえにくい状況が続くだろう。

B 教育振興基本計画にみる今日の教育政策
[1] 教育振興基本計画とは

　このような混迷状況の中で、現代の、そしてこれからの教育政策はどのように進んでいくのだろうか。それをとらえるための一つの指針となるのが教育基本法17条に定められている「教育振興基本計画」である。この計画は教育基本法の理念を具体的に実現するため、10年先を見据えて必要な教育施策を5年ごとに計画、点検していくものである。現在進められている計画は2008（平成20）年4月、中央教育審議会答申「教育振興基本計画について～『教育立国』の実現に向けて～」に基づき同年7月に策定されたものである。その中で、平成20～24年度までの5年間に取り組むべき施策を77項目にわたりまとめている。以下、本計画の全体を分析する形で現在の教育政策の方向性を見定めていきたい。

[2] 教育推進基本計画の考え方

　教育推進基本計画は、急速な社会的変化、国際競争の激化という現状を踏まえた上で、「子どもの学ぶ意欲や学力・体力の低下、問題行動、家庭・地域の教育力の低下」といった現実的課題、「少子高齢化・環境問題・グローバル化など国内外の状況の急速な変化」といった新しい課題を本質的に示した。その上で教育基本法に明記された教育の目標や理念の実現に向け「教育立国」を宣言し、今後10年間を通して「義務教育修了までに、すべての子どもに、自立して社会で生きていく基礎を育てる」「社会を支え、発展させるとともに、国際社会をリードする人材を育てる」ことを目指すべき教育の姿として位置づけた。そのために世界最高水準の教育研究拠点を形成し、大学などで国際化を推進する教育の実現を目指し、OECD諸国などの諸外国における公財政支出など教育投資を参考の一つとしつつ、必要な予算について財源を措置し、教育投資を確保していくことが必要であることを提言した。

　また、多様なテーマを個別的にではなく、横断的にとらえながら総合的な教育政策の推進を図り、同時にPDCAサイクルを重視し、より効率的で

効果的な教育の実現を目指している。そのために、国、地方公共団体、学校、保護者に加え、地域住民や企業なども社会の一員として教育活動に積極的に協力し参画することを期待し、横の繋がりの連携を重視するとともに、一貫した理念に基づく生涯学習社会の実現が求められている。

以上の基本的考え方を踏まえ、今後5年間に政府が取り組むべき課題を、①社会全体で教育の向上に取り組む、②個性を尊重しつつ能力を伸ばし、個人として、社会の一員として生きる基盤を育てる、③教養と専門性を備えた知性豊かな人間を養成し、社会の発展を支える、④子どもたちの安全・安心を確保するとともに、質の高い教育環境を整備する、の4点に整理している。次にこれらの4点において具体的にどのような施策が求められているかをみていく。

[3] 社会全体で教育の向上に取り組む

この施策は、社会全体としての教育体制の整備を目指したものといえるだろう。大きく4つの施策からなっている。

①学校・家庭・地域の連携強化は教育基本法13条（学校、家庭及び地域住民等の相互の連携協力）に対応した施策である。地域ぐるみでの学校支援、放課後や週末の子どもたちの体験活動の推進、ネット情報など有害環境から青少年を守る取り組みなどが取り上げられている。地域住民が一定の権限と責任をもって学校運営に参画するコミュニティ・スクールの設置促進、地域の実情に合わせた公立学校の学校選択制についても言及している。

②家庭の教育力の向上は教育基本法10条（家庭教育）に対応したもので、子育てに関する学習機会の提供など家庭の教育力の向上に向けた総合的な取り組みの推進、幼稚園などを活用した子育て支援の推進が挙げられている。

③社会の要請に応える人材育成は、地域や民間、経済団体、PTA、NPOなどの力も活用したキャリア教育の推進や、専門高校などにおける職業教育の推進、高等・専門教育段階における専門的職業人や実践的・創造的技術者の養成の推進、産業界・地域社会との連携による人材育成の強化などが示されている。

④いつでもどこでも学べる環境づくりは教育基本法3条（生涯学習の理念）に対応したもので、図書館や博物館、公民館などの活用、人権教育の推進、スポーツ環境の整備などが取り上げられている。「学び直し」の機会の提供と学習成果を社会で生かす仕組みづくりの提言は注目されるだろう。

[4] 個性を尊重しつつ能力を伸ばし、個人として、社会の一員として生きる

　これは普通教育における具体的な教育活動に関する方策である。全体として、「確かな学力」の確立、規範意識と豊かな心、健やかな体の養成、教員の資質向上、教育委員会の機能強化と学校組織運営体制の確立、幼児期教育の推進、特別なニーズに対応した教育の推進で構成されている。

　「確かな学力」の確立としては、総合的な学力向上策の実施のほか、小中一貫教育や飛び級、幼・小の連携などインテグレーションの弾力化、教科書の改善、全国学力・学習状況調査の継続実施と結果の活用などが示されている。脱ゆとり教育に向けた施策の中心といえる。

　一方で、規範意識や健やかな体については多くの項目が示された。道徳教育推進のほか、伝統文化に関する教育、運動部活動、食育、環境教育、キャリア教育・職業教育、体験活動、読書などの推進が挙げられている。また、いじめや不登校など生徒指導上の諸問題への推進も重視される。注目すべきは徳育の推進について「家庭、学校、地域が一体となって」行うべきものとしていることである。とりわけ家庭の徳育がどのような性格をもつものとしてとらえられているのかは注目すべき点だろう。

　教員の資質の向上策としては、メリハリある教員給与体系の推進、教育免許更新制の実施、教員評価の推進、不適切教員への厳格な人事管理、優秀教員表彰の推進などがある。

　その他、教育委員会の責任体制の明確化や市町村への権限の委譲、幼児教育の無償化の検討を含む保護者負担の軽減、特別支援活動の推進、外国人児童生徒や帰国子女教育の推進が挙げられている。

[5] 教養と専門性を備えた知性豊かな人間を養成し、社会の発展を支える

　主に高等教育についての計画であり、いわゆる大学全入時代における教

育の質の確保と、国際競争力のある世界最高水準の教育研究拠点づくりが主な課題である。

学部教育の具体的な施策として、大学の教育内容・方法の改善、厳格な評価システムの導入、教員の教育力の向上、高等学校と大学などとの接続の円滑化などが提起されている。

また、国際競争力のある世界最高水準の大学づくりのため、「大学院教育振興施策要綱」（平成18〜22年）に基づき、世界最高水準の卓越した教育研究拠点の形成、大学院教育の組織的展開の強化、若手研究者や女性研究者などが活躍できる仕組みの導入などを提起している。

その他、留学生交流の推進や国際活動の充実といった国際化の推進、複数大学間の連携、大学評価の推進なども示されている。

[6] 子どもたちの安全・安心を確保するとともに、質の高い教育環境を整備する

教育の環境整備や財政面に関する計画である。安全安心な教育環境として、施設の耐震化、地域との連携による安全確保、質の高い教育の環境整備として学校図書館の整備、教材の整備、学校の情報化の充実が挙げられる。一方財政面については、私立学校振興として私学助成などの総合的支援や学校法人への経営支援、教育機会の均等施策として奨学金事業の推進、学生などに対するフェローシップなどの経済的支援、民間からの資金受け入れの促進などが挙げられる。

[7] 教育推進基本計画の今後

以上みてきたとおり、教育推進基本計画は教育基本法の考え方やこれまでの審議会などで論じられてきた課題などをもとに多面的に方策を示している。本章執筆段階の2012（平成24）年は第一期計画の最終年度であり、すでに中央教育審議会において第二期計画が議論されている。第一期基本計画策定後の社会情勢の変化や施策の実施状況、2011年に発生した大震災の影響などについて検証・評価した上で、これから具体的な成果目標、教育の質の向上、教育環境の整備、教育行政体制の充実その他の諸方策について示される予定である。

| コラム ||| 学力調査

　近年のゆとり教育、学力低下論争の中でしばしば取り上げられていたのが「学力調査」である。それはどのようなものがあり、どのような調査を行っているのだろうか。ここではとくに教育政策にも影響を与えている学力調査について紹介しよう。

　一つ目は経済協力開発機構（OECD）の「学習到達度調査（Programme for International Student Assessment：PISA）」である。これはOECD加盟国を中心に行う国際学力比較の調査で、読解力、数学的リテラシー、科学的リテラシーを主要3分野として調査する。2000年に始まり以後3年に1回行われている。対象年齢は15歳である。この調査の特徴は、義務教育修了段階の15歳児がもっている知識や技能を、実生活のさまざまな場面で直面する課題にどの程度活用できるかどうかを評価しているという点である。ゆとり教育批判の論拠として取り上げられ、文部科学省の政策にも影響を与えているのはこの調査である。日本の学力低下が指摘されたのは2003年と2006年の調査である。

　二つ目は国際教育到達度評価学会（IEA）の国際数学・理科教育調査（Trends in International Mathematics and Science Study：TIMSS）である。この調査が始まったのは1964年と古く、第4学年と第8学年を対象として4年に一度行われている。PISAとの大きな違いは「到達度」すなわち学校教育で得た数学、理科の知識や技能がどの程度習得されているかを評価するという点にある。また、子どもや教師、学校へのアンケートも実施されている。本調査で話題になっているのは理数系教科に対する意識の低さの問題だ。たとえば理科、数学について「楽しい」「希望の職業につくために良い成績を取る」「勉強への積極性」などについて、いずれも国際平均を大きく下回る結果が出たことが問題視された。

　国内でも学力調査は行われている。国レベルで行われている調査としては本章2節C［3］で紹介した「全国学力・学習状況調査」のほか、文部科学省と国立教育政策研究所が学習指導要領における各教科の目標や内容に照らした学習の実現状況を把握するために行っている「教育課程の実施状況」がある。

考えてみよう

問題

(1) 改正教育基本法について自身なりに評価をしなさい。
(2) ゆとり教育の教育理念はどのようなものか説明しなさい。

解答への手がかり

(1) 教育基本法（旧）との比較を通してその特質の違いを把握した上で考察してみよう。
(2) 日本の戦後教育政策史の流れを踏まえ、とりわけ高度経済成長期の教育政策と比較し1980年代以降の流れを踏まえながら整理してみよう。

第 7 章 日本の徳育政策と行政

本章のポイント

　明治期以降、現在までの日本の道徳教育は、必ずしも学校の道徳教育にのみ依存してきたわけではないが、学校の道徳教育は日本国民の育成に最も大きな役割を果たしてきたことは否定し得ない。ここでは、主として学校において行われてきた道徳教育が、どのような政策の下に実施されてきたかを概観する。明治期の徳育政策は、欧化主義的なものから儒教主義的なものに取って代えられ、「教育勅語」の発布によって、徳育の根本が明らかにされた。大正期は、大正デモクラシーの時代として特徴づけられているが、明治期同様、教育勅語を中心とした国家主義の徳育政策が推進されていた。昭和前期、教育は、戦争完遂のための教化政策を全面的に引き受け、修身科教育は、その中心的な役割を果たした。戦後は、道徳教育の充実を求める世の動きに応じて、1958（昭和 33）年、道徳の時間が特設された。

　道徳教育は、その時代の動きとともにその影響を受けていくことになる。

1 戦前の徳育政策

A 明治期の教育政策と修身科教育
[1] 「学制」下の修身科

　明治政府は、1872 (明治5) 年8月、「学事奨励に関する被仰出書」を出して新たな学校教育についての基本的な理念を示した。同時に、「学制」を発布して、統一的な学校制度を発足させた。「学制」の序文である「学事奨励に関する被仰出書」において、「学問は身を立てる財本」であり、学校における教育の目的は「身を立て産を治め業を昌んにする」ことにあるとした。教育の内容は、読み書き、計算をはじめ実生活に役立つ実科的なものでなければならないとした。そして、今後は華士族農工商など身分に関係なく、すべての人が教育を受け村に不学の人がいないようにしなければならない、とする国民皆学の考え方を打ち出した。

　この「学制」の規定によると、学区制度については、全国を8大学区に分け、各大学区を32の中学区に、各中学区を210の小学区に分けて各学区ごとにそれぞれ小学校1校を設け、全国に8大学、250の中学校、53,760の小学校を設置するという壮大な計画であった。また、学区は教育行政の単位であって、1中学区に学区取締を10〜12、3名置き、就学、学校設立、費用の便宜を図らせた。このほか、小学校を尋常小学、女児小学、村落小学、貧民小学、小学私塾、幼稚小学と規定し、尋常小学を本体として6歳で入学させ、上下に分けて各4年ごとの8年を修業年限とした。中学校は、14歳で入学させ、上下に分けて各3年の就学とした。大学は年限を定めなかった。このように、近代学校制度を規定する「学制」は、当時の日本の実態からみれば、極めて遠大で理想的な構想だった。

　こうした教育方針の下における小学校の道徳教育について、教科の序列・授業時間数・教科書・教育内容からみてみよう。下等小学の教科のうち修身科は、綴字、習字、単語、会話、読本に続いて第6番目に位置づけられていた。

　当時の小学校は上・下2段階に分かれ、下等小学4ヵ年、上等小学4ヵ年の計8ヵ年の修業年限であった。この修身科の性格・授業の内容・教授の

方法などは、「小学教則」によって知ることができる。それによると、下等小学の第1・2学年だけに「修身口授(ぎょうぎのさとし)」の時間として毎週2時間ないし1時間授業が行われていたにすぎず、上等小学には修身科そのものがなかった。結局、8年制の小学校であるが道徳教育の授業は、低学年の2ヵ年だけということになる。教科書は、『民家童蒙解』『童蒙教草』など（第1学年）、『泰西勧善訓蒙』『性法略』など（第2学年）を用いて、教師が翻訳書の事項を説諭し口述するという方法が採られていた。つまり、これらの教科書は児童各自に読ませるものではなく、教師の口授用の参考資料とされたのである。このように、明治の初期における修身は、小学校教育全体の中でとくに重視される位置を与えられていたわけではなく、むしろ軽視されていたようである。それは、「学制」の性格によるものであった。

「学制」が目指したものは西欧文化の急速な導入と普及にあった。したがって、その教授される教科には、小・中学校を通じて欧米の近代的な知識や技術が全面的に取り入れられている。つまり、欧米並みの近代国家としての外形を整えるための富国強兵・殖産興業の国策から割り出された学校であり、それに基づく教育内容の編成であった。

このような欧米一辺倒の教育全般に対して、道徳教育の在り方はこれでよいのかという厳しい追及がなされた。この批判は、道徳教育の充実強化を要請し、伝統的な儒教主義に立ちかえった仁義忠孝を基本とする道徳教育を望む動きを強めることになる。

[2] 教育令・第二次教育令と修身科

「学制」に代わって、1879（明治12）年9月、教育令が発布された。教育令は、各地方においては町村ごとにあるいは数町村連合して公立小学校を設置すべし（9条）としながら、私立小学校があれば公立小学校を設置しなくてもよいとして、従来の学区制を廃止した。また、児童6歳から14歳までの学齢期間中に最低16ヵ月の普通教育を受けさせればよいこととして（13・14条）、就学年限や年間出席日数の短縮を容認した。ここにおいて、学制の6歳から13歳までの8年間就学させるという原則は大幅に縮められた。さらに、学校に入学をしなくても、別に普通教育を受ける道があれば就学とみなし（17条）、学校を設置する資力の乏しい地方には、巡回教授を

認めるなど（18条）、地方町村の教育費の負担を軽減する条項も設けられた。なお、小学校の教科については、読書・習字・算術・地理・歴史・修身などの基礎的なもの（3条）と規定している。

このような小学校設置運営などについての自由な方針の背景には、当時、漸次高潮しつつあった自由民権運動の影響と結びつけられ、自由教育令と通称された。

教育令の発布とほぼ同じ頃、「教学聖旨」（教学大旨、小学条目二件）が示された。明治天皇は東北、北陸、東海地方を巡幸し、教育の実情を視察したが、教学について憂慮するところがあった。そこで、天皇の意を受けて侍講の元田永孚が教学聖旨を起草し、天皇自らの聖旨として学制改革への基本方針を明らかにした。この中で明治天皇は、今日にみられる社会秩序、民衆の品行風俗の乱れは、文明開化を目指す欧米流の知識偏重の教育によるものであると、「学制」以来の教育政策を厳しく批判した。今後はこの欧米流の教育を改め、「祖宗ノ訓典ニ基ツキ、仁義忠孝ヲ明カニシ、道徳ノ学ハ孔子ヲ主トシテ、人々誠実品行ヲ」尊ぶようにしなければならないと論している。こうして、天皇の名による「教学聖旨」を契機に、文明開化の教育改革は一気に保守的な方向へと転換していくのである。

教学聖旨が示された後、1880（明治13）年12月、教育令を改正し、教育の自由化を改め道徳教育を強化する諸方策を打ち出した。改正教育令は、小学校の教科を「修身読書習字算術地理歴史等ノ初歩トス」（3条）と規定し、修身科を教科の最上位においてその重要性を認識させた。これは、教学聖旨の道徳教育重視の考え方の教育課程への反映とみることができる。以後、修身科は、各種法令において常に教科の最上位に位置づけられるようになった。また、就学義務については旧令の16ヵ月から「小学科三箇年ノ課程」と改め、3年の課程が修了しても相当の理由がある場合を除き毎年就学しなければならない（15条）とし、公立学校の設置については、各町村は府知事県令の指示に従い、独立あるいは連合して学齢児童を教育するに足るべき1校又は数校の小学校を設置すべし（9条）として、設置義務を厳しくした。このほか、私立学校の設置は許可制（21条）、教員の任免は学務委員の申請に基づき地方官の決に任され（48条）、教員対策は、品行不正な者は教員になることができない（37条）とするなど、より中央集権的な統制を強化

したのである。

翌 1881（明治 14）年には、小・中学校の教育課程の基準である「小学校教則綱領」（5 月）、「中学校教則大綱」（7 月）が制定された。

小学校教則綱領においては、小学校を初等科 3 年、中等科 3 年、高等科 2 年に区分し、通年 8 年制として組織した。各科における修身科の配当授業数をみると、初等科及び中等科では毎週 6 時間、高等科では 3 時間となっている。これは学制期の授業時数と比べると著しい増加であり、道徳教育の異常な強化といわざるを得ない。また、教科の最上位を占めるに至って使用された修身科教科書は、西村茂樹編『小学修身訓』（儒教道徳を基本としたもの）、『幼学綱要』（20 の徳目からなる児童のための教訓書）、文部省編『小学修身書』（西洋の書物からの採録はなく、和漢書による儒教倫理を主体に構成されたもの）である。このように、明治 10 年代半ばには、道徳教育を中心にして、教育政策は一つの決定的な方向に転換していった。

さて、この時期に初代文部大臣に就任した森有礼（ありのり）は教育の目的は国家の独立と富強にあると言明し、1886（明治 19）年、帝国大学令・中学校令・小学校令・師範学校令を制定し国家主義的教育制度を創出した。国民（臣民）教育の目的は「善良ナル臣民」を育成することであり、忠君愛国の精神に満ちた国家の発展に寄与し得る国民の育成にあった。小学校令・小学校ノ学科及其程度（文部省令第 8 号）によれば、小学校は尋常科 4 年、高等科 4 年の 8 年制で、尋常科就学が義務となった。尋常小学校の学科は、修身、読書、作文、習字、算術、体操とし、状況によっては、図画、唱歌の 1 科もしくは 2 科を加えることができるとした。高等科の学科は、修身、読書、作文、習字、算術、地理、歴史、理科、図画、唱歌、体操、裁縫（女児）とし、土地の状況によっては、英語、農業、手工、商業の 1 科もしくは 2 科を加えることができるとした。また、小学校の教科書は文部大臣の検定したものに限る（13 条）と規定され、初めて教科書検定制度が採用された。こうして、学校令下の小学校では、教育課程・教科書が国家の統制の下に置かれ、国家主義的教育が推し進められることになった。

[3] 教育勅語と修身科教育

1889（明治 22）年 2 月、大日本帝国憲法が発布され、翌年議会が開かれる

こととなり、着々と近代国家としての体制が整えられた。教育に関しても
その根本が問題とされる動きがあった。明治10年代の末期から20年の初
めにかけては、政府内外において、欧化主義的、自由主義的思想、儒教主
義的思想を両極として徳育の基本をどこに求めるかで、多くの論議がなさ
れ、教育現場の徳育も混迷を深めていた。このような中で、徳育の方針を
確定するため1890（明治23）年10月、「教育ニ関スル勅語」（教育勅語）が発
布された。教育勅語は全文315字の短文で、そこには当時の国家指導層の
国民に対する要請がきわめて率直に表明されている。すなわち、日本は皇
祖皇宗の遺訓のお陰で「我カ臣民克ク忠ニ克ク孝ニ億兆心ヲ一ニシテ」き
た。これこそ世界に例をみない我が「国体ノ精華」であって、国民教育の
根本はここに置かなければならないとした。続いて14の国民が守るべき
徳目を列記し、その履行を求めたのである。ここで挙げられている徳目は
すべてが、孝・友・和・信などの古き儒教道徳のみではなく、博愛・公益・
憲法尊重・国法遵法など近代的市民道徳と呼べるような徳目も含まれてい
た。しかし、国民の究極の使命を「一旦緩急アレハ義勇公ニ奉シ以テ天壌
無窮ノ皇運ヲ扶翼スベシ」とするもので結んでいるものであった。これ以
後、教育勅語は国民教育の精神的支柱となり、教育万般にわたって絶対的
な影響を与えることになる。文部省は、教育勅語発布と同時に勅語謄本を
全国の学校に下賜し、祝祭日、卒業式、創立記念日などの折に勅語を奉読
することや内容の解説を行うことを求めた。1891（明治24）年6月には「小
学校祝日大祭日儀式規定」が制定され、天皇皇后の「御真影」に対する敬
礼、学校長の勅語奉読と訓話、式歌斉唱という学校儀式の形式が定められ
た。こうして教育勅語は、その重々しい雰囲気の下に威厳をもって、児童
生徒の頭の中に注入されていったのである。

　教育勅語の発布に備えるために1890（明治23）年10月、小学校令が改正
された。新小学校令は、その1条で「小学校ハ児童身体ノ発達ニ留意シテ
道徳教育及国民教育ノ基礎並其生活ニ必須ナル普通ノ知識技能ヲ授クルヲ
以テ本旨トス」と規定し、初めて小学校教育の目的を明示した。この「道
徳教育」とは、孝行、正義、公平、正直、博愛、遵法などの実践すべき徳
目の指導を意味し、「国民教育ノ基礎」とは、国民的精神を育成し、児童を
国民化する教育、すなわち愛国心の教育を指している。そしてこの「道徳

教育」や「国民教育」に基本的な原理を提供したのは、教育勅語であった。修身科の授業に関しては、翌年11月に制定された「小学校教則大綱」において、修身は教育勅語の趣旨に基づき児童の良心を啓培して徳性を涵養し人道実践の方法を教授すること、と定められた。これ以後、1941（昭和16）年3月の「国民学校令施行規則」に至るまで、修身科の授業は教育勅語の趣旨に基づいて行われるべきことが規定された。

[4] 修身科教科書の国定化

1900（明治33）年8月、小学校令は再び改正され、翌年8月、小学校教則大綱に代わって新たに小学校令施行規則が制定された。新しい小学校令は尋常小学校の修業年限を4年とし、就学に関する諸規定を厳格にした。また、尋常小学校の教科目を国民教育の基礎として、必要最小限の4教科目（修身、国語、算術、体操を基本とし、図画、唱歌、手工の1科目または数科目を選択として加え、女児には裁縫を加えることができる）に縮小した。小学校令施行規則における修身科については、教育勅語の趣旨に基づき児童の徳性を涵養し道徳の実践を指導すること、と規定した。

教科書については、1886（明治19）年の小学校令により小学校の教科書は、文部大臣の検定したものに限るとされ、教科書検定制度が実施されたが、教科書作成、販売状況の変化、粗悪品の出現などの難しい問題があった。議会においても、国費を用いて政府の管理下で完全な修身教科書を作成すべきであるとか、修身教科書国定の建議まで出された。そこに起こったのが、いわゆる教科書疑獄事件である。とくに1902（明治35）年12月の事件は規模が大きく、贈収賄の被疑者は約200人にのぼったといわれている。そこで、文部大臣菊地大麓は翌年1月、小学校の教科書を国定とすること、修身科と国語科に限り1904（明治37）年4月から実施することを決めた。

国定修身教科書は、第一期（1904〜1909年）、第二期（1910〜1917年）、第三期（1918〜1932年）、第四期（1933〜1940年）、第五期（1941〜1945年）に分けて考察することができる。第一期と第三期は、西欧的近代的な内容を比較的多く採録しているのに対して、第二・四・五期の教科書は、伝統的な内容・国家主義的な内容を多く増加している。

B 大正期の教育政策と修身科教育
[1] 大正デモクラシーと臨時教育会議

　大正期の内外情勢（第一次世界大戦への参戦、ロシア革命によるシベリア出兵、関東大震災後の不況、デモクラシーの思潮など）から教育の全般にわたって検討を加えなければならなくなった。

　1917（大正6）年9月、政府は内閣直属の諮問機関として「臨時教育会議」を設置した。同年10月、臨時教育会議を開会するにあたり、総理大臣寺内正毅は国家の盛衰は教育と深くかかわりがあること、明治5年以来学制を改革してきたこと、日本は世界大戦において他国に比べて「兵火ノ惨毒ヲ被ルコト」が少なかったが戦後経営が前途ますます多難であること、臨時教育会議はこのような国内外の情勢に対して、国家の将来のことを考え教育制度について審議し多年の懸案を解決しようとするものであると挨拶した。

　この会議では、①小学教育②男子の高等普通教育③大学教育及び専門教育④師範教育⑤視学制度⑥女子教育⑦実業教育⑧通信教育⑨学位制度について諮問され、高等教育機関の増設、兵式体操の振興、「教育ノ効果ヲ完カラシムルヘキ一般施設」などの建議がなされた。この答申及び建議においては、「国体観念」「国家思想」の涵養が強調されている。兵式体操振興の建議は、徳目の実行には必ず「誠心」が必要であり、それは「勇敢ノ気」によって養成されるものである、それには兵式教練が適切である、というものであった。また、「教育ノ効果ヲ完カラシムルヘキ一般施設ニ関スル建議」は、国体の本義を明徴し顕彰すること、日本固有の淳風美俗を維持すること、各国の文化の良い所を取り入れるとともに模倣だけではなく独創的精神を振興すること、建国の精神に基づき正義公道によって世界の体勢に処することの要目を設定している。これは、国体の本義に基づいて世界の列強と伍すべく日本を固めようとする護国の精神から出たものである。

　小学校における道徳教育に関しては、国民道徳教育の徹底を期し、児童の道徳的信念を強固にして、殊に帝国臣民としての根本を養うことに一層努力する必要がある（第2回答申）とし、さらに、小学校教育の目的は国民教育及び道徳教育の徹底であり、修身・歴史・国語は、徳性を涵養するための最も重要な教科であるとしている。

[2] 大正デモクラシーの修身科教育への影響

　この時期のデモクラシーの思潮に支えられて、それまでの国民教育が特徴とした注入主義教育に対して、子どもの自発性・個性を尊重しようとする自由主義的な教育実践が展開される。この新しい教育実践は、各地に設置されていた師範付属小学校やこの教育理念を直接実現しようとして創設された私立学校で行われたのである。

　たとえば、木下竹次が奈良女子高等師範付属小学校で行った「合科学習」、及川平治が明石女子師範付属小学校で行った「分団式動的教育法」、手塚岸衛が千葉師範付属小学校で行った「自由教育」、さらに澤柳政太郎、小原国芳らの成城小学校における「全人教育」などの多くの実践がある。これらの実践に共通していえることは、子どもを教育の主体として、その興味関心や生活現実の必要に応じて、教育内容を編成し教授内容を工夫しようとすることであった。修身の授業においても既定の修身教科書教材ではなく、子どもの生活現実が学習教材とされ、徳目を観念的に教えるのではなく、具体的な生活経験を題材とする指導がなされたのである。

　たとえば、明石女子師範付属小学校主事及川平治は、「為さしむる主義による教育」を実践し、教師や教科書が中心の画一的注入主義の教育を批判した。「為さしむる主義による教育」とは、①児童の直接経験を尊び児童自身の判断に訴える教育を施すこと、②児童の独自的活動・自働的仕事を激励すること、③とくに作業を尊重し、これによって実用的道徳的美的身体的陶冶を施すこと、④各教科の教育は作業に連絡すること、とくに筋肉運動を要するものを尊ぶこと、⑤為すことによって知能を収得し、為すことによって真理の確信を増し、為すことによって人類の貢献者になることを自覚すること、の5項目によって組み立てられている。つまり、及川は子どもの生活経験を基盤にし、自主的・自律的な活動を促す過程で知識や技能を取得し、人格を発展させていくという経験主義の立場をとっていたのである。その実践の成果をまとめた『分団式動的教育法』と『分団式各科動的教育法』は、当時の教育界に多大な影響を与えた。

　修身科の授業は、どのように行われたのであろうか。「為すことによって学ぶ」という方法原理に基づき、教材は教科書からではなく、具体的な生活の問題から取り出される。そして徳目は、教師が一方的に解説して教

え込むのではなく、討議と実践的な行動をとおして学習されるものある。すなわち、修身科の授業は、教科書の徳目観念の知的教授ではなく児童の生活の中で「為すことによって道徳性を学習する」ことを目指したものであった。

次に、児童の生活を重視した生活修身が盛んに行われ、各地で多くの実践が展開された。なかでも、奈良女子高等師範付属小学校の主事木下竹次の指導の下に実践された生活修身は、理論、実践ともに顕著な成果をあげていた。木下は『学習原論』(1923) において、「学習とは学習者自らが教師の下に或る整理された環境の中にあって、自ら機会を求め、自ら刺戟を与え、自ら目的と方法とを定め、社会に依拠して社会的自我の向上と社会文化の創造とを図っていく作用」と定義している。また、「全生活が学習の機会である」という「生活即学習」を主張し、学習教材も「生活即学習」とする教育観に立ち選択し、教科の枠をはずした「合科学習」という学習形態を作り出した。

同校の名訓導といわれた岩瀬六郎は、木下の学習理論に基づきながら『生活修身原論』(1932) において、「生活修身」に関する実践を体系的に展開した。そこでは、既定の修身教科書教材ではなく、児童の日常の実際生活から学習題材がとられ、教科書の徳目観念の知的教授ではなく、具体的な生活経験を再構成するという指導がなされていた。

C 昭和前期の教育政策と修身科教育
[1] 戦時体制の強化と教育審議会

1931 (昭和6) 年の満州事変、1937 (昭和12) 年の日中戦争以降、日本は戦時体制へと突入し、超国家主義の時代を迎えると自由主義的な教育実践に圧力が加わることになる。政府は、戦時体制へ向けて人心を「国体」に帰一させる必要から、「国体観念」「日本精神」を基本にして教学の刷新を図ろうとした。

1935 (昭和10) 年、教学刷新評議会が設置され、祭祀と政治及び教学は根本的に一体不可分のものであり、三者は切り離すことができないとする答申が出された。この答申に基づいて、1937 (昭和12) 年には、政府の国体観を明らかにした『国体の本義』が発行され、同年12月には、戦時体制下の

教育制度・内容を改革する具体的方針を明らかにすることを目的にした「教育審議会」が発足した。

同審議会では、青年学校教育の義務制、国民学校、師範学校、幼稚園、中等学校、高等教育、社会教育、各種学校、教育行財政に関して審議し、「国民学校、師範学校及幼稚園ニ関スル件」を答申した。教育審議会の答申を受けて、1941（昭和16）年「国民学校令」が発布され、明治以来親しまれてきた小学校の名称は、国民学校と改められた。

[2] 国民学校令における学校教育

国民学校令の1条は、国民学校の目的を「皇国ノ道ニ則リテ初等普通教育ヲ施シ国民ノ基礎的錬成ヲ為スヲ以テ目的トス」と規定した。ここにいう「皇国ノ道」とは、教育勅語に示された「皇運扶翼の道」であり、この教育目的は、この後、敗戦まで制定されたすべての学校令を貫く基本方針となった。

国民学校令に引き続いて、同年文部省は、「国民学校令施行規則」を制定し、国民学校の目的達成の留意事項を示した。そこには、①皇国の道を修練させ、国体に対する信念を深めること、②我が国の文化の特質を知らせるとともに、東亜及び世界の大勢を知らせ、皇国の地位と使命を自覚させること、③心身を一体として教育し教授、訓練、養護の分離を避けること、④各教科、科目は、その特色を発揮するとともに、相互に関連し国民錬成に帰一させること、⑤儀式、学校行事を重視し、教科と併せ一体として教育の実をあげること、⑥家庭及び社会との連絡を密にすること、とある。ここには、児童の心身を一体として教育し、各教科、学校行事などの総合的な関連性を図り、皇国民の錬成という一途に向けて、学校教育のすべての活動を統合しようとする意図がある。

教育内容については、皇国民の錬成を目的に教科の統合が行われ、国民科、理数科、体錬科、芸能科、実業科の5教科に編成された。修身・国語・国史・地理を内容とする国民科は、国体の精華を明らかにして国民精神を涵養し皇国の使命を自覚させることを要旨とするものであり、各教科の中核となった。

この教科編成に関する文部省の考え方は、「国民学校の各教科は下から

既存の科目を綜合して造られたもの、即ち科目が先ずあってしかる後にそれが集合されて教科が出来たものではなく、従来の教科目が一度解体されて新たに皇国民の錬成という国民学校の最高目標から、即ち上から教育の内容が再編成されて先ず四乃至五の教科が設定され、次に各教科内に更に教材の性質と部分目的に従って科目が有機的に分節されたものである。従って国民学校の教科の区別は教育の目的から見た教育内容の区分であって、いわゆる学問上の分類ではない」（文部省普通学務局『国民学校制度ニ関スル解説』）とされている。ここにも、皇国民の錬成という目的を達成するために構想された総合学習の思想がみてとれる。

[3] 国民学校令における修身科

　修身科の教育について、国民学校令施行規則は教育勅語の趣旨に基づき国民道徳の実践を指導して、児童の徳性を養い皇国の道義的使命を自覚させるものとあり、教育内容は国定教科書によっている。

　国民科修身の国定教科書は、1941年度から『ヨイコドモ　上』（初等科第1学年用）『ヨイコドモ　下』（初等科第2学年用）、1942年度から『初等科修身　一』（初等科第3学年用）『初等科修身　二』（初等科第4学年用）、1943年度から『初等科修身　三』（初等科第5学年用）『初等科修身　四』（初等科第6学年用）、1944年度から『高等科修身一　男子用』『高等科修身一　女子用』が使用された。しかし、『高等科修身　二』は編集されなかった。この時期の修身教科書の内容は、国体に関する道徳や国民教育の義務に関する教材が目立って増加している。つまり「テンノウヘイカ」「シンミン」「天長節」「明治節」「国旗」「国歌」といった教材を通して、天皇の神聖を教え、国体の尊厳を説いた。次いで「恩を忘れるな」「チュウギ」などの教材で天皇の恩に対して国民としてこれに報いる道を教え、「忠君愛国」の精神を涵養するように教材の選択及配列に工夫がなされている。そして、第二次大戦突入後は、極端な軍国主義教育へと進み、「総力戦」の名のもとに教育は崩壊していくことになる。

2 戦後の道徳教育政策

A 新学制期の道徳教育
[1] 新しい教育方針と修身科の廃止

　戦前の道徳教育は「修身」の中で行われていたが、1945（昭和20）年12月31日、GHQ（連合国軍総司令部）は「修身、日本歴史及び地理停止に関する件」、いわゆる「三教科停止指令」を発表した。これは「国家神道及び教義に対する政府の保障と支援の撤廃」に関する指令に基づき、日本政府が軍国主義及び国家主義の観念を教科書に執拗に織り込み生徒に教え、その観念を生徒の頭脳に植え込むために教育を利用したことに対して、修身、日本歴史、地理の授業の停止を命ずる、というものである。その後、戦前の教育を推進した教科書、教師などが次々と廃止、追放され、国家主義から民主主義への価値の転換も強力、迅速に進展していった。

　これより先、文部省は9月15日「新日本建設ノ教育方針」を発表した。そこには「道義国家」の建設を目指した教育方針が述べられている。さらに文部省は10月15日、新しい教育方針を鮮明にし、指導精神を確立するために、教員養成諸学校の校長及び地方視学官を対象にした講習会を開催した。講習会の席上、文部大臣前田多門は、教育界から一掃しなければならないものは軍国主義と国家主義であり、それらの思想の残骸が教育界の一隅に潜み、新しい教育を侵すことがないようにしなければならないと挨拶した。そして今後の教育は、個性の完成を目標とし立派な個性を完成した上で、その立派な人格が包蔵する奉公心を発揮し国家社会に対して奉仕するように導いていかなければならないと述べている。しかし、そのために道徳教育がどのように行われるかという制度や内容については、翌年になってようやく具体化の第一歩を踏み出すことになる。

　1946（昭和21）年3月、アメリカからストッダード（George D. Stoddard）を団長とする27名の教育使節団が来日し、3月31日付で「米国教育使節団報告書」を作成しGHQに提出した。報告書の要旨は、教育目的の自由主義化と個人主義化、そのための教育課程の全面的改訂、6・3制の単一的系統の学校制度の樹立、とくに6・3の義務制とその無月謝、男女共学、教育

行政における地方分権と公選による教育委員会の創設、ローマ字の採用、画一主義的な教育の内容・方法及び教科書の改善など、教育の全面的、抜本的改革を要望、勧告している。

道徳教育については、民主社会でも必要なもので、日本人の特徴である礼儀作法などは重視すべきである。教材は、民衆の中の英雄を取り上げることが大切で、大勢で話し合ってことを決定する作法の重要性を強調している。

このように、米国教育使節団の報告書やGHQの方針の下に道徳教育の指針がつくられ始めたが、そこで目指されたものは新しい民主主義の道徳である。戦前の道徳教育の拠所とされてきた教育勅語は、同年10月、文部省通達「勅語及詔書等の取扱について」によってこれを基準にしないこととされた。教育勅語は、後に国会の決議により失効することになる。

法規の整備も急速に進み、同年11月「日本国憲法」が発布され、続いて1947（昭和22）年3月には「教育基本法（旧）」と「学校教育法」が公布された。

教育基本法（旧）の前文には、「われらは、個人の尊厳を重んじ、真理と平和を希求する人間の育成を期するとともに、普遍的にしてしかも個性豊かな文化の創造をめざす教育を普及徹底しなければならない」とあり、ここに日本国憲法の精神に則り、教育の目的・方針を明示して、新しい日本の教育の基本を確立しようとしたのである。

教育の目的は、1条に「教育は、人格の完成をめざし、平和的な国家及び社会の形成者として、真理と正義を愛し、個人の価値をたっとび、勤労と責任を重んじ、自主的精神に充ちた心身ともに健康な国民の育成を期して行われなければならない」と述べられ、以下、教育の方針、教育の機会均等、9年の義務教育、男女共学、さらに学校教育、社会教育、宗教教育、政治教育、教育行政などの理念や性格が規定されている。

学校教育法は、小・中学校、高等学校など、学校の段階や種別に応じて、その目的・目標が定められた法律であり、日本国憲法や教育基本法（旧）の抽象的な教育理念を各学校の種類に応じて具体化したものとみることができる。

[2]「公民科教育構想」と社会科の成立

　一方、当時の文部省では GHQ が修身科の授業停止を指令する前に、修身科に代わって道徳教育を担う新しい教科設置の模索を試みていた。1945（昭和20）年11月に設置された公民教育刷新委員会は、同年12月に答申を出し、「修身」と公民的知識とを一本化した「公民科」を学校教育の中に新設すべきだと主張した。

　翌年5月、文部省は「公民教育実施に関する件」という通達を出し、「公民科教育案」を示して、「停止中の修身科の授業の再開ではない。GHQ の了解の下に授業再開まで当分これによって道徳教育を行う」ことを指示した。公民教育の目的は、「家族生活、国家生活、国際生活において行っている共同生活のよい構成者となるために必要な知識技能の啓発と性格の育成」を図ることであり、公民教育の精神については、「道徳は元来個人の道義心の問題であるが、同時にそれはまた社会における個人の在り方の問題である。前者を修身科が主として内心の問題として担当し、後者を公民科が社会の機構や作用の面から取り扱ってきた。新公民科は人間の社会における在り方という行為的な形態においてこの両者を一本に統合しようとする」ものであると説明している。

　続いて同年9月、文部省から『国民学校公民教師用書』、同年10月『中等学校青年学校公民教師用書』が発行されたが、GHQ の指示によりこの指導書は実際に学校で使用される機会が得られず、かつ公民科教育の構想自体も発展的に解消されることになった。

　このように、教育基本法（旧）、学校教育法の二法律が制定され、教育の方針も定まり、学校制度の改革も行われたのである。

[3] 社会科を中心とする道徳教育

　新制度による小・中学校の教育課程には、公民科に代わって新たに「社会科」が置かれた。1947（昭和22）年3月、文部省は最初の「学習指導要領一般編（試案）」を発行した。社会科については、「今日のわが国民の生活から見て、社会生活についての良識と性格とを養う」ために「之までの修身・公民・地理・歴史などの教科の内容を融合して、一体として」学ぶべき教科と規定している。また、5月に発行された「学習指導要領 社会科編

(試案)」では、「社会科は民主主義社会の建設にふさわしい社会人を育て上げようとする」教科であるといい、15項目の目標を掲げている。その中には、「①生徒が人間としての自覚を深めて人格を発展させるように導き、社会連帯性の意識を強めて、共同生活の進歩に貢献するとともに、礼儀正しい社会人として行動するよう導くこと。②生徒に各種の社会、すなわち家庭・学校及び種々の団体について、その構成員の役割と相互の依存関係とを理解させ、自己の地位と責任とを自覚させること。③社会生活において事象を合理的に判断するとともに、社会の秩序や法を尊重して行動する態度を養い、……正義・公正・寛容・友愛の精神をもって、共同の福祉を増進する関心と能力とを発展させること」という項目があり、道徳教育の目標としてもよい目標であった。こうして、社会科は道徳教育についても重要な役割を担うことになった。

1950 (昭和25) 年頃になると、当時の社会の動きに呼応して教育についての論議が活発になり、道徳教育に対してさまざまな点から見直しが求められた。一つは、道徳教育の実効性を高めようとする要求であり、二つ目は、1950年に勃発した朝鮮戦争と翌年のサンフランシスコ講和条約の締結による日本の国際的地位の変化によって道徳教育に対する社会的な要請が高まったことである。朝鮮戦争による特需は、日本の経済的な復興の足がかりになっただけではなく、アメリカの対日政策が軍国主義撤廃を中心とするものからアジアの共産主義の防波堤としての日本の構築という政策転換へのきっかけにもなった。また、サンフランシスコ講和条約によって日本の国際的地位が確立されたことにより、日本人としてのアイデンティティを確立するため道徳教育の充実と展開を求める声が大きくなってくるのである。

また、同年8月に来日した第二次米国教育使節団は、9月22日付の報告書の中で「道徳および精神教育」に言及し、「道徳的または精神的価値は、我々の周囲のいたるところにある。我々はそれを家庭生活の中に、学校生活の中に、特に宗教儀式を行う場合見いだすのである。よい教師、よい父母、よい宗教指導者たちは、これらの価値を認識し、そして青少年が日常経験の中に、それらの価値を生かすことを助けようとする。教師は、機会あるごとに、一日の授業中、学問の研究も技能の習得も、たゞ単に知力を

発達させるだけでなく、また同時に徳性を完成するものであることを指示することができる。……道徳教育は、全教育課程を通じて、力説されなければならない」と述べている。ここから道徳教育は、単に社会科にだけ負わせるものではなく全教育課程を通じて行うべきこと、家庭や社会の教育とも切り離せないことが指摘された。いわゆる全面主義道徳教育が始まるのである。

B 「道徳」の時間の特設と道徳教育の新たな展開
[1]「道徳」の時間特設までの動き

このような状況のもとで、当時の吉田茂首相は今後の日本の教育政策として愛国心の育成、道徳教育の振興の問題を取り上げた。1950（昭和25）年12月、天野貞祐文部大臣は教育課程審議会に対し、道徳教育振興について諮問した。教育課程審議会は、翌年1月、道徳教育の重要性は認めるものの道徳教育を主体とする教科あるいは科目を設けることは望ましくないこと、それより社会科その他について現在の教育課程を再検討し、児童、生徒が自ら考え、実践しつつ道徳を体得していくような方法を考えること、文部省が道徳教育のための手引書を作成すべきであると答申した。

文部省はこの答申を受けて、1951（昭和26）年2月「道徳教育振興方策」を出し、さらに「道徳教育のための手引書要綱」を同年4月（総説と小学校編）と5月（中学校・高等学校編）に作成した。「手引書」には、道徳教育を具体的に実施するための基本的な考え方や指導の心構えなどの指針が示されている。すなわち、「道徳教育を主とした教科を設けることの可否は、学校の段階によりいちがいにいうことはできないが」とした上で、「道徳教育は、学校教育の全面においておこなうのが適切」であるとする、全面主義道徳教育の考え方を示した。そして、「教育の根本的な目標は、民主的な社会を形成し、その進展に貢献することができる自主的自律的な積極性をもった人間を育てることにある」とし、道徳教育においては「個人の人格を何より重んじ、人権を何にもまして尊ぶということが根本とならなければならない」とする基本方針が述べられている。

また、同年7月「学習指導要領 一般編（試案）」「小学校学習指導要領 社会科編（試案）」が改訂された。

その後、道徳教育とともに地理・歴史の指導を含めて社会科の在り方が問題となった。岡野清豪文部大臣は1952（昭和27）年12月、「社会科の改善、とくに地理、歴史、道徳教育について」再び教育課程審議会に諮問した。翌年8月に出された答申は、「社会科が道徳教育に対して、責任をもつべき主要な面を明確に考え、道徳教育に確実に寄与するように、その指導計画および指導法に改善を加えることは重要なことである」と述べ、社会科において道徳教育をより重視するよう改善すべきことを明らかにした。

また、中学校の社会科においては「地理や歴史の系統的知識を重視する」として、事実上、社会科を地理・歴史・道徳に解体するような意図が認められるような考え方も示している。このような要請にこたえるべく、1955（昭和30）年12月15日、文部省は小学校学習指導要領社会科編を改訂し、「社会科における道徳教育の観点」を明確にした。なお、高等学校の社会科編は同年12月26日、中学校の社会科編は翌年2月20日に改訂されている。

道徳教育の充実を図る要請は時代を追うにつれて次第に高まり、1956（昭和31）年3月、清瀬一郎文部大臣は、教育課程審議会に対して小・中学校の教育課程の改善、とくに道徳教育のあり方について諮問し、翌年11月、教育課程審議会は、道徳教育の徹底強化を図るため道徳の時間を特設すべきであるという中間発表を行い、12月には「道徳教育の基本方針」を発表した。そして1958（昭和33）年3月、教育課程審議会は道徳教育を含む「小学校・中学校教育課程の改善について」という答申を出した。その中で、「道徳教育の徹底については、学校の教育活動全体を通じて行うという従来の方針は変更しないが、さらに、その徹底を期すため、新たに、『道徳』の時間を設け、毎学年、毎週継続して、まとまった指導を行うこと」とし、道徳の時間は毎学年毎週1時間以上とし、従来の意味における教科として取り扱わないこと、そして、全面主義の上に「道徳」の時間を設置することを求めた。文部省はこの答申を受けて「小学校・中学校における『道徳』の実施要領について」を作成し、これに基づいて1958年度から「道徳」の時間を特設し道徳教育の充実を図ることにした。

1958（昭和33）年8月、学校教育法施行規則の一部が改正され、同年10月には全国の小・中学校で「道徳」の授業が開始された。ついに、特設「道徳」としての道徳教育が確立したのである。

法改正と同じ8月には文部省から、道徳の時間の目標、内容、指導計画作成及び指導上の留意点などについて明らかにした小学校・中学校学習指導要領道徳編が出された。そして同年10月、小学校・中学校学習指導要領の全面改訂が行われ、文部省告示として出された。

　ところで、「道徳」の時間の特設に対して、当時さまざまな批判があった。しかし、「道徳」の時間に反対している人々の多くは、道徳教育そのものを否定しているのではなかった。その主な意見は、戦前の修身科の復活になりはしないかという疑念、道徳教育は生活指導で足りるのではないかというものであった。

[2] 道徳の基本的性格

　この改訂により、道徳は各教科とは異なる教育課程上の一領域とされ、学校における道徳教育は、道徳の時間だけに限定されるものではなく「学校の教育活動全体を通じて行うことを基本とする」、いわゆる全面主義の道徳教育の原則が明記された。道徳教育の目的は、「個性豊かな文化の創造と民主的な国家と社会の発展に努め、進んで平和的な国際社会に貢献できる日本人を育成すること」にあるとして、教育基本法及び学校教育法の「人間尊重の精神」が根本であるとしている。

　「道徳」の時間は、他の教育活動などにおいて行われる道徳教育を補充し、深化し、統合することにより、「望ましい道徳的習慣、心情、判断力を養い、社会における個人のあり方について自覚を主体的に深め、道徳的実践力の向上を図るように」指導するものであるとした。この基本的な性格は、その後の学習指導要領の改訂によっても、現在まで一貫して受け継がれているものである。

　中学校の道徳教育の目標は、「人間尊重の精神を一貫して失わず、この精神を、家庭、学校その他各人がその一員であるそれぞれの社会の具体的な生活の中に生かし、個性豊かな文化の創造と民主的な国家及び社会の発展に努め、進んで平和的な国際社会に貢献できる日本人を育成することを目的とする」とある。内容は21項目からなり、それが三つの柱に分類されている。三つの柱とはすなわち、①「日常生活の基本的な行動様式をよく理解し、これを習慣づけるとともに、時と所に応じて適切な言語、動作がで

きるようにしよう」、②「道徳的な判断力と心情を高め、それを対人関係の中に生かして、豊かな個性と創造的な生活態度を確立していこう」、③「民主的な社会および国家の成員として、必要な道徳性を発達させ、よりよい社会の建設に協力しよう」であった。文末が「……しよう」という呼びかけの表現になっているのは、教師と生徒がともに理想に向かって進むという態度を文章で表そうとしたものである。

　また、道徳教育を組織的、計画的に行うことは、特設「道徳」の時間の重要な課題の一つであった。指導計画については、①全教師の参加と協力により指導計画を作成する、②指導計画は、学校の実態に応じて具体的なものにする、③指導計画は、固定的なものと考えず、弾力性をもたせる、④道徳的な観念や知識を明確にし、理解、判断、推理などの諸能力を養い、習慣、心情、態度などのすべてを健全に発達させ、自我の強さが形成されるように指導するなど、指導計画を立案しそれに従って指導が行われなければならないとした。

　その後、学習指導要領は、1968・69（昭和43・44）年、1977（昭和52）年、1989（平成元）年、1998（平成10）年、2008（平成20）年の計5回改訂され、生徒の実態や社会の変化に応じて改善が図られてきている。以下、改訂による変遷を、とくに中学校における道徳教育を取り上げながらたどる。

(1) 1968（昭和43）・1969（昭和44）年改訂

　1965（昭和40）年6月、文部省は教育課程審議会に、「小学校・中学校の教育課程の改善について」諮問し、その答申に基づいて、1968年に小学校、翌年に中学校の学習指導要領の改訂を行った。この改訂により、小学校・中学校における特別教育活動と学校行事は「特別活動」に一本化され、教育課程は各教科・道徳・特別活動の3領域で編成されるようになった。

　中学校の道徳教育に関して『中学校指導書　道徳編』は、「①道徳の時間の基本的な性格および役割については現行のとおりとする。②道徳教育の目標と道徳の時間の目標のそれぞれを改善して、両者の性格と役割がいっそう明確になるようにする。③内容については、生徒の道徳性の発達段階および小学校との関連を考慮して、全体の構成を行う。④学校の教育活動全体を通ずる道徳教育において、道徳的実践の指導をいっそう徹底させる」とし、小・中学校の指導の一貫性を図ること、学校における道徳教育の役

割及び道徳の時間の基本的な性格・役割をいっそう明確にすることが図られた。

中学校における道徳教育の目標は、「道徳教育は人間尊重の精神を家庭、学校、その他社会における具体的な生活の中に生かし、個性豊かな文化の創造と民主的な社会および国家の発展に努め、進んで平和的な国際社会に貢献できる日本人を育成するため」その基盤としての道徳性を養うことを目標とする。道徳の時間においては、以上の目標に基づき「各教科及び特別活動における道徳教育と密接な関連を保ちながら、計画的、発展的な指導を通して、これを補充し、深化し、統合して、人間性についての理解を深めるとともに、道徳的判断力を高め、道徳的心情を豊かにし、道徳的態度における自律性の確立と実践意欲の向上を図るものとする」として、「人間性についての理解を深めるとともに」という一文を追加した。内容については、三つの柱を削除し、内容項目の精選と再構成を行い 13 項目に改められた。

(2) 1977（昭和52）年改訂

1973（昭和48）年11月、文部省は教育課程審議会に対し、「小学校、中学校及び高等学校の教育課程の改訂について」諮問した。同審議会は 1976（昭和51）年12月答申を出し、教育課程の基準改善の基本方針として、「①人間性豊かな児童生徒を育てること、②ゆとりあるしかも充実した学校生活が送れるようにすること、③国民として必要とされる基礎的・基本的な内容を重視するとともに、児童生徒の個性や能力に応じた教育が行われるようにすること」を挙げている。道徳教育については、基本的な理念や基準として示す内容などは概ね現行どおりとするが、学校教育の置かれている現状により、日常の社会規範を遵守する態度の育成を図ることが必要とされた。また、その時の社会状況を鑑み、自主自律と社会連帯、勤労の尊重、自然愛・人間愛や奉仕の精神、規律と責任、愛国心と国際理解、人間の力をこえたものに対する畏敬の念などの徳性をとくに涵養しなければならないとした。これらの徳性の育成をいっそう重視しながら、各教科、道徳及び特別活動の相互の関連的な指導を図ることが必要とされた。

1977（昭和52）年7月、小学校、中学校の学習指導要領が改訂された。中学校の道徳教育及び道徳の時間の目標は、「教育基本法及び学校教育法に

定められた教育の根本精神に基づく。すなわち、道徳教育は、人間尊重の精神を家庭、学校、その他社会における具体的な生活の中に生かし、個性豊かな文化の創造と民主的な社会及び国家の発展に努め、進んで平和的な国際社会に貢献できる日本人を育成するため」その基盤としての道徳性を養うことを目標とする。道徳の時間においては、以上の目標に基づき「各教科及び特別活動における道徳教育と密接な関連を保ちながら計画的、発展的な指導を通してこれを補充、深化、統合し、生徒の道徳的判断力を高め、道徳的心情を豊かにし、道徳的態度と実践意欲の向上を図ることによって、人間としての生き方についての自覚を深め、道徳的実践力を育成するものとする」とあり、人間尊重の精神が「教育基本法及び学校教育法に定められた教育の根本精神に基づく」ものであることが明記され、道徳の時間の目標に道徳的実践力の育成が加えられた。内容項目については、従来の13項目を基本にして新たに16項目に再構成され、各項目の指導に当たって配慮すべき事項が括弧書きで示された。

　この改訂では、とくに「道徳的実践力の育成」が強調されている。道徳的実践力とは『小学校指導書 道徳編』によれば、「ひとりひとりの児童が道徳的価値を自己の自覚として主体的に把握し、将来出会うであろう様々な場面、状況においても、価値を実現するための最も適切な行為を選択し実践することが可能となる内面的資質を意味しており、道徳的判断力、心情、態度と意欲を包括するものといえよう」と解説している。つまり、道徳的実践そのもの、すなわち具体的な個々の行為の在り方そのものについて指導するのではなく、一人ひとりの内面に道徳性を育てていくことによって、道徳的実践につながる力を育成することである。

(3) 1989（平成元）年改訂

　1987（昭和62）年12月、教育課程審議会から「幼稚園、小学校、中学校及び高等学校の教育課程の基準の改善について」とする答申が出され、1989（平成元）年3月、小学校・中学校・高等学校の学習指導要領が改訂された。この改訂の特徴は、社会の変化に対応できる人間の育成を目指し、小・中学校での授業時間の弾力的な運用、中学校・高等学校での選択履修幅、科目数の拡大を図ったことである。

　中学校の道徳教育及び道徳の時間の目標は、「教育基本法及び学校教育

法に定められた教育の根本精神に基づき、人間尊重の精神と生命に対する畏敬の念を家庭、学校、その他社会における具体的な生活の中に生かし、個性豊かな文化の創造と民主的な社会および国家の発展に努め、進んで平和的な国際社会に貢献できる主体性のある日本人を育成するため」その基盤としての道徳性を養うこととする。道徳の時間においては、以上の目標に基づき「各教科及び特別活動における道徳教育と密接な関連を図りながら、計画的、発展的な指導によってこれを補充、深化、統合し、生徒の道徳的心情を豊かにし、道徳的判断力を高め、道徳的実践意欲と態度の向上を図ることを通して、人間としての生き方についての自覚を深め、道徳的実践意欲を育成するものとする」として、新たに「生命に対する畏敬の念」「主体性のある日本人」という文言が付加されている。また、道徳の時間の目標には「人間としての生き方についての自覚」という言葉が新たに加わった。内容については、小学校・中学校共通に、①主として自分自身に関すること、②主として他の人とのかかわりに関すること、③主として自然や崇高なものとのかかわりに関すること、④主として集団や社会とのかかわりに関すること、の四つの視点が示された。内容項目は小学校との関連や内容の一貫性を考慮して 22 項目に再構成されている。

(4) 1998（平成 10）年改訂

1998（平成 10）年 7 月には、教育課程審議会から「幼稚園、小学校、中学校、高等学校、盲学校、聾学校及び養護学校の教育課程の基準の改善について」という答申が出され、同年 12 月、小学校・中学校学習指導要領が改訂された。この改訂の特徴は、2002 年度から実施される完全学校週 5 日制の下で、各学校がゆとりのある教育活動を展開し、子どもたちに「生きる力」を育むべきであるとし、教育課程の基準の改善として四つの基本的視点を挙げている。①豊かな人間性や社会性、国際社会に生きる日本人としての自覚の育成を重視すること、②多くの知識を一方的に教え込む教育を転換し子どもたちが自ら学び自ら考える力を育成すること、③ゆとりある教育活動を展開する中で、基礎・基本の確実な定着を図り、個性を生かす教育を充実すること、④各学校が、創意工夫を生かし特色ある教育、特色ある学校づくりを進めること、である。以上の基本的視点を達成するために、教育内容の厳選、各学校段階ごとの役割の徹底、授業時数の大幅な削

減（年間70単位時間）、「総合的な学習の時間」の創設、学習時間の弾力化、選択教科制の充実などを明確にしている。

　中学校の道徳教育および道徳の時間の目標は、「学校の教育活動全体を通じて、道徳的な心情、判断力、実践意欲と態度などの道徳性を養うこととする。道徳の時間においては、以上の道徳教育の目標に基づき、各教科、特別活動及び総合的な学習の時間における道徳教育と密接な関連を図りながら、計画的、発展的な指導によってこれを補充、深化、統合し、道徳的価値及び人間としての生き方についての自覚を深め、道徳的実践力を育成するものとする」とある。

　この改訂では、学校教育全体で育成すべき道徳性を「道徳的心情、判断力、実践意欲と態度」であると明確に示した。さらに、道徳の時間は「道徳的価値」について学ぶ時間であり、人間としての生き方について自覚することで道徳的実践力を育成しようとしている。内容については、従前と同じく四つの視点から構成されており、それぞれに内容項目が分類され、整理されているが、今日指摘されている規律意識の低下などの問題や生徒の指導の実態から、法やきまりの重要性を理解してそれを守ること、自他の権利を尊重し、互いの義務を確実に果たして社会の秩序と規律を高めるよう努めることについての指導が一層充実するよう、内容項目を一つ増やし23項目に再構成した。

(5) 2008（平成20）年改訂

　2005（平成17）年2月、文部科学大臣は中央教育審議会に対し、21世紀を生きる子どもたちの教育の充実を図るため、教員の資質・能力の向上や教育条件の整備などと併せて、国の教育課程の基準全体の見直しについて検討するよう要請した。そして2年10ヵ月にわたる審議の末、2008（平成20）年1月、「幼稚園、小学校、中学校、高等学校及び特別支援学校の学習指導要領等の改善について」答申を行った。この答申の基本的な考え方として、①「生きる力」という理念の共有、②基礎的・基本的な知識・技能の習得、③思考力・判断力・表現力などの育成、④確かな学力を確立するために必要な授業時数の確保、⑤学習意欲の向上や学習習慣の確立、⑥豊かな心や健やかな体の育成のための指導の充実を挙げて、各学校段階や各教科などにわたる学習指導要領の改善の方向性を示した。この答申を受けて、同年

3月、小学校・中学校の学習指導要領が改訂された。

中学校の道徳教育及び道徳の時間の目標は、「教育基本法及び学校教育法に定められた教育の根本精神に基づき、人間尊重の精神と生命に対する畏敬の念を家庭、学校、その他社会における具体的な生活の中に生かし、豊かな心をもち、伝統と文化を尊重し、それらをはぐくんできた我が国と郷土を愛し、個性豊かな文化の創造を図るとともに、公共の精神を尊び、民主的な社会及び国家の発展に努め、他国を尊重し、国際社会の平和と発展や環境の保全に貢献し未来を拓く主体性のある日本人を育成するため」その基盤としての道徳性を養うことを目標とする。道徳の時間においては、以上の道徳教育の目標に基づき「各教科、総合的な学習の時間及び特別活動における道徳教育と密接な関連を図りながら、計画的、発展的な指導によってこれを補充、深化、統合し、道徳的価値及びそれに基づいた人間としての生き方についての自覚を深め、道徳的実践力を育成するものとする」とした。

道徳教育の目標については、教育基本法における教育の目標や学校教育法の一部改正で新たに規定された義務教育の目標を踏まえ、従来の目標に加えて、「伝統と文化を尊重し、それらをはぐくんできた我が国と郷土を愛し」「公共の精神を尊び」「他国を尊重し、国際社会の平和と発展や環境の保全に貢献し」を新たに加えた。また、道徳の時間の目標については、学校教育全体で取り組む道徳教育の要としての道徳の時間の役割と重要性を踏まえて、中学校段階における特質を明確にするため、「道徳的価値及びそれに基づいた人間としての生き方についての自覚を深め」と改善を図った。

内容については、四つの視点によって内容項目を構成して示すという考え方は、従来どおりであるが、その項目を示す前に、「道徳の時間を要として学校の教育活動全体を通じて行う道徳教育の内容は、次のとおりとする」という文言が付加されている。これはこれから示す内容項目のすべてが、道徳の時間の内容として計画的・発展的に取り上げられるべきものであり、教育活動全体でも、各教科などの特質に応じて指導すべきものであることを示唆している。

3 徳育政策の課題

A 学校と家庭・地域社会との連携の強化

　道徳教育の実効をあげるためには、学校、家庭、地域社会の三者の役割分担と連携が重要である。社会の急激な変化の中で価値観の多様化が進み教育における三者の連携はますますその重要性を増している。

　2003（平成15）年10月の中央教育審議会答申「初等中等教育における当面の教育課程及び充実・改善方策について」では、"保護者や地域住民等の理解と支援等の重要性"として、子どもたちの教育は学校・家庭・地域社会がそれぞれの特色を生かした適切な役割を分担しつつ全体として行うものであるとした。そして、家庭・地域社会が各学校の教育課程や指導の状況などに関心をもち、学校の取り組みに積極的に関わることを求めた。そして、このような取り組みを通じて、衰弱してきたといわれる地域社会の教育力を活性化することに大きな期待を寄せている。さらに、2008（平成20）年2月の中央教育審議会の答申「新しい時代を切り拓く生涯学習の振興方策について～知の循環型社会の構築を目指して～」においては、子どもたちが今後の社会の変化に対応していくための力、すなわち「生きる力」を身に付けるためには、家庭・地域社会の教育力を向上させることが必要であるとしている。

　このような状況下で、道徳教育の充実を図る必要がでてくるのである。そのために、まず学校は、家庭や地域社会の道徳教育に果たす役割を十分認識し、家庭や地域社会との交流を密にして、協力体制を整えるとともに、具体的な連携の在り方について多様な工夫をする必要がある。たとえば、道徳の授業についての意見交換会の実施、地域の人々の参加と協力により地域の諸行事を生かした学校の教育活動などが考えられる。基本的な生活習慣をはじめとする道徳的実践の指導の場である家庭においては、道徳の時間の指導において、生徒への便りやアンケートなどを保護者に依頼し学校の指導に活用したり、授業参観の機会を設け、生徒とともに人間の生き方・在り方について考えたりする場を設定することもできる。また、保護者会などを通じて資料提供の依頼を行い、共に道徳の授業をつくっていく

こ␣とも考えられる。地域社会については、生徒の体験不足がさまざまな問題を招いていることが指摘されていることから、豊かな体験の機会を増やしていくことが求められている。たとえば、異年齢集団や異世代の人々との交流体験や自然体験活動、ボランティア活動、職場体験活動などを通じて、思いやりの心や自然への畏敬の念、職業に対する考え、生徒が自らの生き方についての考えを深めていくことができるよう工夫する必要がある。

　道徳の時間が、学校・家庭・地域社会の「要」となるためにも、教師・生徒・保護者・地域住民が連携・協力しあうことが今まで以上に重要になっている。

B　国を愛する心の育成

　2003（平成15）年3月、中央教育審議会は「新しい時代にふさわしい教育基本法と教育振興基本計画の在り方について」という答申を出した。その中で、"21世紀の教育が目指すもの"として日本の伝統・文化を基盤として国際社会を生きる教養のある日本人の育成を挙げている。このためには、自らの国や地域の伝統・文化についての理解を深め、尊重する態度を身に付けることにより、人間としての教養の基盤を培い、日本人であることの自覚や、郷土や国を愛し、誇りに思う心をはぐくむことが重要であるとした。さらに、第2章「新しい時代にふさわしい教育基本法の在り方」の"日本の伝統文化の尊重、郷土や国を愛する心と国際社会の一員としての意識の涵養"においても、「自ら国や地域の伝統・文化について理解を深め、尊重し、郷土や国を愛する心をはぐくむことは、日本人としてこれからの国際社会を生きていく上で、極めて大切なことである。同時に、他国や地域の伝統・文化に敬意を払い、国際社会の一員としての意識を涵養することが重要であり、これらの視点を明確にする」と述べている。

　政治の俎上に教育の問題が取り上げられるたびに、論議の対象となることの一つに、国を愛する心の問題があった。戦時中、国家への忠誠が過激に説かれたことによる反省もあり、戦後は個人の尊厳、個人の価値が強調されてきた。それは、教育基本法（旧）に沿った教育でもあった。しかし、2006（平成18）年に改正された教育基本法は、2条（教育の目標）五号において「伝統と文化を尊重し、それらをはぐくんできた我が国と郷土を愛する

とともに、他国を尊重し、国際社会の平和と発展に寄与する態度を養うこと」と規定した。つまり、自己が所属する集団や社会の伝統と文化を尊重し、国及び郷土に対する愛情、すなわち、広義での「国を愛する心」を教育目標に挙げている。

ところで、「国を愛する心」は、道徳の時間特設以来、学習指導要領に取り入れられている。1958（昭和33）年の改訂においては、「国民としての自覚を高めるとともに、国際理解、人類愛、人間愛の精神をつちかっていこう。われわれが、国民として国土や同胞に親しみを感じ、文化的伝統を敬愛するのは自然の情である。この心情を正しく育成し、よりよい国家の建設に努めよう。しかし、愛国心は往々にして民族的偏見や排他的感情につらなりやすいものであることを考えて、これを戒めよう。そして、世界の他の国や民族文化を正しく理解し、人類愛の精神をつちかいながら、お互いに特色ある文化を創造して、国際社会の一員として誇ることのできる存在になろう」とあり、1969（昭和44）年の改訂では、「わが国の国土と文化に対する理解と愛情を深め、すぐれた伝統の継承と創造に役だとうとすること」とある。また、1977（昭和52）年の改訂においては、「我が国の国土と文化に対する理解と愛情を深め、優れた伝統の継承や新しい文化の創造に役立とうとすること」とある。

学習指導要領には、このような形で「国を愛する心」についての教育が指示されているが、日本の伝統・文化を理解し尊重することや国を愛する心を大切にすることが、国家至上主義的考え方や全体主義的なものになってはならないことはいうまでもないことである。

C 道徳の教科化

2008（平成20）年1月、教育再生会議は「社会総がかりで教育再生を～教育再生の実効性の担保のために～」という最終報告を出した。その中で、教育は国家百年の計であり、知・徳・体のバランスのとれた教育環境が整備され、健やかな子どもが育まれることは国民の願いである。とくに、社会状況に鑑み、学校教育における徳育の充実が不可欠であると述べて、「徳育を『教科』として充実させ、自分を見つめ、他を思いやり、感性豊かな心を育てるとともに人間として必要な規範意識を学校でしっかり身に付け

させる」という提言をした。この提言は、「経済財政改革の基本方針2007〜『美しい国』へのシナリオ〜」に「徳育を『新たな枠組み』により、教科化し、多様な教科書・教材を作成する」という文言で盛り込まれ、2007（平成19）年6月19日、閣議決定された。

2008（平成20）年1月に出された、中央教育審議会答申「幼稚園、小学校、中学校、高等学校及び特別支援学校の学習指導要領等の改善について」では、この問題について「専門的な観点から検討」し、次のような意見をまとめた。①道徳の時間を現在の教科とは異なる特別の教科として位置づけ、教科書を作成することが必要である。②多様な教材の活用が重要であり、学校や教育委員会が購入する副読本などで補助するなどの支援策が必要である。③授業時数が確保されず、十分な指導が行われていないことから、教科への位置づけが議論されていることを踏まえれば、教科と同様に、十分に時数が確保され、しっかりと指導されるよう内容の充実を考えるべきある。④道徳の時間は現在の教育課程上の取扱いを前提にその充実を図ることが適当である。⑤学校では、地域ごとに特色のある多様な教材が使用されており、教科書を用いることは困難である。このように道徳の時間の教育課程上の位置づけなどの課題については、さまざまな意見が出されたが、これらに共通するのは道徳の時間の授業時数が必ずしも十分に確保されず、指導が不十分といった道徳教育の課題をいかに改善するかということである。しかし、結果として「実際の指導に大きな役割を果たす教材の充実が重要である」ということで、道徳教育の充実・強化が図られることになった。

このように、道徳の教科化は、閣議決定されたものの、中央教育審議会の答申では見送られたのである。

コラム　道徳教育充実のために

　今日、子どもの心の成長にかかわる現状をみると、家庭や地域社会の教育力の低下、地域の大人や異年齢の子どもたちとの交流の場や自然体験などの体験活動も減少し始めている。そのために、生命尊重の心や自尊感情が乏しいこと、基本的な生活習慣の確立が不十分、規律・規範意識の低下、

人間関係を形成する力や集団活動を通した社会性の育成も不十分であるといった指摘がなされている。また、小・中学校の道徳教育、とくに道徳の時間の指導が形式化していることや学年の段階が上がるにつれて、子どもたちの受け止め方がよくないとの指摘がなされている。

　それでは、これからの道徳教育をどのように改善していけばよいのであろうか。その方策の一つとして、中央教育審議会の答申（2008年1月）には「道徳教育主担当者」の設置が提案されている。その設置の主旨は、道徳教育主担当者を中心とした体制づくり、実際に活用できる有効で具体性のある全体計画の作成、小・中学校における授業公開の促進など、学校教育全体で取り組む道徳教育の実質的な充実を図るためである。その後、学習指導要領改訂（2008年3月）では、第3章「道徳」第3「指導計画の作成と内容の取扱い」において、「各学校においては、校長の方針の下に、道徳の推進を主に担当する教師（以下、道徳教育推進教師という）を中心に、全教師が協力して道徳教育を展開する」ことが明記され、道徳教育推進体制の一層の充実が求められている。さらに、道徳の時間における指導の配慮事項として「学級担任の教師が行うことを原則とするが、校長や教頭などの参加、他の教師との協力的な指導について工夫し、道徳教育推進教師を中心とした指導体制を充実すること」とされた。道徳教育の方針を定めるのは校長であり、その方針を理解し、それを具体化するために組織を運営し、中心となって学校全体の道徳教育を動かす役割を担うのが道徳教育推進教師である。これまでも道徳主任を中心に学校全体で道徳教育に取り組んできたが、ともすると道徳主任にすべてを任せるといった現状も否定できなかった。したがって、道徳教育の成果を上げ、子どもの道徳性を育成していくためには、道徳教育推進教師だけに指導のすべてを任せるのではなく、全教師が協力して道徳教育を展開することが今まで以上に求められる。

考えてみよう

問題
(1) 明治政府はなぜ、欧化主義的なものから儒教主義的なものへ、徳育政策の転換を図らなければならなかったのか。
(2) 大正デモクラシーの思潮は、修身科教育にどのような影響を与えたのか。
(3) 道徳の時間の特設で問題となったことは何か。

解答への手がかり
(1) 天皇制国家体制の安定化を目指す政治的立場を確立するため、儒教主義的な内容を徳育の根本とした。
(2) 児童の生活を重視した修身、その他数々の実践が展開されているので、それらの実践にみられる特徴を把握すること。
(3) 戦後の道徳教育の考え方の違いについて理解すること。

参考文献

第1章
宗像誠也『教育行政学序説（増補版）』有斐閣，1969.
伊藤和衛編著『教育行政過程論』教育学研究全集 5，第一法規出版，1976.
小川正人編著『地方分権改革と学校・教育委員会』東洋館出版社，1998.
兼子仁ほか編『教育行政と教育法の理論』東京大学出版会，1974.
解説教育六法編修委員会編『解説　教育六法』三省堂，2012.

第2章
石井正司「プロイセン絶対主義成熟期の民衆教育」奈良教育大学紀要 17-1，1969.
石川松太郎ほか『日本教育史』玉川大学教職専門シリーズ 11，玉川大学出版部，1996.
石島庸男・梅村佳代編『日本民衆教育史』梓出版社，1996.
辻本雅史・沖田行司編『教育社会史』新体系日本史 16，山川出版社，2002.
長尾十三二『西洋教育史（第 2 版）』東京大学出版会，1991.
渡部晶・木下法也・江藤恭二編著『西洋教育史』学文社，1972.

第3章
教育史編纂会編『明治以降教育制度発達史』1～5 巻，教育資料調査会，1964.
国立教育研究所編『日本近代教育百年史』1 巻，国立教育研究所，1973.
駒込武「教育における「内」と「外」(1)」「教育における「内」と「外」(2)」佐藤秀夫編著『教育の歴史』放送大学教育振興会，2000.
佐藤秀夫「解題」国立教育研究所第一研究部教育史料調査室編『学事諮問会と文部省示諭』国立教育研究所，1979.
中野光『大正自由教育の研究』黎明書房，1968.

第4章
大桃敏行『教育行政の専門化と参加・選択の自由』風間書房，2000.
黒崎勲『教育と不平等──現代アメリカ教育制度研究』新曜社，1989.
高橋和之編『新版 世界憲法集（第 2 版）』岩波文庫，2012.
坪井由実『アメリカ都市教育委員会制度の改革』勁草書房，1998.
村井実全訳解説『アメリカ教育使節団報告書』講談社学術文庫，1979.

第5章
海後宗臣編『教育改革』戦後日本の教育改革 1，東京大学出版会，1975.
鈴木英一『教育行政』戦後日本の教育改革 3，東京大学出版会，1970.
関川悦雄「教育基本法・学校教育法」小野幸二・高岡信男編『法律用語辞典』法学書院，

第 2 版；2005，第 4 版；2010.
土屋基規編著『現代教育制度論』ミネルヴァ書房，2011.
平原春好『教育行政学』東京大学出版会，第 7 刷；2006（第 1 刷；1993）.
文部省編『学制百年史』記述編・資料編，帝国地方行政学会，1972.

第 6 章
梶田叡一『新しい学習指導要領の理念と課題——確かな学力を基盤とした生きる力を』
　　　図書文化社，2008.
教育学関連 15 学会共同公開シンポジウム準備委員編『新・教育基本法を問う——日本
　　　の教育をどうする』教育基本法改正問題を考える 7，学文社，2007.
坂田仰解説『新教育基本法——全文と解説』教育開発研究所，2007.
田中壮一郎監修／教育基本法研究会編著『逐条解説改正教育基本法』第一法規，2007.
山内乾史・原清治編著『学力問題・ゆとり教育』リーディングス日本の教育と社会 1，日
　　　本図書センター，2006.

第 7 章
勝部真長・渋川久子『道徳教育の歴史——修身科から「道徳」へ』玉川大学出版部，1984.
片山清一『要説・道徳教育』高陵社書店，1982.
教育史編纂会編『明治以降教育制度発達史』1～5 巻，教育資料調査会，1964.
中野光『大正自由教育の研究』黎明書房，1968.
明星大学戦後教育史研究センター編『戦後教育改革通史』明星大学出版部，1993.

資料編

- 教育基本法
- 教育基本法（旧）
- 学校教育法
- 学校教育法（制定当時抜粋）
- 地方教育行政の組織及び運営に関する法律
- 學事奨励ニ關スル被仰出書（學制序文）
- 教学聖旨
- 教育令改正
- 教育ニ關スル勅語
- 国民学校令
- 日本の教育制度の管理政策についての指令
- 修身、日本歴史及ビ地理停止ニ関スル件
- 米国教育使節団報告書（要旨）
- 文部省・文部科学省　中央教育審議会答申
    - 21世紀を展望した我が国の教育の在り方について（第1次答申）
    - 教育振興基本計画について―「教育立国」の実現に向けて―

教育基本法

（平成18年12月22日　法律第120号）

教育基本法（昭和22年法律第25号）の全部を改正する。

我々日本国民は、たゆまぬ努力によって築いてきた民主的で文化的な国家を更に発展させるとともに、世界の平和と人類の福祉の向上に貢献することを願うものである。

我々は、この理想を実現するため、個人の尊厳を重んじ、真理と正義を希求し、公共の精神を尊び、豊かな人間性と創造性を備えた人間の育成を期するとともに、伝統を継承し、新しい文化の創造を目指す教育を推進する。

ここに、我々は、日本国憲法の精神にのっとり、我が国の未来を切り拓く教育の基本を確立し、その振興を図るため、この法律を制定する。

第1章　教育の目的及び理念

（教育の目的）

第1条　教育は、人格の完成を目指し、平和で民主的な国家及び社会の形成者として必要な資質を備えた心身ともに健康な国民の育成を期して行われなければならない。

（教育の目標）

第2条　教育は、その目的を実現するため、学問の自由を尊重しつつ、次に掲げる目標

を達成するよう行われるものとする。
一 幅広い知識と教養を身に付け、真理を求める態度を養い、豊かな情操と道徳心を培うとともに、健やかな身体を養うこと。
二 個人の価値を尊重して、その能力を伸ばし、創造性を培い、自主及び自律の精神を養うとともに、職業及び生活との関連を重視し、勤労を重んずる態度を養うこと。
三 正義と責任、男女の平等、自他の敬愛と協力を重んずるとともに、公共の精神に基づき、主体的に社会の形成に参画し、その発展に寄与する態度を養うこと。
四 生命を尊び、自然を大切にし、環境の保全に寄与する態度を養うこと。
五 伝統と文化を尊重し、それらをはぐくんできた我が国と郷土を愛するとともに、他国を尊重し、国際社会の平和と発展に寄与する態度を養うこと。

（生涯学習の理念）
第3条 国民一人一人が、自己の人格を磨き、豊かな人生を送ることができるよう、その生涯にわたって、あらゆる機会に、あらゆる場所において学習することができ、その成果を適切に生かすことのできる社会の実現が図られなければならない。

（教育の機会均等）
第4条 すべて国民は、ひとしく、その能力に応じた教育を受ける機会を与えられなければならず、人種、信条、性別、社会的身分、経済的地位又は門地によって、教育上差別されない。
2 国及び地方公共団体は、障害のある者が、その障害の状態に応じ、十分な教育を受けられるよう、教育上必要な支援を講じなければならない。
3 国及び地方公共団体は、能力があるにもかかわらず、経済的理由によって修学が困難な者に対して、奨学の措置を講じなければならない。

第2章 教育の実施に関する基本

（義務教育）
第5条 国民は、その保護する子に、別に法律で定めるところにより、普通教育を受けさせる義務を負う。
2 義務教育として行われる普通教育は、各個人の有する能力を伸ばしつつ社会において自立的に生きる基礎を培い、また、国家及び社会の形成者として必要とされる基本的な資質を養うことを目的として行われるものとする。
3 国及び地方公共団体は、義務教育の機会を保障し、その水準を確保するため、適切な役割分担及び相互の協力の下、その実施に責任を負う。
4 国又は地方公共団体の設置する学校における義務教育については、授業料を徴収しない。

（学校教育）
第6条 法律に定める学校は、公の性質を有するものであって、国、地方公共団体及び法律に定める法人のみが、これを設置することができる。
2 前項の学校においては、教育の目標が達成されるよう、教育を受ける者の心身の発達

に応じて、体系的な教育が組織的に行われなければならない。この場合において、教育を受ける者が、学校生活を営む上で必要な規律を重んずるとともに、自ら進んで学習に取り組む意欲を高めることを重視して行われなければならない。

(大学)
第7条　大学は、学術の中心として、高い教養と専門的能力を培うとともに、深く真理を探究して新たな知見を創造し、これらの成果を広く社会に提供することにより、社会の発展に寄与するものとする。
2　大学については、自主性、自律性その他の大学における教育及び研究の特性が尊重されなければならない。

(私立学校)
第8条　私立学校の有する公の性質及び学校教育において果たす重要な役割にかんがみ、国及び地方公共団体は、その自主性を尊重しつつ、助成その他の適当な方法によって私立学校教育の振興に努めなければならない。

(教員)
第9条　法律に定める学校の教員は、自己の崇高な使命を深く自覚し、絶えず研究と修養に励み、その職責の遂行に努めなければならない。
2　前項の教員については、その使命と職責の重要性にかんがみ、その身分は尊重され、待遇の適正が期せられるとともに、養成と研修の充実が図られなければならない。

(家庭教育)
第10条　父母その他の保護者は、子の教育について第一義的責任を有するものであって、生活のために必要な習慣を身に付けさせるとともに、自立心を育成し、心身の調和のとれた発達を図るよう努めるものとする。
2　国及び地方公共団体は、家庭教育の自主性を尊重しつつ、保護者に対する学習の機会及び情報の提供その他の家庭教育を支援するために必要な施策を講ずるよう努めなければならない。

(幼児期の教育)
第11条　幼児期の教育は、生涯にわたる人格形成の基礎を培う重要なものであることにかんがみ、国及び地方公共団体は、幼児の健やかな成長に資する良好な環境の整備その他適当な方法によって、その振興に努めなければならない。

(社会教育)
第12条　個人の要望や社会の要請にこたえ、社会において行われる教育は、国及び地方公共団体によって奨励されなければならない。
2　国及び地方公共団体は、図書館、博物館、公民館その他の社会教育施設の設置、学校の施設の利用、学習の機会及び情報の提供その他の適当な方法によって社会教育の振興に努めなければならない。

(学校、家庭及び地域住民等の相互の連携協力)
第13条　学校、家庭及び地域住民その他の関係者は、教育におけるそれぞれの役割と責任を自覚するとともに、相互の連携及び協力に努めるものとする。

(政治教育)

第14条 良識ある公民として必要な政治的教養は、教育上尊重されなければならない。
2 法律に定める学校は、特定の政党を支持し、又はこれに反対するための政治教育その他政治的活動をしてはならない。

（宗教教育）
第15条 宗教に関する寛容の態度、宗教に関する一般的な教養及び宗教の社会生活における地位は、教育上尊重されなければならない。
2 国及び地方公共団体が設置する学校は、特定の宗教のための宗教教育その他宗教的活動をしてはならない。

第3章　教育行政

（教育行政）
第16条 教育は、不当な支配に服することなく、この法律及び他の法律の定めるところにより行われるべきものであり、教育行政は、国と地方公共団体との適切な役割分担及び相互の協力の下、公正かつ適正に行われなければならない。
2 国は、全国的な教育の機会均等と教育水準の維持向上を図るため、教育に関する施策を総合的に策定し、実施しなければならない。
3 地方公共団体は、その地域における教育の振興を図るため、その実情に応じた教育に関する施策を策定し、実施しなければならない。
4 国及び地方公共団体は、教育が円滑かつ継続的に実施されるよう、必要な財政上の措置を講じなければならない。

（教育振興基本計画）
第17条 政府は、教育の振興に関する施策の総合的かつ計画的な推進を図るため、教育の振興に関する施策についての基本的な方針及び講ずべき施策その他必要な事項について、基本的な計画を定め、これを国会に報告するとともに、公表しなければならない。
2 地方公共団体は、前項の計画を参酌し、その地域の実情に応じ、当該地方公共団体における教育の振興のための施策に関する基本的な計画を定めるよう努めなければならない。

第4章　法令の制定

第18条 この法律に規定する諸条項を実施するため、必要な法令が制定されなければならない。

附　則　抄

（施行期日）
1 この法律は、公布の日から施行する。

教育基本法（旧）

（昭和22年3月31日　法律第25号）

　われらは、さきに、日本国憲法を確定し、民主的で文化的な国家を建設して、世界の平和と人類の福祉に貢献しようとする決意を示した。この理想の実現は、根本において教育の力にまつべきものである。

　われらは、個人の尊厳を重んじ、真理と平和を希求する人間の育成を期するとともに、普遍的にしてしかも個性ゆたかな文化の創造をめざす教育を普及徹底しなければならない。

　ここに、日本国憲法の精神に則り、教育の目的を明示して、新しい日本の教育の基本を確立するため、この法律を制定する。

（教育の目的）
第1条　教育は、人格の完成をめざし、平和的な国家及び社会の形成者として、真理と正義を愛し、個人の価値をたつとび、勤労と責任を重んじ、自主的精神に充ちた心身ともに健康な国民の育成を期して行われなければならない。

（教育の方針）
第2条　教育の目的は、あらゆる機会に、あらゆる場所において実現されなければならない。この目的を達成するためには、学問の自由を尊重し、実際生活に即し、自発的精神を養い、自他の敬愛と協力によって、文化の創造と発展に貢献するように努めなければならない。

（教育の機会均等）
第3条　すべて国民は、ひとしく、その能力に応ずる教育を受ける機会を与えられなければならないものであって、人種、信条、性別、社会的身分、経済的地位又は門地によって、教育上差別されない。
2　国及び地方公共団体は、能力があるにもかかわらず、経済的理由によって修学困難な者に対して、奨学の方法を講じなければならない。

（義務教育）
第4条　国民は、その保護する子女に、9年の普通教育を受けさせる義務を負う。
2　国又は地方公共団体の設置する学校における義務教育については、授業料は、これを徴収しない。

（男女共学）
第5条　男女は、互いに敬重し、協力し合わなければならないものであって、教育上男女の共学は、認められなければならない。

（学校教育）
第6条　法律に定める学校は、公の性質をもつものであつて、国又は地方公共団体の外、法律に定める法人のみが、これを設置することができる。
2　法律に定める学校の教員は、全体の奉仕者であって、自己の使命を自覚し、その職責の遂行に努めなければならない。このためには、教員の身分は、尊重され、その待遇の適正が、期せられなければならない。

（社会教育）
第7条　家庭教育及び勤労の場所その他社会において行われる教育は、国及び地方公共団体によって奨励されなければならない。
2　国及び地方公共団体は、図書館、博物館、公民館等の施設の設置、学校の施設の利用その他適当な方法によって教育の目的の実現に努めなければならない。
（政治教育）
第8条　良識ある公民たるに必要な政治的教養は、教育上これを尊重しなければならない。
2　法律に定める学校は、特定の政党を支持し、又はこれに反対するための政治教育その他政治的活動をしてはならない。
（宗教教育）
第9条　宗教に関する寛容の態度及び宗教の社会生活における地位は、教育上これを尊重しなければならない。
2　国及び地方公共団体が設置する学校は、特定の宗教のための宗教教育その他宗教的活動をしてはならない。
（教育行政）
第10条　教育は、不当な支配に服することなく、国民全体に対し直接に責任を負って行われるべきものである。
2　教育行政は、この自覚のもとに、教育の目的を遂行するに必要な諸条件の整備確立を目標として行われなければならない。
（補則）
第11条　この法律に掲げる諸条項を実施するために必要がある場合には、適当な法令が制定されなければならない。

学校教育法

（昭和22年3月31日　法律第26号）
最終改正：平成23年6月3日法律第61号

第1章　総則

第1条　この法律で、学校とは、幼稚園、小学校、中学校、高等学校、中等教育学校、特別支援学校、大学及び高等専門学校とする。
第2条　学校は、国（国立大学法人法（平成15年法律第112号）第2条第1項に規定する国立大学法人及び独立行政法人国立高等専門学校機構を含む。以下同じ。）、地方公共団体（地方独立行政法人法（平成15年法律第118号）第68条第1項に規定する公立大学法人を含む。次項において同じ。）及び私立学校法第3条に規定する学校法人（以下学校法人と称する。）のみが、これを設置することができる。
2　この法律で、国立学校とは、国の設置する学校を、公立学校とは、地方公共団体の設置する学校を、私立学校とは、学校法人の設置する学校をいう。

第3条　学校を設置しようとする者は、学校の種類に応じ、文部科学大臣の定める設備、編制その他に関する設置基準に従い、これを設置しなければならない。

第4条　次の各号に掲げる学校の設置廃止、設置者の変更その他政令で定める事項（次条において「設置廃止等」という。）は、それぞれ当該各号に定める者の認可を受けなければならない。これらの学校のうち、高等学校（中等教育学校の後期課程を含む。）の通常の課程（以下「全日制の課程」という。）、夜間その他特別の時間又は時期において授業を行う課程（以下「定時制の課程」という。）及び通信による教育を行う課程（以下「通信制の課程」という。）、大学の学部、大学院及び大学院の研究科並びに第108条第2項の大学の学科についても、同様とする。

　一　公立又は私立の大学及び高等専門学校　　文部科学大臣
　二　市町村の設置する高等学校、中等教育学校及び特別支援学校　　都道府県の教育委員会
　三　私立の幼稚園、小学校、中学校、高等学校、中等教育学校及び特別支援学校　　都道府県知事

2　前項の規定にかかわらず、同項第一号に掲げる学校を設置する者は、次に掲げる事項を行うときは、同項の認可を受けることを要しない。この場合において、当該学校を設置する者は、文部科学大臣の定めるところにより、あらかじめ、文部科学大臣に届け出なければならない。

　一　大学の学部若しくは大学院の研究科又は第108条第2項の大学の学科の設置であつて、当該大学が授与する学位の種類及び分野の変更を伴わないもの
　二　大学の学部若しくは大学院の研究科又は第108条第2項の大学の学科の廃止
　三　前二号に掲げるもののほか、政令で定める事項

3　文部科学大臣は、前項の届出があつた場合において、その届出に係る事項が、設備、授業その他の事項に関する法令の規定に適合しないと認めるときは、その届出をした者に対し、必要な措置をとるべきことを命ずることができる。

4　第2項第一号の学位の種類及び分野の変更に関する基準は、文部科学大臣が、これを定める。

第4条の2　市町村は、その設置する幼稚園の設置廃止等を行おうとするときは、あらかじめ、都道府県の教育委員会に届け出なければならない。

第5条　学校の設置者は、その設置する学校を管理し、法令に特別の定のある場合を除いては、その学校の経費を負担する。

第6条　学校においては、授業料を徴収することができる。ただし、国立又は公立の小学校及び中学校、中等教育学校の前期課程又は特別支援学校の小学部及び中学部における義務教育については、これを徴収することができない。

第7条　学校には、校長及び相当数の教員を置かなければならない。

第8条　校長及び教員（教育職員免許法（昭和24年法律第147号）の適用を受ける者を除く。）の資格に関する事項は、別に法律で定めるもののほか、文部科学大臣がこれを定める。

第9条　次の各号のいずれかに該当する者は、校長又は教員となることができない。

一　成年被後見人又は被保佐人
　二　禁錮以上の刑に処せられた者
　三　教育職員免許法第10条第1項第二号又は第三号に該当することにより免許状がその効力を失い、当該失効の日から3年を経過しない者
　四　教育職員免許法第11条第1項から第3項までの規定により免許状取上げの処分を受け、3年を経過しない者
　五　日本国憲法施行の日以後において、日本国憲法又はその下に成立した政府を暴力で破壊することを主張する政党その他の団体を結成し、又はこれに加入した者

第10条　私立学校は、校長を定め、大学及び高等専門学校にあつては文部科学大臣に、大学及び高等専門学校以外の学校にあつては都道府県知事に届け出なければならない。

第11条　校長及び教員は、教育上必要があると認めるときは、文部科学大臣の定めるところにより、児童、生徒及び学生に懲戒を加えることができる。ただし、体罰を加えることはできない。

第12条　学校においては、別に法律で定めるところにより、幼児、児童、生徒及び学生並びに職員の健康の保持増進を図るため、健康診断を行い、その他その保健に必要な措置を講じなければならない。

第13条　第4条第1項各号に掲げる学校が次の各号のいずれかに該当する場合においては、それぞれ同項各号に定める者は、当該学校の閉鎖を命ずることができる。
　一　法令の規定に故意に違反したとき
　二　法令の規定によりその者がした命令に違反したとき
　三　6箇月以上授業を行わなかつたとき
2　前項の規定は、市町村の設置する幼稚園に準用する。この場合において、同項中「それぞれ同項各号に定める者」とあり、及び同項第二号中「その者」とあるのは、「都道府県の教育委員会」と読み替えるものとする。

第14条　大学及び高等専門学校以外の市町村の設置する学校については都道府県の教育委員会、大学及び高等専門学校以外の私立学校については都道府県知事は、当該学校が、設備、授業その他の事項について、法令の規定又は都道府県の教育委員会若しくは都道府県知事の定める規程に違反したときは、その変更を命ずることができる。

第15条　文部科学大臣は、公立又は私立の大学及び高等専門学校が、設備、授業その他の事項について、法令の規定に違反していると認めるときは、当該学校に対し、必要な措置をとるべきことを勧告することができる。
2　文部科学大臣は、前項の規定による勧告によつてもなお当該勧告に係る事項（次項において「勧告事項」という。）が改善されない場合には、当該学校に対し、その変更を命ずることができる。
3　文部科学大臣は、前項の規定による命令によつてもなお勧告事項が改善されない場合には、当該学校に対し、当該勧告事項に係る組織の廃止を命ずることができる。
4　文部科学大臣は、第1項の規定による勧告又は第2項若しくは前項の規定による命令を行うために必要があると認めるときは、当該学校に対し、報告又は資料の提出を

求めることができる。

第2章　義務教育

第16条　保護者（子に対して親権を行う者（親権を行う者のないときは、未成年後見人）をいう。以下同じ。）は、次条に定めるところにより、子に9年の普通教育を受けさせる義務を負う。

第17条　保護者は、子の満6歳に達した日の翌日以後における最初の学年の初めから、満12歳に達した日の属する学年の終わりまで、これを小学校又は特別支援学校の小学部に就学させる義務を負う。ただし、子が、満12歳に達した日の属する学年の終わりまでに小学校又は特別支援学校の小学部の課程を修了しないときは、満15歳に達した日の属する学年の終わり（それまでの間において当該課程を修了したときは、その修了した日の属する学年の終わり）までとする。

2　保護者は、子が小学校又は特別支援学校の小学部の課程を修了した日の翌日以後における最初の学年の初めから、満15歳に達した日の属する学年の終わりまで、これを中学校、中等教育学校の前期課程又は特別支援学校の中学部に就学させる義務を負う。

3　前2項の義務の履行の督促その他これらの義務の履行に関し必要な事項は、政令で定める。

第18条　前条第1項又は第2項の規定によつて、保護者が就学させなければならない子（以下それぞれ「学齢児童」又は「学齢生徒」という。）で、病弱、発育不完全その他やむを得ない事由のため、就学困難と認められる者の保護者に対しては、市町村の教育委員会は、文部科学大臣の定めるところにより、同条第1項又は第2項の義務を猶予又は免除することができる。

第19条　経済的理由によつて、就学困難と認められる学齢児童又は学齢生徒の保護者に対しては、市町村は、必要な援助を与えなければならない。

第20条　学齢児童又は学齢生徒を使用する者は、その使用によつて、当該学齢児童又は学齢生徒が、義務教育を受けることを妨げてはならない。

第21条　義務教育として行われる普通教育は、教育基本法（平成18年法律第120号）第5条第2項に規定する目的を実現するため、次に掲げる目標を達成するよう行われるものとする。

　一　学校内外における社会的活動を促進し、自主、自律及び協同の精神、規範意識、公正な判断力並びに公共の精神に基づき主体的に社会の形成に参画し、その発展に寄与する態度を養うこと。

　二　学校内外における自然体験活動を促進し、生命及び自然を尊重する精神並びに環境の保全に寄与する態度を養うこと。

　三　我が国と郷土の現状と歴史について、正しい理解に導き、伝統と文化を尊重し、それらをはぐくんできた我が国と郷土を愛する態度を養うとともに、進んで外国の文化の理解を通じて、他国を尊重し、国際社会の平和と発展に寄与する態度を養うこと。

四 家族と家庭の役割、生活に必要な衣、食、住、情報、産業その他の事項について基礎的な理解と技能を養うこと。
五 読書に親しませ、生活に必要な国語を正しく理解し、使用する基礎的な能力を養うこと。
六 生活に必要な数量的な関係を正しく理解し、処理する基礎的な能力を養うこと。
七 生活にかかわる自然現象について、観察及び実験を通じて、科学的に理解し、処理する基礎的な能力を養うこと。
八 健康、安全で幸福な生活のために必要な習慣を養うとともに、運動を通じて体力を養い、心身の調和的発達を図ること。
九 生活を明るく豊かにする音楽、美術、文芸その他の芸術について基礎的な理解と技能を養うこと。
十 職業についての基礎的な知識と技能、勤労を重んずる態度及び個性に応じて将来の進路を選択する能力を養うこと。

第3章　幼稚園
（略）
第4章　小学校
第29条　小学校は、心身の発達に応じて、義務教育として行われる普通教育のうち基礎的なものを施すことを目的とする。
第30条　小学校における教育は、前条に規定する目的を実現するために必要な程度において第21条各号に掲げる目標を達成するよう行われるものとする。
2　前項の場合においては、生涯にわたり学習する基盤が培われるよう、基礎的な知識及び技能を習得させるとともに、これらを活用して課題を解決するために必要な思考力、判断力、表現力その他の能力をはぐくみ、主体的に学習に取り組む態度を養うことに、特に意を用いなければならない。
第31条　小学校においては、前条第1項の規定による目標の達成に資するよう、教育指導を行うに当たり、児童の体験的な学習活動、特にボランティア活動など社会奉仕体験活動、自然体験活動その他の体験活動の充実に努めるものとする。この場合において、社会教育関係団体その他の関係団体及び関係機関との連携に十分配慮しなければならない。
第32条　小学校の修業年限は、6年とする。
第33条　小学校の教育課程に関する事項は、第29条及び第30条の規定に従い、文部科学大臣が定める。
第34条　小学校においては、文部科学大臣の検定を経た教科用図書又は文部科学省が著作の名義を有する教科用図書を使用しなければならない。
2　前項の教科用図書以外の図書その他の教材で、有益適切なものは、これを使用することができる。
3　第1項の検定の申請に係る教科用図書に関し調査審議させるための審議会等（国家行政組織法（昭和23年法律第120号）第8条に規定する機関をいう。以下同じ。）に

ついては、政令で定める。
第35条　市町村の教育委員会は、次に掲げる行為の一又は二以上を繰り返し行う等性行不良であつて他の児童の教育に妨げがあると認める児童があるときは、その保護者に対して、児童の出席停止を命ずることができる。
　一　他の児童に傷害、心身の苦痛又は財産上の損失を与える行為
　二　職員に傷害又は心身の苦痛を与える行為
　三　施設又は設備を損壊する行為
　四　授業その他の教育活動の実施を妨げる行為
2　市町村の教育委員会は、前項の規定により出席停止を命ずる場合には、あらかじめ保護者の意見を聴取するとともに、理由及び期間を記載した文書を交付しなければならない。
3　前項に規定するもののほか、出席停止の命令の手続に関し必要な事項は、教育委員会規則で定めるものとする。
4　市町村の教育委員会は、出席停止の命令に係る児童の出席停止の期間における学習に対する支援その他の教育上必要な措置を講ずるものとする。
第36条　学齢に達しない子は、小学校に入学させることができない。
第37条　小学校には、校長、教頭、教諭、養護教諭及び事務職員を置かなければならない。
2　小学校には、前項に規定するもののほか、副校長、主幹教諭、指導教諭、栄養教諭その他必要な職員を置くことができる。
3　第1項の規定にかかわらず、副校長を置くときその他特別の事情のあるときは教頭を、養護をつかさどる主幹教諭を置くときは養護教諭を、特別の事情のあるときは事務職員を、それぞれ置かないことができる。
4　校長は、校務をつかさどり、所属職員を監督する。
5　副校長は、校長を助け、命を受けて校務をつかさどる。
6　副校長は、校長に事故があるときはその職務を代理し、校長が欠けたときはその職務を行う。この場合において、副校長が2人以上あるときは、あらかじめ校長が定めた順序で、その職務を代理し、又は行う。
7　教頭は、校長（副校長を置く小学校にあつては、校長及び副校長）を助け、校務を整理し、及び必要に応じ児童の教育をつかさどる。
8　教頭は、校長（副校長を置く小学校にあつては、校長及び副校長）に事故があるときは校長の職務を代理し、校長（副校長を置く小学校にあつては、校長及び副校長）が欠けたときは校長の職務を行う。この場合において、教頭が2人以上あるときは、あらかじめ校長が定めた順序で、校長の職務を代理し、又は行う。
9　主幹教諭は、校長（副校長を置く小学校にあつては、校長及び副校長）及び教頭を助け、命を受けて校務の一部を整理し、並びに児童の教育をつかさどる。
10　指導教諭は、児童の教育をつかさどり、並びに教諭その他の職員に対して、教育指導の改善及び充実のために必要な指導及び助言を行う。
11　教諭は、児童の教育をつかさどる。

12　養護教諭は、児童の養護をつかさどる。
13　栄養教諭は、児童の栄養の指導及び管理をつかさどる。
14　事務職員は、事務に従事する。
15　助教諭は、教諭の職務を助ける。
16　講師は、教諭又は助教諭に準ずる職務に従事する。
17　養護助教諭は、養護教諭の職務を助ける。
18　特別の事情のあるときは、第1項の規定にかかわらず、教諭に代えて助教諭又は講師を、養護教諭に代えて養護助教諭を置くことができる。
19　学校の実情に照らし必要があると認めるときは、第9項の規定にかかわらず、校長（副校長を置く小学校にあつては、校長及び副校長）及び教頭を助け、命を受けて校務の一部を整理し、並びに児童の養護又は栄養の指導及び管理をつかさどる主幹教諭を置くことができる。

第38条　市町村は、その区域内にある学齢児童を就学させるに必要な小学校を設置しなければならない。

第39条　市町村は、適当と認めるときは、前条の規定による事務の全部又は一部を処理するため、市町村の組合を設けることができる。

第40条　市町村は、前2条の規定によることを不可能又は不適当と認めるときは、小学校の設置に代え、学齢児童の全部又は一部の教育事務を、他の市町村又は前条の市町村の組合に委託することができる。

2　前項の場合においては、地方自治法（昭和22年法律第67号）第252条の14第3項において準用する同法第252条の2第2項中「都道府県知事」とあるのは、「都道府県知事及び都道府県の教育委員会」と読み替えるものとする。

第41条　町村が、前2条の規定による負担に堪えないと都道府県の教育委員会が認めるときは、都道府県は、その町村に対して、必要な補助を与えなければならない。

第42条　小学校は、文部科学大臣の定めるところにより当該小学校の教育活動その他の学校運営の状況について評価を行い、その結果に基づき学校運営の改善を図るため必要な措置を講ずることにより、その教育水準の向上に努めなければならない。

第43条　小学校は、当該小学校に関する保護者及び地域住民その他の関係者の理解を深めるとともに、これらの者との連携及び協力の推進に資するため、当該小学校の教育活動その他の学校運営の状況に関する情報を積極的に提供するものとする。

第44条　私立の小学校は、都道府県知事の所管に属する。

第5章　中学校

第45条　中学校は、小学校における教育の基礎の上に、心身の発達に応じて、義務教育として行われる普通教育を施すことを目的とする。

第46条　中学校における教育は、前条に規定する目的を実現するため、第21条各号に掲げる目標を達成するよう行われるものとする。

第47条　中学校の修業年限は、3年とする。

第48条　中学校の教育課程に関する事項は、第45条及び第46条の規定並びに次条

おいて読み替えて準用する第30条第2項の規定に従い、文部科学大臣が定める。
第49条 第30条第2項、第31条、第34条、第35条及び第37条から第44条までの規定は、中学校に準用する。この場合において、第30条第2項中「前項」とあるのは「第46条」と、第31条中「前条第1項」とあるのは「第46条」と読み替えるものとする。

第6章　高等学校

第50条 高等学校は、中学校における教育の基礎の上に、心身の発達及び進路に応じて、高度な普通教育及び専門教育を施すことを目的とする。
第51条 高等学校における教育は、前条に規定する目的を実現するため、次に掲げる目標を達成するよう行われるものとする。
　一　義務教育として行われる普通教育の成果を更に発展拡充させて、豊かな人間性、創造性及び健やかな身体を養い、国家及び社会の形成者として必要な資質を養うこと。
　二　社会において果たさなければならない使命の自覚に基づき、個性に応じて将来の進路を決定させ、一般的な教養を高め、専門的な知識、技術及び技能を習得させること。
　三　個性の確立に努めるとともに、社会について、広く深い理解と健全な批判力を養い、社会の発展に寄与する態度を養うこと。
第52条 高等学校の学科及び教育課程に関する事項は、前2条の規定及び第62条において読み替えて準用する第30条第2項の規定に従い、文部科学大臣が定める。
第53条 高等学校には、全日制の課程のほか、定時制の課程を置くことができる。
2　高等学校には、定時制の課程のみを置くことができる。
第54条 高等学校には、全日制の課程又は定時制の課程のほか、通信制の課程を置くことができる。
2　高等学校には、通信制の課程のみを置くことができる。
3　市町村の設置する高等学校については都道府県の教育委員会、私立の高等学校については都道府県知事は、高等学校の通信制の課程のうち、当該高等学校の所在する都道府県の区域内に住所を有する者のほか、全国的に他の都道府県の区域内に住所を有する者を併せて生徒とするものその他政令で定めるもの（以下この項において「広域の通信制の課程」という。）に係る第4条第1項に規定する認可（政令で定める事項に係るものに限る。）を行うときは、あらかじめ、文部科学大臣に届け出なければならない。都道府県の設置する高等学校の広域の通信制の課程について、当該都道府県の教育委員会がこの項前段の政令で定める事項を行うときも、同様とする。
4　通信制の課程に関し必要な事項は、文部科学大臣が、これを定める。
第55条 高等学校の定時制の課程又は通信制の課程に在学する生徒が、技能教育のための施設で当該施設の所在地の都道府県の教育委員会の指定するものにおいて教育を受けているときは、校長は、文部科学大臣の定めるところにより、当該施設における学習を当該高等学校における教科の一部の履修とみなすことができる。

2 　前項の施設の指定に関し必要な事項は、政令で、これを定める。
第56条　高等学校の修業年限は、全日制の課程については、3年とし、定時制の課程及び通信制の課程については、3年以上とする。
第57条　高等学校に入学することのできる者は、中学校若しくはこれに準ずる学校を卒業した者若しくは中等教育学校の前期課程を修了した者又は文部科学大臣の定めるところにより、これと同等以上の学力があると認められた者とする。
第58条　高等学校には、専攻科及び別科を置くことができる。
2 　高等学校の専攻科は、高等学校若しくはこれに準ずる学校若しくは中等教育学校を卒業した者又は文部科学大臣の定めるところにより、これと同等以上の学力があると認められた者に対して、精深な程度において、特別の事項を教授し、その研究を指導することを目的とし、その修業年限は、1年以上とする。
3 　高等学校の別科は、前条に規定する入学資格を有する者に対して、簡易な程度において、特別の技能教育を施すことを目的とし、その修業年限は、1年以上とする。
第59条　高等学校に関する入学、退学、転学その他必要な事項は、文部科学大臣が、これを定める。
第60条　高等学校には、校長、教頭、教諭及び事務職員を置かなければならない。
2 　高等学校には、前項に規定するもののほか、副校長、主幹教諭、指導教諭、養護教諭、栄養教諭、養護助教諭、実習助手、技術職員その他必要な職員を置くことができる。
3 　第1項の規定にかかわらず、副校長を置くときは、教頭を置かないことができる。
4 　実習助手は、実験又は実習について、教諭の職務を助ける。
5 　特別の事情のあるときは、第1項の規定にかかわらず、教諭に代えて助教諭又は講師を置くことができる。
6 　技術職員は、技術に従事する。
第61条　高等学校に、全日制の課程、定時制の課程又は通信制の課程のうち2以上の課程を置くときは、それぞれの課程に関する校務を分担して整理する教頭を置かなければならない。ただし、命を受けて当該課程に関する校務をつかさどる副校長が置かれる一の課程については、この限りでない。
第62条　第30条第2項、第31条、第34条、第37条第4項から第17項まで及び第19項並びに第42条から第44条までの規定は、高等学校に準用する。この場合において、第30条第2項中「前項」とあるのは「第51条」と、第31条中「前条第1項」とあるのは「第51条」と読み替えるものとする。

第7章　中等教育学校

第63条　中等教育学校は、小学校における教育の基礎の上に、心身の発達及び進路に応じて、義務教育として行われる普通教育並びに高度な普通教育及び専門教育を一貫して施すことを目的とする。
第64条　中等教育学校における教育は、前条に規定する目的を実現するため、次に掲げる目標を達成するよう行われるものとする。
　一　豊かな人間性、創造性及び健やかな身体を養い、国家及び社会の形成者として必

要な資質を養うこと。
二　社会において果たさなければならない使命の自覚に基づき、個性に応じて将来の進路を決定させ、一般的な教養を高め、専門的な知識、技術及び技能を習得させること。
三　個性の確立に努めるとともに、社会について、広く深い理解と健全な批判力を養い、社会の発展に寄与する態度を養うこと。

第65条　中等教育学校の修業年限は、6年とする。

第66条　中等教育学校の課程は、これを前期3年の前期課程及び後期3年の後期課程に区分する。

第67条　中等教育学校の前期課程における教育は、第63条に規定する目的のうち、小学校における教育の基礎の上に、心身の発達に応じて、義務教育として行われる普通教育を施すことを実現するため、第21条各号に掲げる目標を達成するよう行われるものとする。

2　中等教育学校の後期課程における教育は、第63条に規定する目的のうち、心身の発達及び進路に応じて、高度な普通教育及び専門教育を施すことを実現するため、第64条各号に掲げる目標を達成するよう行われるものとする。

第68条　中等教育学校の前期課程の教育課程に関する事項並びに後期課程の学科及び教育課程に関する事項は、第63条、第64条及び前条の規定並びに第70条第1項において読み替えて準用する第30条第2項の規定に従い、文部科学大臣が定める。

第69条　中等教育学校には、校長、教頭、教諭、養護教諭及び事務職員を置かなければならない。

2　中等教育学校には、前項に規定するもののほか、副校長、主幹教諭、指導教諭、栄養教諭、実習助手、技術職員その他必要な職員を置くことができる。

3　第1項の規定にかかわらず、副校長を置くときは教頭を、養護をつかさどる主幹教諭を置くときは養護教諭を、それぞれ置かないことができる。

4　特別の事情のあるときは、第1項の規定にかかわらず、教諭に代えて助教諭又は講師を、養護教諭に代えて養護助教諭を置くことができる。

第70条　第30条第2項、第31条、第34条、第37条第4項から第17項まで及び第19項、第42条から第44条まで、第59条並びに第60条第4項及び第6項の規定は中等教育学校に、第53条から第55条まで、第58条及び第61条の規定は中等教育学校の後期課程に、それぞれ準用する。この場合において、第30条第2項中「前項」とあるのは「第64条」と、第31条中「前条第1項」とあるのは「第64条」と読み替えるものとする。

2　前項において準用する第53条又は第54条の規定により後期課程に定時制の課程又は通信制の課程を置く中等教育学校については、第65条の規定にかかわらず、当該定時制の課程又は通信制の課程に係る修業年限は、6年以上とする。この場合において、第66条中「後期3年の後期課程」とあるのは、「後期3年以上の後期課程」とする。

第71条　同一の設置者が設置する中学校及び高等学校においては、文部科学大臣の定

めるところにより、中等教育学校に準じて、中学校における教育と高等学校における教育を一貫して施すことができる。

第8章 特別支援教育

第72条 特別支援学校は、視覚障害者、聴覚障害者、知的障害者、肢体不自由者又は病弱者（身体虚弱者を含む。以下同じ。）に対して、幼稚園、小学校、中学校又は高等学校に準ずる教育を施すとともに、障害による学習上又は生活上の困難を克服し自立を図るために必要な知識技能を授けることを目的とする。

第73条 特別支援学校においては、文部科学大臣の定めるところにより、前条に規定する者に対する教育のうち当該学校が行うものを明らかにするものとする。

第74条 特別支援学校においては、第72条に規定する目的を実現するための教育を行うほか、幼稚園、小学校、中学校、高等学校又は中等教育学校の要請に応じて、第81条第1項に規定する幼児、児童又は生徒の教育に関し必要な助言又は援助を行うよう努めるものとする。

第75条 第72条に規定する視覚障害者、聴覚障害者、知的障害者、肢体不自由者又は病弱者の障害の程度は、政令で定める。

第76条 特別支援学校には、小学部及び中学部を置かなければならない。ただし、特別の必要のある場合においては、そのいずれかのみを置くことができる。

2　特別支援学校には、小学部及び中学部のほか、幼稚部又は高等部を置くことができ、また、特別の必要のある場合においては、前項の規定にかかわらず、小学部及び中学部を置かないで幼稚部又は高等部のみを置くことができる。

第77条 特別支援学校の幼稚部の教育課程その他の保育内容、小学部及び中学部の教育課程又は高等部の学科及び教育課程に関する事項は、幼稚園、小学校、中学校又は高等学校に準じて、文部科学大臣が定める。

第78条 特別支援学校には、寄宿舎を設けなければならない。ただし、特別の事情のあるときは、これを設けないことができる。

第79条 寄宿舎を設ける特別支援学校には、寄宿舎指導員を置かなければならない。

2　寄宿舎指導員は、寄宿舎における幼児、児童又は生徒の日常生活上の世話及び生活指導に従事する。

第80条 都道府県は、その区域内にある学齢児童及び学齢生徒のうち、視覚障害者、聴覚障害者、知的障害者、肢体不自由者又は病弱者で、その障害が第75条の政令で定める程度のものを就学させるに必要な特別支援学校を設置しなければならない。

第81条 幼稚園、小学校、中学校、高等学校及び中等教育学校においては、次項各号のいずれかに該当する幼児、児童及び生徒その他教育上特別の支援を必要とする幼児、児童及び生徒に対し、文部科学大臣の定めるところにより、障害による学習上又は生活上の困難を克服するための教育を行うものとする。

2　小学校、中学校、高等学校及び中等教育学校には、次の各号のいずれかに該当する児童及び生徒のために、特別支援学級を置くことができる。

　一　知的障害者

二　肢体不自由者
三　身体虚弱者
四　弱視者
五　難聴者
六　その他障害のある者で、特別支援学級において教育を行うことが適当なもの
3　前項に規定する学校においては、疾病により療養中の児童及び生徒に対して、特別支援学級を設け、又は教員を派遣して、教育を行うことができる。
第82条　第26条、第27条、第31条（第49条及び第62条において読み替えて準用する場合を含む。）、第32条、第34条（第49条及び第62条において準用する場合を含む。）、第36条、第37条（第28条、第49条及び第62条において準用する場合を含む。）、第42条から第44条まで、第47条及び第56条から第60条までの規定は特別支援学校に、第84条の規定は特別支援学校の高等部に、それぞれ準用する。

第9章　大学

第83条　大学は、学術の中心として、広く知識を授けるとともに、深く専門の学芸を教授研究し、知的、道徳的及び応用的能力を展開させることを目的とする。
2　大学は、その目的を実現するための教育研究を行い、その成果を広く社会に提供することにより、社会の発展に寄与するものとする。
第84条　大学は、通信による教育を行うことができる。
第85条　大学には、学部を置くことを常例とする。ただし、当該大学の教育研究上の目的を達成するため有益かつ適切である場合においては、学部以外の教育研究上の基本となる組織を置くことができる。
第86条　大学には、夜間において授業を行う学部又は通信による教育を行う学部を置くことができる。
第87条　大学の修業年限は、4年とする。ただし、特別の専門事項を教授研究する学部及び前条の夜間において授業を行う学部については、その修業年限は、4年を超えるものとすることができる。
2　医学を履修する課程、歯学を履修する課程、薬学を履修する課程のうち臨床に係る実践的な能力を培うことを主たる目的とするもの又は獣医学を履修する課程については、前項本文の規定にかかわらず、その修業年限は、6年とする。
第88条　大学の学生以外の者として一の大学において一定の単位を修得した者が当該大学に入学する場合において、当該単位の修得により当該大学の教育課程の一部を履修したと認められるときは、文部科学大臣の定めるところにより、修得した単位数その他の事項を勘案して大学が定める期間を修業年限に通算することができる。ただし、その期間は、当該大学の修業年限の2分の1を超えてはならない。
第89条　大学は、文部科学大臣の定めるところにより、当該大学の学生（第87条第2項に規定する課程に在学するものを除く。）で当該大学に3年（同条第1項ただし書の規定により修業年限を4年を超えるものとする学部の学生にあつては、3年以上で文部科学大臣の定める期間）以上在学したもの（これに準ずるものとして文部科学大

臣の定める者を含む。）が、卒業の要件として当該大学の定める単位を優秀な成績で修得したと認める場合には、同項の規定にかかわらず、その卒業を認めることができる。

第90条　大学に入学することのできる者は、高等学校若しくは中等教育学校を卒業した者若しくは通常の課程による12年の学校教育を修了した者（通常の課程以外の課程によりこれに相当する学校教育を修了した者を含む。）又は文部科学大臣の定めるところにより、これと同等以上の学力があると認められた者とする。

2　前項の規定にかかわらず、次の各号に該当する大学は、文部科学大臣の定めるところにより、高等学校に文部科学大臣の定める年数以上在学した者（これに準ずる者として文部科学大臣が定める者を含む。）であつて、当該大学の定める分野において特に優れた資質を有すると認めるものを、当該大学に入学させることができる。
　一　当該分野に関する教育研究が行われている大学院が置かれていること。
　二　当該分野における特に優れた資質を有する者の育成を図るのにふさわしい教育研究上の実績及び指導体制を有すること。

（略）
第10章　高等専門学校
（略）
第11章　専修学校
（略）
第12章　雑則
（略）
第13章　罰則

第143条　第13条第1項（同条第2項、第133条第1項及び第134条第2項において準用する場合を含む。）の規定による閉鎖命令又は第136条第2項の規定による命令に違反した者は、6月以下の懲役若しくは禁錮又は20万円以下の罰金に処する。

第144条　第17条第1項又は第2項の義務の履行の督促を受け、なお履行しない者は、10万円以下の罰金に処する。

2　法人の代表者、代理人、使用人その他の従業者が、その法人の業務に関し、前項の違反行為をしたときは、行為者を罰するほか、その法人に対しても、同項の刑を科する。

第145条　第20条の規定に違反した者は、10万円以下の罰金に処する。

第146条　第135条の規定に違反した者は、10万円以下の罰金に処する。

学校教育法（制定当時抜粋）
　　　（昭和22年3月31日　法律第26号）

第1章　総則
第1条　この法律で、学校とは、小学校、中学校、高等学校、大学、盲学校、聾学校、養護学校及び幼稚園とする。

第2条 学校は、国、地方公共団体及び別に法律で定める法人のみが、これを設置することができる。

2 この法律で、国立学校とは、国の設置する学校を、公立学校とは、地方公共団体の設置する学校を、私立学校とは、別に法律で定める法人の設置する学校をいう。

第3条 学校を設置しようとする者は、学校の種類に応じ、監督庁の定める設備、編制その他に関する設置基準に従い、これを設置しなければならない。

第4条 国立学校及びこの法律によって設置義務を負う者の設置する学校のほか、学校（大学の学部又は大学院についても同様とする。）の設置廃止、設置者の変更その他監督庁の定める事項は、監督庁の認可を受けなければならない。

第5条 学校の設置者は、その設置する学校を管理し、法令に特別の定のある場合を除いては、その学校の経費を負担する。

第6条 学校においては、授業料を徴収することができる。但し、国立又は公立の小学校及び中学校又はこれらに準ずる盲学校、聾学校及び養護学校における義務教育については、これを徴収することができない。

2 国立又は公立の学校における授業料その他の費用に関する事項は、監督庁が、これを定める。

第7条 学校には、校長及び相当数の教員を置かなければならない。

第8条 校長及び教員の免許状その他資格に関する事項は、監督庁がこれを定める。

第9条 次の各号の一に該当する者は、校長又は教員となることができない。

一 禁治産者及び準禁治産者
二 長期6年の禁錮以上の刑に処せられた者
三 長期6年未満の懲役又は禁錮の刑に処せられ、刑の執行を終り、又は刑の執行を受けることのないことに至らない者
四 前条の免許状取上げの処分を受け、2年を経過しない者
五 昭和21年勅令第263号による教職不適格者
六 性行不良と認められる者

第10条 私立学校は、校長を定め、監督庁に届け出なければならない。

第11条 校長及び教員は、教育上必要があると認めるときは、監督庁の定めるところにより、学生、生徒及び児童に懲戒を加えることができる。但し、体罰を加えることはできない。

第12条 学校においては、学生、生徒、児童及び幼児並びに職員の健康増進を図るため、健康診断を行い、その他その保健に必要な措置を講じなければならない。

第14条 学校が、設備、授業その他の事項について、法令の規定又は監督庁の定める規程に違反したときは、監督庁は、その変更を命ずることができる。

第16条 子女を使用する者は、その使用によって、子女が、義務教育を受けることを妨げてはならない。

第2章　小学校

第17条 小学校は、心身の発達に応じて、初等普通教育を施すことを目的とする。

第18条　小学校における教育については、前条の目的を実現するために、次の各号に掲げる目標の達成に努めなければならない。
- 一　学校内外の社会生活の経験に基き、人間相互の関係について、正しい理解と協同、自主及び自律の精神を養うこと。
- 二　郷土及び国家の現状と伝統について、正しい理解に導き、進んで国際協調の精神を養うこと。
- 三　日常生活に必要な衣、食、住、産業等について、基礎的な理解と技能を養うこと。
- 四　日常生活に必要な国語を、正しく理解し、使用する能力を養うこと。
- 五　日常生活に必要な数量的な関係を、正しく理解し、処理する能力を養うこと。
- 六　日常生活における自然現象を科学的に観察し、処理する能力を養うこと。
- 七　健康、安全で幸福な生活のために必要な習慣を養い、心身の調和的発達を図ること。
- 八　生活を明るく豊かにする音楽、美術、文芸等について、基礎的な理解と技能を養うこと。

第19条　小学校の修業年限は、6年とする。

第20条　小学校の教科に関する事項は、第17条及び第18条の規定に従い、監督庁が、これを定める。

第21条　小学校においては、監督庁の検定若しくは認可を経た教科用図書又は監督庁において著作権を有する教科用図書を使用しなければならない。

2　前項の教科用図書以外の図書その他の教材で、有益適切なものは、これを使用することができる。

第22条　保護者（子女に対して親権を行う者、親権を行う者のないときは、後見人又は後見人の職務を行う者をいう。以下同じ。）は、子女の満6才に達した日の翌日以後における最初の学年の初から、満12才に達した日の属する学年の終りまで、これを小学校又は盲学校、聾学校若しくは養護学校の小学部に就学させる義務を負う。

2　前項の義務履行の督促その他義務に関し必要な事項は、政令でこれを定める。

第23条　前条の規定によって、保護者が就学させなければならない子女（以下学齢児童と称する。）で、病弱、発育不完全その他やむを得ない事由のため、就学困難と認められる者の保護者に対しては、市町村の教育委員会は、監督庁の定める規程により、都道府県の教育委員会の認可を受けて、前条第1項に規定する義務を猶予又は免除することができる。

第24条　第23条の規定により、小学校設置の義務を免除された区域内の学齢児童の保護者は、第22条第1項に規定する義務を免除されたものとする。

第25条　経済的理由によって、就学困難と認められる学齢児童の保護者に対しては、市町村は、必要な援助を与えなければならない。

第26条　市町村の教育委員会は、性行不良であって他の児童の教育に妨げがあると認める児童があるときは、その保護者に対して、児童の出席停止を命ずることができる。

第27条　学齢に達しない子女は、これを小学校に入学させることができない。

第28条　小学校には、校長、教頭、教諭、養護教諭及び事務職員を置かなければならな

い。ただし、特別の事情のあるときは、教頭又は事務職員を置かないことができる。
2 小学校には、前項のほか、必要な職員を置くことができる。
3 校長は、校務をつかさどり、所属職員を監督する。
4 教頭は、校長を助け、校務を整理し、及び必要に応じ児童の教育をつかさどる。
5 教頭は、校長に事故があるときはその職務を代理し、校長が欠けたときはその職務を行なう。この場合において教頭が二人以上あるときは、あらかじめ校長が定めた順序で、その職務を代理し、又は行なう。
6 教諭は、児童の教育をつかさどる。
7 養護教諭は、児童の養護をつかさどる。
8 事務職員は事務に従事する。
第29条　市町村は、その区域内にある学齢児童を就学させるに必要な小学校を設置しなければならない。

第3章　中学校

第35条　中学校は、小学校における教育の基礎の上に、心身の発達に応じて、中等普通教育を施すことを目的とする。

第36条　中学校における教育については、前条の目的を実現するために、次の各号に掲げる目標の達成に努めなければならない。

一　小学校における教育の目標をなお充分に達成して、国家及び社会の形成者として必要な資質を養うこと。

二　社会に必要な職業についての基礎的な知識と技能、勤労を重んずる態度及び個性に応じて将来の進路を選択する能力を養うこと。

三　学校内外における社会的活動を促進し、その感情を正しく導き、公正な判断力を養うこと。

第37条　中学校の修業年限は、3年とする。

第38条　中学校の教科に関する事項は、第35条及び第36条の規定に従い、監督庁が、これを定める。

第39条　保護者は、子女が小学校の課程を修了した日の翌日以後における最初の学年の初から、満15才に達した日の属する学年の終りまで、これを、中学校又は盲学校、聾学校若しくは養護学校の中学部に就学させる義務を負う。

2 前項の規定によって保護者が就学させなければならない子女は、これを学齢生徒と称する。

第40条　第21条、第25条、第26条、第28条から第34条までの規定は、中学校に、これを準用する。

第4章　高等学校

第41条　高等学校は、中学校における教育の基礎の上に、心身の発達に応じて、高等普通教育及び専門教育を施すことを目的とする。

第42条　高等学校における教育については、前条の目的を実現するために、次の各号に

掲げる目標の達成に努めなければならないい。
- 一 中学校における教育の成果をさらに発展拡充させて、国家及び社会の有為な形成者として必要な資質を養うこと。
- 二 社会において果さなければならない使命の自覚に基き、個性に応じて将来の進路を決定させ、一般的な教養を高め、専門的な技能に習熟させること。
- 三 社会について、広く深い理解と健全な批判力を養い、個性の確立に努めること。

第43条 高等学校の学科及び教科に関する事項は、前2条の規定に従い、監督庁が、これを定める。

第44条 高等学校には、全日制の課程のほか、定時制の課程を置くことができる。

2 高等学校には、定時制の課程のみを置くことができる。

第45条 高等学校には、全日制の課程又は定時制の課程のほか、通信制の課程を置くことができる。

2 高等学校には、通信制の課程のみを置くことができる。

（略）

第5章　大学

第52条 大学は、学術の中心として、広く知識を授けるとともに、深く専門の学芸を教授研究し、知的、道徳的及び応用的能力を展開させることを目的とする。

第54条 大学には、夜間において授業を行う学部を置くことができる。

第54条の2 大学は、通信による教育を行なうことができる。

第55条 大学の修業年限は、4年とする。但し、特別の専門事項を教授研究する学部及び前条の学部については、その修業年限は、4年をこえるものとすることができる。

（略）

第6章　特殊教育

第71条 盲学校、聾学校又は養護学校は、それぞれ盲者、聾者又は精神薄弱、身体不自由その他心身に故障のある者に対して、幼稚園、小学校、中学校又は高等学校に準ずる教育を施し、あわせてその欠陥を補うために、必要な知識技能を授けることを目的とする。

（略）

第85条 学校教育上支障のない限り、学校には、社会教育に関する施設を附置し、又は学校の施設を社会教育その他公共のために利用させることができる。

（略）

第9章　罰則

（略）

第90条 第16条の規定に違反した者は、これを3000円以下の罰金に処する。

第91条 第22条第1項又は第39条第1項の規定による義務履行の督促を受け、なお

履行しない者は、これを 1000 円以下の罰金に処する。

地方教育行政の組織及び運営に関する法律
（昭和 31 年 6 月 30 日　法律第 162 号）
平成 19 年改正　法律第 98 号

第 1 章　総則
（この法律の趣旨）
第 1 条　この法律は、教育委員会の設置、学校その他の教育機関の職員の身分取扱その他地方公共団体における教育行政の組織及び運営の基本を定めることを目的とする。
（基本理念）
第 1 条の 2　地方公共団体における教育行政は、教育基本法（平成 18 年法律第 120 号）の趣旨にのつとり、教育の機会均等、教育水準の維持向上及び地域の実情に応じた教育の振興が図られるよう、国との適切な役割分担及び相互の協力の下、公正かつ適正に行われなければならない。

第 2 章　教育委員会の設置及び組織
第 1 節　教育委員会の設置、委員及び会議
（設置）
第 2 条　都道府県、市（特別区を含む。以下同じ。）町村及び第 23 条に規定する事務の全部又は一部を処理する地方公共団体の組合に教育委員会を置く。
（組織）
第 3 条　教育委員会は、5 人の委員をもつて組織する。ただし、条例で定めるところにより、都道府県若しくは市又は地方公共団体の組合のうち都道府県若しくは市が加入するものの教育委員会にあつては 6 人以上の委員、町村又は地方公共団体の組合のうち町村のみが加入するものの教育委員会にあつては 3 人以上の委員をもつて組織することができる。
（任命）
第 4 条　委員は、当該地方公共団体の長の被選挙権を有する者で、人格が高潔で、教育、学術及び文化（以下単に「教育」という。）に関し識見を有するもののうちから、地方公共団体の長が、議会の同意を得て、任命する。
2　次の各号のいずれかに該当する者は、委員となることができない。
　一　破産者で復権を得ない者
　二　禁錮以上の刑に処せられた者
3　委員の任命については、そのうち委員の定数の 2 分の 1 以上の者が同一の政党に所属することとなつてはならない。
4　地方公共団体の長は、第 1 項の規定による委員の任命に当たつては、委員の年齢、性別、職業等に著しい偏りが生じないように配慮するとともに、委員のうちに保護者（親

権を行う者及び未成年後見人をいう。第47条の5第2項において同じ。）である者が含まれるようにしなければならない。

(任期)

第5条 委員の任期は、4年とする。ただし、補欠の委員の任期は、前任者の残任期間とする。

2 委員は、再任されることができる。

(兼職禁止)

第6条 委員は、地方公共団体の議会の議員若しくは長、地方公共団体に執行機関として置かれる委員会の委員若しくは委員又は地方公共団体の常勤の職員若しくは地方公務員法（昭和25年法律第261号）第28条の5第1項に規定する短時間勤務の職を占める職員と兼ねることができない。

(罷免)

第7条 地方公共団体の長は、委員が心身の故障のため職務の遂行に堪えないと認める場合又は職務上の義務違反その他委員たるに適しない非行があると認める場合においては、当該地方公共団体の議会の同意を得て、これを罷免することができる。

2 地方公共団体の長は、委員のうちその定数の2分の1から1を減じた数（その数に1人未満の端数があるときは、これを切り上げて得た数）の者が既に所属している政党に新たに所属するに至つた委員があるときは、その委員を直ちに罷免するものとする。

3 地方公共団体の長は、委員のうちその定数の2分の1以上の者が同一の政党に所属することとなつた場合（前項の規定に該当する場合を除く。）には、同一の政党に所属する委員の数が委員の定数の2分の1から1を減じた数（その数に1人未満の端数があるときは、これを切り上げて得た数）になるように、当該地方公共団体の議会の同意を得て、委員を罷免するものとする。ただし、政党所属関係について異動のなかつた委員を罷免することはできない。

4 委員は、前3項の場合を除き、その意に反して罷免されることがない。

(解職請求)

第8条 地方公共団体の長の選挙権を有する者は、政令で定めるところにより、その総数の3分の1（その総数が40万を超える場合にあつては、その超える数に6分の1を乗じて得た数と40万に3分の1を乗じて得た数とを合算して得た数）以上の者の連署をもつて、その代表者から、当該地方公共団体の長に対し、委員の解職を請求することができる。

2 地方自治法（昭和22年法律第67号）第86条第2項、第3項及び第4項前段、第87条並びに第88条第2項の規定は、前項の規定による委員の解職の請求について準用する。この場合において、同法第87条第1項中「前条第1項に掲げる職に在る者」とあるのは「教育委員会の委員」と、同法第88条第2項中「第86条第1項の規定による選挙管理委員若しくは監査委員又は公安委員会の委員の解職の請求」とあるのは「地方教育行政の組織及び運営に関する法律（昭和31年法律第162号）第8条第1項の規定による教育委員会の委員の解職の請求」と読み替えるものとする。

(失職)

第9条 委員は、前条第2項において準用する地方自治法第87条の規定によりその職を失う場合のほか、次の各号の一に該当する場合においては、その職を失う。
　一　第4条第2項各号の一に該当するに至つた場合
　二　前号に掲げる場合のほか、当該地方公共団体の長の被選挙権を有する者でなくなつた場合
2　地方自治法第143条第1項後段及び第2項の規定は、前項第二号に掲げる場合における地方公共団体の長の被選挙権の有無の決定及びその決定に関する争訟について準用する。
（辞職）
第10条　委員は、当該地方公共団体の長及び教育委員会の同意を得て、辞職することができる。
（服務等）
第11条　委員は、職務上知ることができた秘密を漏らしてはならない。その職を退いた後も、また、同様とする。
2　委員又は委員であつた者が法令による証人、鑑定人等となり、職務上の秘密に属する事項を発表する場合においては、教育委員会の許可を受けなければならない。
3　前項の許可は、法律に特別の定がある場合を除き、これを拒むことができない。
4　委員は、非常勤とする。
5　委員は、政党その他の政治的団体の役員となり、又は積極的に政治運動をしてはならない。
6　委員は、その職務の遂行に当たつては、自らが当該地方公共団体の教育行政の運営について負う重要な責任を自覚するとともに、第1条の2に規定する基本理念に則して当該地方公共団体の教育行政の運営が行われるよう意を用いなければならない。
（委員長）
第12条　教育委員会は、委員（第16条第2項の規定により教育長に任命された委員を除く。）のうちから、委員長を選挙しなければならない。
2　委員長の任期は、1年とする。ただし、再選されることができる。
3　委員長は、教育委員会の会議を主宰し、教育委員会を代表する。
4　委員長に事故があるとき、又は委員長が欠けたときは、あらかじめ教育委員会の指定する委員がその職務を行う。
（会議）
第13条　教育委員会の会議は、委員長が招集する。
2　教育委員会は、委員長及び在任委員の過半数が出席しなければ、会議を開き、議決をすることができない。ただし、第5項の規定による除斥のため過半数に達しないとき、又は同一の事件につき再度招集しても、なお過半数に達しないときは、この限りでない。
3　教育委員会の会議の議事は、第6項ただし書の発議に係るものを除き、出席委員の過半数で決し、可否同数のときは、委員長の決するところによる。
4　前2項の規定による会議若しくは議事又は第6項ただし書の発議に係る議事の定足

数については、委員長は、委員として計算するものとする。
5 教育委員会の委員は、自己、配偶者若しくは3親等以内の親族の一身上に関する事件又は自己若しくはこれらの者の従事する業務に直接の利害関係のある事件については、その議事に参与することができない。ただし、教育委員会の同意があるときは、会議に出席し、発言することができる。
6 教育委員会の会議は、公開する。ただし、人事に関する事件その他の事件について、委員長又は委員の発議により、出席委員の3分の2以上の多数で議決したときは、これを公開しないことができる。
7 前項ただし書の委員長又は委員の発議は、討論を行わないでその可否を決しなければならない。

(教育委員会規則の制定等)
第14条 教育委員会は、法令又は条例に違反しない限りにおいて、その権限に属する事務に関し、教育委員会規則を制定することができる。
2 教育委員会規則その他教育委員会の定める規程で公表を要するものの公布に関し必要な事項は、教育委員会規則で定める。

(教育委員会の議事運営)
第15条 この法律に定めるもののほか、教育委員会の会議その他教育委員会の議事の運営に関し必要な事項は、教育委員会規則で定める。

第2節 教育長及び事務局
(教育長)
第16条 教育委員会に、教育長を置く。
2 教育長は、第6条の規定にかかわらず、当該教育委員会の委員(委員長を除く。)である者のうちから、教育委員会が任命する。
3 教育長は、委員としての任期中在任するものとする。ただし、地方公務員法第27条から第29条までの規定の適用を妨げない。
4 教育長は、委員の職を辞し、失い、又は罷免された場合においては、当然に、その職を失うものとする。

(教育長の職務)
第17条 教育長は、教育委員会の指揮監督の下に、教育委員会の権限に属するすべての事務をつかさどる。
2 教育長は、教育委員会のすべての会議に出席し、議事について助言する。
3 教育長は、自己、配偶者若しくは3親等以内の親族の一身上に関する事件又は自己若しくはこれらの者の従事する業務に直接の利害関係のある事件についての議事が行われる場合においては、前項の規定にかかわらず、教育委員会の会議に出席することができない。ただし、委員として第13条第5項ただし書の規定の適用があるものとする。

(事務局)
第18条 教育委員会の権限に属する事務を処理させるため、教育委員会に事務局を置く。
2 教育委員会の事務局の内部組織は、教育委員会規則で定める。

（指導主事その他の職員）
第19条 都道府県に置かれる教育委員会（以下「都道府県委員会」という。）の事務局に、指導主事、事務職員及び技術職員を置くほか、所要の職員を置く。
2　市町村に置かれる教育委員会（以下「市町村委員会」という。）の事務局に、前項の規定に準じて指導主事その他の職員を置く。
3　指導主事は、上司の命を受け、学校（学校教育法（昭和22年法律第26号）第1条に規定する学校をいう。以下同じ。）における教育課程、学習指導その他学校教育に関する専門的事項の指導に関する事務に従事する。
4　指導主事は、教育に関し識見を有し、かつ、学校における教育課程、学習指導その他学校教育に関する専門的事項について教養と経験がある者でなければならない。指導主事は、大学以外の公立学校（地方公共団体が設置する学校をいう。以下同じ。）の教員（教育公務員特例法（昭和24年法律第1号）第2条第2項に規定する教員をいう。以下同じ。）をもつて充てることができる。
5　事務職員は、上司の命を受け、事務に従事する。
6　技術職員は、上司の命を受け、技術に従事する。
7　第1項及び第2項の職員は、教育長の推薦により、教育委員会が任命する。
8　教育委員会は、事務局の職員のうち所掌事務に係る教育行政に関する相談に関する事務を行う職員を指定し、これを公表するものとする。
9　前各項に定めるもののほか、教育委員会の事務局に置かれる職員に関し必要な事項は、政令で定める。

（教育長の事務局の統括等）
第20条 教育長は、第17条に規定するもののほか、事務局の事務を統括し、所属の職員を指揮監督する。
2　教育長に事故があるとき、又は教育長が欠けたときは、あらかじめ教育委員会の指定する事務局の職員がその職務を行う。

（事務局職員の定数）
第21条 第19条第1項及び第2項に規定する事務局の職員の定数は、当該地方公共団体の条例で定める。ただし、臨時又は非常勤の職員については、この限りでない。

（教育長及び事務局職員の身分取扱）
第22条 教育長及び第19条第1項及び第2項に規定する事務局の職員の任免、給与、懲戒、服務その他の身分取扱に関する事項は、この法律及び教育公務員特例法に特別の定があるものを除き、地方公務員法の定めるところによる。

第3章　教育委員会及び地方公共団体の長の職務権限

（教育委員会の職務権限）
第23条 教育委員会は、当該地方公共団体が処理する教育に関する事務で、次に掲げるものを管理し、及び執行する。
　一　教育委員会の所管に属する第30条に規定する学校その他の教育機関（以下「学校その他の教育機関」という。）の設置、管理及び廃止に関すること。

二　学校その他の教育機関の用に供する財産（以下「教育財産」という。）の管理に関すること。
三　教育委員会及び学校その他の教育機関の職員の任免その他の人事に関すること。
四　学齢生徒及び学齢児童の就学並びに生徒、児童及び幼児の入学、転学及び退学に関すること。
五　学校の組織編制、教育課程、学習指導、生徒指導及び職業指導に関すること。
六　教科書その他の教材の取扱いに関すること。
七　校舎その他の施設及び教具その他の設備の整備に関すること。
八　校長、教員その他の教育関係職員の研修に関すること。
九　校長、教員その他の教育関係職員並びに生徒、児童及び幼児の保健、安全、厚生及び福利に関すること。
十　学校その他の教育機関の環境衛生に関すること。
十一　学校給食に関すること。
十二　青少年教育、女性教育及び公民館の事業その他社会教育に関すること。
十三　スポーツに関すること。
十四　文化財の保護に関すること。
十五　ユネスコ活動に関すること。
十六　教育に関する法人に関すること。
十七　教育に係る調査及び基幹統計その他の統計に関すること。
十八　所掌事務に係る広報及び所掌事務に係る教育行政に関する相談に関すること。
十九　前各号に掲げるもののほか、当該地方公共団体の区域内における教育に関する事務に関すること。

（長の職務権限）
第24条　地方公共団体の長は、次の各号に掲げる教育に関する事務を管理し、及び執行する。
一　大学に関すること。
二　私立学校に関すること。
三　教育財産を取得し、及び処分すること。
四　教育委員会の所掌に係る事項に関する契約を結ぶこと。
五　前号に掲げるもののほか、教育委員会の所掌に係る事項に関する予算を執行すること。

（職務権限の特例）
（略）

（事務処理の法令準拠）
（略）

（事務の委任等）
第26条　教育委員会は、教育委員会規則で定めるところにより、その権限に属する事務の一部を教育長に委任し、又は教育長をして臨時に代理させることができる。
2　前項の規定にかかわらず、次に掲げる事務は、教育長に委任することができない。

一　教育に関する事務の管理及び執行の基本的な方針に関すること。
　　二　教育委員会規則その他教育委員会の定める規程の制定又は改廃に関すること。
　　三　教育委員会の所管に属する学校その他の教育機関の設置及び廃止に関すること。
　　四　教育委員会及び教育委員会の所管に属する学校その他の教育機関の職員の任免その他の人事に関すること。
　　五　次条の規定による点検及び評価に関すること。
　　六　第29条に規定する意見の申出に関すること。
　3　教育長は、第1項の規定により委任された事務その他その権限に属する事務の一部を事務局の職員若しくは教育委員会の所管に属する学校その他の教育機関の職員（以下この項及び次条第1項において「事務局職員等」という。）に委任し、又は事務局職員等をして臨時に代理させることができる。
（教育に関する事務の管理及び執行の状況の点検及び評価等）
第27条　教育委員会は、毎年、その権限に属する事務（前条第1項の規定により教育長に委任された事務その他教育長の権限に属する事務（同条第3項の規定により事務局職員等に委任された事務を含む。）を含む。）の管理及び執行の状況について点検及び評価を行い、その結果に関する報告書を作成し、これを議会に提出するとともに、公表しなければならない。
2　教育委員会は、前項の点検及び評価を行うに当たつては、教育に関し学識経験を有する者の知見の活用を図るものとする。
（都道府県知事に対する都道府県委員会の助言又は援助）
第27条の2　都道府県知事は、第24条第二号に掲げる私立学校に関する事務を管理し、及び執行するに当たり、必要と認めるときは、当該都道府県委員会に対し、学校教育に関する専門的事項について助言又は援助を求めることができる。
（教育財産の管理等）
第28条　教育財産は、地方公共団体の長の総括の下に、教育委員会が管理するものとする。
2　地方公共団体の長は、教育委員会の申出をまつて、教育財産の取得を行うものとする。
3　地方公共団体の長は、教育財産を取得したときは、すみやかに教育委員会に引き継がなければならない。
（教育委員会の意見聴取）
第29条　地方公共団体の長は、歳入歳出予算のうち教育に関する事務に係る部分その他特に教育に関する事務について定める議会の議決を経るべき事件の議案を作成する場合においては、教育委員会の意見をきかなければならない。

　　　　　第4章　教育機関
第1節　通則
（教育機関の設置）
第30条　地方公共団体は、法律で定めるところにより、学校、図書館、博物館、公民館その他の教育機関を設置するほか、条例で、教育に関する専門的、技術的事項の研究

又は教育関係職員の研修、保健若しくは福利厚生に関する施設その他の必要な教育機関を設置することができる。
(教育機関の職員)
第31条 前条に規定する学校に、法律で定めるところにより、学長、校長、園長、教員、事務職員、技術職員その他の所要の職員を置く。
2 前条に規定する学校以外の教育機関に、法律又は条例で定めるところにより、事務職員、技術職員その他の所要の職員を置く。
3 前2項に規定する職員の定数は、この法律に特別の定がある場合を除き、当該地方公共団体の条例で定めなければならない。ただし、臨時又は非常勤の職員については、この限りでない。
(教育機関の所管)
第32条 学校その他の教育機関のうち、大学は地方公共団体の長が、その他のものは教育委員会が所管する。ただし、第24条の2第1項の条例の定めるところにより地方公共団体の長が管理し、及び執行することとされた事務のみに係る教育機関は、地方公共団体の長が所管する。
(学校等の管理)
第33条 教育委員会は、法令又は条例に違反しない限度において、その所管に属する学校その他の教育機関の施設、設備、組織編制、教育課程、教材の取扱その他学校その他の教育機関の管理運営の基本的事項について、必要な教育委員会規則を定めるものとする。この場合において、当該教育委員会規則で定めようとする事項のうち、その実施のためには新たに予算を伴うこととなるものについては、教育委員会は、あらかじめ当該地方公共団体の長に協議しなければならない。
2 前項の場合において、教育委員会は、学校における教科書以外の教材の使用について、あらかじめ、教育委員会に届け出させ、又は教育委員会の承認を受けさせることとする定を設けるものとする。
(教育機関の職員の任命)
第34条 教育委員会の所管に属する学校その他の教育機関の校長、園長、教員、事務職員、技術職員その他の職員は、この法律に特別の定がある場合を除き、教育長の推薦により、教育委員会が任命する。
(職員の身分取扱)
第35条 第31条第1項又は第2項に規定する職員の任免、給与、懲戒、服務その他の身分取扱に関する事項は、この法律及び他の法律に特別の定がある場合を除き、地方公務員法の定めるところによる。
(所属職員の進退に関する意見の申出)
第36条 学校その他の教育機関の長は、この法律及び教育公務員特例法に特別の定がある場合を除き、その所属の職員の任免その他の進退に関する意見を任命権者に対して申し出ることができる。この場合において、大学附置の学校の校長にあつては、学長を経由するものとする。
第2節　市町村立学校の教職員

(任命権者)
第37条 市町村立学校職員給与負担法(昭和23年法律第135号)第1条及び第2条に規定する職員(以下「県費負担教職員」という。)の任命権は、都道府県委員会に属する。
2 前項の都道府県委員会の権限に属する事務に係る第26条第2項の規定の適用については、同項第四号中「職員」とあるのは、「職員並びに第37条第1項に規定する県費負担教職員」とする。
(市町村委員会の内申)
第38条 都道府県委員会は、市町村委員会の内申をまつて、県費負担教職員の任免その他の進退を行うものとする。
(略)
(校長の所属教職員の進退に関する意見の申出)
第39条 市町村立学校職員給与負担法第1条及び第2条に規定する学校の校長は、所属の県費負担教職員の任免その他の進退に関する意見を市町村委員会に申し出ることができる。
(県費負担教職員の任用等)
第40条 第37条の場合において、都道府県委員会(この条に掲げる一の市町村に係る県費負担教職員の免職に関する事務を行う者及びこの条に掲げる他の市町村に係る県費負担教職員の採用に関する事務を行う者の一方又は双方が第55条第1項、第58条第1項又は第61条第1項の規定により当該事務を行うこととされた市町村委員会である場合にあつては、当該一の市町村に係る県費負担教職員の免職に関する事務を行う教育委員会及び当該他の市町村に係る県費負担教職員の採用に関する事務を行う教育委員会)は、地方公務員法第27条第2項及び第28条第1項の規定にかかわらず、一の市町村の県費負担教職員(非常勤の講師(同法第28条の5第1項に規定する短時間勤務の職を占める者を除く。以下同じ。)を除く。以下この条、第42条、第43条第3項、第44条、第45条第1項、第46条、第47条、第58条第2項、第59条及び第61条第2項において同じ。)を免職し、引き続いて当該都道府県内の他の市町村の県費負担教職員に採用することができるものとする。この場合において、当該県費負担教職員が当該免職された市町村において同法第22条第1項(教育公務員特例法第12条第1項の規定において読み替えて適用する場合を含む。)の規定により正式任用になつていた者であるときは、当該県費負担教職員の当該他の市町村における採用については、地方公務員法第22条第1項の規定は、適用しない。
(県費負担教職員の定数)
第41条 県費負担教職員の定数は、都道府県の条例で定める。ただし、臨時又は非常勤の職員については、この限りでない。
2 県費負担教職員の市町村別の学校の種類ごとの定数は、前項の規定により定められた定数の範囲内で、都道府県委員会が、当該市町村における児童又は生徒の実態、当該市町村が設置する学校の学級編制に係る事情等を総合的に勘案して定める。
3 前項の場合において、都道府県委員会は、あらかじめ、市町村委員会の意見を聴き、

その意見を十分に尊重しなければならない。
(県費負担教職員の給与、勤務時間その他の勤務条件)
第42条 県費負担教職員の給与、勤務時間その他の勤務条件については、地方公務員法第24条第6項の規定により条例で定めるものとされている事項は、都道府県の条例で定める。
(服務の監督)
(略)
(職階制)
第44条 県費負担教職員の職階制は、地方公務員法第23条第1項の規定にかかわらず、都道府県内の県費負担教職員を通じて都道府県が採用するものとし、職階制に関する計画は、都道府県の条例で定める。
(研修)
第45条 県費負担教職員の研修は、地方公務員法第39条第2項の規定にかかわらず、市町村委員会も行うことができる。
2 市町村委員会は、都道府県委員会が行う県費負担教職員の研修に協力しなければならない。
(勤務成績の評定)
第46条 県費負担教職員の勤務成績の評定は、地方公務員法第40条第1項の規定にかかわらず、都道府県委員会の計画の下に、市町村委員会が行うものとする。
(地方公務員法の適用の特例)
(略)
(当該市町村を包括する都道府県の区域内の市町村の短時間勤務の職)
(略)
(県費負担教職員の免職及び都道府県の職への採用)
(略)
(県費負担教職員のうち非常勤講師の報酬等及び身分取扱い)
(略)
(初任者研修に係る非常勤講師の派遣)
(略)
第3節　学校運営協議会
第47条の5 教育委員会は、教育委員会規則で定めるところにより、その所管に属する学校のうちその指定する学校(以下この条において「指定学校」という。)の運営に関して協議する機関として、当該指定学校ごとに、学校運営協議会を置くことができる。
2 学校運営協議会の委員は、当該指定学校の所在する地域の住民、当該指定学校に在籍する生徒、児童又は幼児の保護者その他教育委員会が必要と認める者について、教育委員会が任命する。
3 指定学校の校長は、当該指定学校の運営に関して、教育課程の編成その他教育委員会規則で定める事項について基本的な方針を作成し、当該指定学校の学校運営協議会

の承認を得なければならない。
4　学校運営協議会は、当該指定学校の運営に関する事項（次項に規定する事項を除く。）について、教育委員会又は校長に対して、意見を述べることができる。
5　学校運営協議会は、当該指定学校の職員の採用その他の任用に関する事項について、当該職員の任命権者に対して意見を述べることができる。この場合において、当該職員が県費負担教職員（第55条第1項、第58条第1項又は第61条第1項の規定により市町村委員会がその任用に関する事務を行う職員を除く。）であるときは、市町村委員会を経由するものとする。
6　指定学校の職員の任命権者は、当該職員の任用に当たつては、前項の規定により述べられた意見を尊重するものとする。
7　教育委員会は、学校運営協議会の運営が著しく適正を欠くことにより、当該指定学校の運営に現に著しい支障が生じ、又は生ずるおそれがあると認められる場合においては、その指定を取り消さなければならない。
8　指定学校の指定及び指定の取消しの手続、指定の期間、学校運営協議会の委員の任免の手続及び任期、学校運営協議会の議事の手続その他学校運営協議会の運営に関し必要な事項については、教育委員会規則で定める。

第5章　文部科学大臣及び教育委員会相互間の関係等

（文部科学大臣又は都道府県委員会の指導、助言及び援助）
第48条　地方自治法第245条の4第1項の規定によるほか、文部科学大臣は都道府県又は市町村に対し、都道府県委員会は市町村に対し、都道府県又は市町村の教育に関する事務の適正な処理を図るため、必要な指導、助言又は援助を行うことができる。
2　前項の指導、助言又は援助を例示すると、おおむね次のとおりである。
　一　学校その他の教育機関の設置及び管理並びに整備に関し、指導及び助言を与えること。
　二　学校の組織編制、教育課程、学習指導、生徒指導、職業指導、教科書その他の教材の取扱いその他学校運営に関し、指導及び助言を与えること。
　三　学校における保健及び安全並びに学校給食に関し、指導及び助言を与えること。
　四　教育委員会の委員及び校長、教員その他の教育関係職員の研究集会、講習会その他研修に関し、指導及び助言を与え、又はこれらを主催すること。
　五　生徒及び児童の就学に関する事務に関し、指導及び助言を与えること。
　六　青少年教育、女性教育及び公民館の事業その他社会教育の振興並びに芸術の普及及び向上に関し、指導及び助言を与えること。
　七　スポーツの振興に関し、指導及び助言を与えること。
　八　指導主事、社会教育主事その他の職員を派遣すること。
　九　教育及び教育行政に関する資料、手引書等を作成し、利用に供すること。
　十　教育に係る調査及び統計並びに広報及び教育行政に関する相談に関し、指導及び助言を与えること。
　十一　教育委員会の組織及び運営に関し、指導及び助言を与えること。

3 文部科学大臣は、都道府県委員会に対し、第1項の規定による市町村に対する指導、助言又は援助に関し、必要な指示をすることができる。
4 地方自治法第245条の4第3項の規定によるほか、都道府県知事又は都道府県委員会は文部科学大臣に対し、市町村長又は市町村委員会は文部科学大臣又は都道府県委員会に対し、教育に関する事務の処理について必要な指導、助言又は援助を求めることができる。

(是正の要求の方式)
第49条 文部科学大臣は、都道府県委員会又は市町村委員会の教育に関する事務の管理及び執行が法令の規定に違反するものがある場合又は当該事務の管理及び執行を怠るものがある場合において、児童、生徒等の教育を受ける機会が妨げられていることその他の教育を受ける権利が侵害されていることが明らかであるとして地方自治法第245条の5第1項若しくは第4項の規定による求め又は同条第2項の指示を行うときは、当該教育委員会が講ずべき措置の内容を示して行うものとする。

(文部科学大臣の指示)
第50条 文部科学大臣は、都道府県委員会又は市町村委員会の教育に関する事務の管理及び執行が法令の規定に違反するものがある場合又は当該事務の管理及び執行を怠るものがある場合において、児童、生徒等の生命又は身体の保護のため、緊急の必要があるときは、当該教育委員会に対し、当該違反を是正し、又は当該怠る事務の管理及び執行を改めるべきことを指示することができる。ただし、他の措置によつては、その是正を図ることが困難である場合に限る。

(文部科学大臣の通知)
第50条の2 文部科学大臣は、第49条に規定する求め若しくは指示又は前条の規定による指示を行つたときは、遅滞なく、当該地方公共団体(第49条に規定する指示を行つたときにあつては、当該指示に係る市町村)の長及び議会に対して、その旨を通知するものとする。

(文部科学大臣及び教育委員会相互間の関係)
第51条 文部科学大臣は都道府県委員会又は市町村委員会相互の間の、都道府県委員会は市町村委員会相互の間の連絡調整を図り、並びに教育委員会は、相互の間の連絡を密にし、及び文部科学大臣又は他の教育委員会と協力し、教職員の適正な配置と円滑な交流及び教職員の勤務能率の増進を図り、もつてそれぞれその所掌する教育に関する事務の適正な執行と管理に努めなければならない。

第52条 削除

(調査)
第53条 文部科学大臣又は都道府県委員会は、第48条第1項及び第51条の規定による権限を行うため必要があるときは、地方公共団体の長又は教育委員会が管理し、及び執行する教育に関する事務について、必要な調査を行うことができる。
2 文部科学大臣は、前項の調査に関し、都道府県委員会に対し、市町村長又は市町村委員会が管理し、及び執行する教育に関する事務について、その特に指定する事項の調査を行うよう指示をすることができる。

（資料及び報告）
第54条 教育行政機関は、的確な調査、統計その他の資料に基いて、その所掌する事務の適切かつ合理的な処理に努めなければならない。
2 文部科学大臣は地方公共団体の長又は教育委員会に対し、都道府県委員会は市町村長又は市町村委員会に対し、それぞれ都道府県又は市町村の区域内の教育に関する事務に関し、必要な調査、統計その他の資料又は報告の提出を求めることができる。
（職務権限の特例に係る事務の処理に関する指導、助言及び援助等）
（略）
（条例による事務処理の特例）
（略）
（市町村の教育行政の体制の整備及び充実）
（略）

第6章　雑則
附則（抄）
（略）
（施行期日）
第1条　この法律は、昭和31年10月1日から施行する。ただし、第2章、第58条第3項、第60条第1項及び第4項並びに附則第2条から第13条まで及び第25条の規定（以下「教育委員会の設置関係規定」という。）は、公布の日から施行する。
（旧法の廃止）
第2条　教育委員会法（昭和23年法律第170号。以下「旧法」という。）は、昭和31年9月30日限り、廃止する。ただし、同法中教育委員会の設置関係規定に抵触することとなる部分は、同日前においても、その効力を失うものとする。
（以下略）

學事獎勵ニ關スル被仰出書　（學制序文）

（明治5年8月2日　太政官布告第214號）

人々自ラ其身ヲ立テ其産ヲ治メ其業ヲ昌ニシテ以テ其生ヲ遂ル所以ノモノハ他ナシ身ヲ脩メ智ヲ開キ才藝ヲ長スルニヨルナリ而テ其身ヲ脩メ智ヲ開キ才藝ヲ長スルハ學ニアラサレハ能ハス是レ學校ノ設アル所以ニシテ日用常行言語書算ヲ初メ士官農商百工技藝及ヒ法律政治天文醫療等ニ至ル迄凡人ノ營ムトコロノ事學アラサルハナシ人能ク其オノアル所ニ應シ勉勵シテ之ニ從事シ而シテ後初テ生ヲ治メ産ヲ興シ業ヲ昌ニスルヲ得ヘシサレハ學問ハ身ヲ立ルノ財本共云ヘキ者ニシテ人タルモノ誰カ學ハスシテ可ナランヤ夫ノ道路ニ迷ヒ飢餓ニ陷リ家ヲ破リ身ヲ喪ノ徒ノ如キハ畢竟不學ヨリシテカ、ル過チヲ生スルナリ從來學校ノ設アリテヨリ年ヲ歷ルコト久シト雖トモ或ハ其道ヲ得サルヨリシテ人其方向ヲ誤リ學問ハ士人以上ノ事トシ農工商及ヒ婦女子ニ至ツテハ之ヲ度外ニヲキ學問

ノ何物タルヲ辨セス又士人以上ノ稀ニ學フ者モ動モスレハ國家ノ爲ニスト唱ヘ身ヲ立ル
ノ基タルヲ知ラスシテ或ハ詞章記誦ノ末ニ趨リ空理虚談ノ途ニ陷リ其論高尚ニ似タリト
雖トモ之ヲ身ニ行ヒ事ニ施スコト能ハサルモノ少カラス是即チ沿襲ノ習弊ニシテ文明普
ネカラス才藝ノ長セスシテ貧乏破産喪家ノ徒多キ所以ナリ是故ニ人タルモノハ學ハスン
ハ有ヘカラス之ヲ學フニハ宜シク其旨ヲ誤ルヘカラス之ニ依テ今般文部省ニ於テ學制ヲ
定メ追々教則ヲモ改正シ布告ニ及フヘキニツキ自今以後一般ノ人民華士族農工商及婦女
子必ス邑ニ不學ノ戸ナク家ニ不學ノ人ナカラシメン事ヲ期ス人ノ父兄タル者宜シク此意
ヲ體認シ其愛育ノ情ヲ厚クシ其子弟ヲシテ必ス學ニ從事セシメサルヘカラサルモノナリ
高上ノ學ニ至テハ其人ノ材能ニ任カスト雖トモ幼童ノ子弟ハ男女ノ別ナク小學ニ從事セ
シメサルモノハ其父兄ノ越度タルヘキ事　但從來沿襲ノ弊學問ハ士人以上ノ事トシ國家
ノ爲ニスト唱フルヲ以テ學費及其衣食ノ用ニ至ル迄多ク官ニ依頼シ之ヲ給スルニ非サレ
ハ學ハサル事ト思ヒ一生ヲ自棄スルモノ少カラス是皆惑ヘルノ甚シキモノナリ自今以後
此等ノ弊ヲ改メ一般ノ人民他事ヲ抛チ自ラ奮テ必ス學ニ從事セシムヘキ樣心　得ヘキ事
右ノ通被　仰出候條地方官ニ於テ邊隅小民ニ至ル迄不洩樣便宜解譯ヲ加ヘ精細申論文部
省規則ニ隨ヒ學問普及致候樣方法ヲ設可施行事

教学聖旨

（明治 12 年）

教学大旨

教学ノ要仁義忠孝ヲ明カニシテ智識才藝ヲ究メ以テ人道ヲ盡スハ我祖訓國典ノ大旨上下
一般ノ教トスル所ナリ然ルニ輓近專ラ智識才藝ノミヲ尚トヒ文明開化ノ末ニ馳セ品行ヲ
破リ風俗ヲ傷フ者少ナカラス然ル所以ノ者ハ維新ノ始首トシテ陋習ヲ破リ知識ヲ世界ニ
廣ムルノ卓見ヲ以テ一時西洋ノ所長ヲ取リ日新ノ效ヲ奏スト雖トモ其流弊仁義忠孝ヲ後
ニシ徒ニ洋風是競フニ於テハ將來ノ恐ルル所終ニ君臣父子ノ大義ヲ知ラサルニ至ランモ
測ル可カラス是我邦教学ノ本意ニ非サル也故ニ自今以往祖宗ノ訓典ニ基ツキ專ラ仁義忠
孝ヲ明カニシ道德ノ学ハ孔子ヲ主トシテ人々誠實品行ヲ尚トヒ然ル上各科ノ学ハ其才器
ニ隨テ益々畏長シ道德才藝本末全備シテ大中至正ノ教学天下ニ布滿セシメハ我邦獨立ノ
精神ニ於テ宇内ニ恥ルコト無カル可シ

小学條目二件
- 一　仁義忠孝ノ心ハ人皆之有リ然トモ其幼少ノ始ニ其脳髄ニ感覚セシメテ培養スルニ
非レハ他ノ物事已ニ耳ニ入リ先入主トナル時ハ後奈何トモ爲ス可カラス故ニ當世
小学校ニテ絵圖ノ設ケアルニ準シ古今ノ忠臣義士孝子節婦ノ畫像・寫眞ヲ掲ケ幼
年生入校ノ始ニ先ツ此畫像ヲ示シ其行事ノ概略ヲ説諭シ忠孝ノ大義ヲ第一ニ脳髄
ニ感覚セシメンコトヲ要ス然ル後ニ諸物ノ名狀ヲ知ラシムレハ後來思孝ノ性ニ養
成シ博物ノ學ニ於テ本末ヲ誤ルコト無カルヘシ
- 一　去秋各縣ノ学校ヲ巡覧シ親シク生徒ノ藝業ヲ験スルニ或ハ農商ノ子弟ニシテ其説

ク所多クハ高尚ノ空論ノミ甚キニ至テハ善ク洋語ヲ言フト雖トモ之ヲ邦語ニ譯スルコト能ハス此輩他日業卒リ家ニ帰ルトモ再タヒ本業ニ就キ難ク又高尚ノ空論ニテハ官ト爲ルモ無用ナル可シ加之其博聞ニ誇リ長上ヲ侮リ縣官ノ妨害トナルモノ少ナカラサルヘシ是皆教學ノ其道ヲ得サルノ弊害ナリ故ニ農商ニハ農商ノ学科ヲ設ケ高尚ニ馳セス實地ニ基ツキ他日学成ル時ハ其本業ニ帰リテ益々其業ヲ盛大ニスルノ教則アランコトヲ欲ス

教育令改正

(明治13年12月28日　太政官布告第59号)

明治12年9月第40号布告教育令左ノ通改正候条此旨布告候事
- **第1条**　全国ノ教育事務ハ文部卿之ヲ統摂ス故ニ学校幼穉園書籍館等ハ公立私立ノ別ナク皆文部卿ノ監督内ニアルヘシ
- **第2条**　学校ハ小学校中学校大学校師範学校専門学校農学校商業学校職工学校其他各種ノ学校トス
- **第3条**　小学校ハ普通ノ教育ヲ児童ニ授クル所ニシテ其学科ヲ修身読書習字算術地理歴史等ノ初歩トス土地ノ情況ニ随ヒテ罫画唱歌体操等ヲ加ヘ又物理生理博物等ノ大意ヲ加フ殊ニ女子ノ為ニハ裁縫等ノ科ヲ設クヘシ
  但已ムヲ得サル場合ニ於テハ修身読書習字算術地理歴史ノ中地理歴史ヲ減スルコトヲ得
- **第4条**　中学校ハ高等ナル普通学科ヲ授クル所トス
- **第5条**　大学校ハ法学理学医学文学等ノ専門諸科ヲ授クル所トス
- **第6条**　師範学校ハ教員ヲ養成スル所トス
- **第7条**　専門学校ハ専門一科ノ学術ヲ授クル所トス
- **第8条**　農学校ハ農耕ノ学業ヲ授クル所トス
  商業学校ハ商売ノ学業ヲ授クル所トス
  職工学校ハ百工ノ職芸ヲ授クル所トス
  以上数条掲クル所何ノ学校ヲ論セス各人皆之ヲ設置スルコトヲ得ヘシ
- **第9条**　各町村ハ府知事県令ノ指示ニ従ヒ独立或ハ連合シテ其学齢児童ヲ教育スルニ足ルヘキ一箇若クハ数箇ノ小学校ヲ設置スヘシ
  但本文小学校ニ代ルヘキ私立小学校アリテ府知事県令ノ認可ヲ経タルトキハ別ニ設置セサルモ妨ケナシ
- **第10条**　各町村ハ学務ヲ幹理セシメンカ為ニ小学校ヲ設置スル独立或ハ連合ノ区域ニ学務委員ヲ置キ戸長ヲ以テ其員ニ加フヘシ
  但人員ノ多寡給料ノ有無及其額ハ区町村会之ヲ評決シ府知事県令ノ認可ヲ経ヘシ
- **第11条**　学務委員ハ町村人民其定員ノ二倍若クハ三倍ヲ薦挙シ府知事県令其中ニ就テ之ヲ選任スヘシ
  但薦挙ノ規則ハ府知事県令之ヲ起草シテ文部卿ノ認可ヲ経ヘシ

第12条　学務委員ハ府知事県令ノ監督ニ属シ児童ノ就学学校ノ設置保護等ノ事ヲ掌ルヘシ

第13条　凡児童六年ヨリ十四年ニ至ル八箇年ヲ以テ学齢トス

第14条　学齢児童ヲ就学セシムルハ父母後見人等ノ責任タルヘシ

第15条　父母後見人等ハ其学齢児童ノ小学科三箇年ノ課程ヲ卒ラサル間已ムヲ得サル事故アルニアラサレハ少クトモ毎年十六週日以上就学セシメサルヘカラス又小学科三箇年ノ課程ヲ卒リタル後ト雖モ相当ノ理由アルニアラサレハ毎年就学セシメサルヘカラス

　但就学督責ノ規則ハ府知事県令之ヲ起草シテ文部卿ノ認可ヲ経ヘシ

第16条　小学校ノ学期ハ三箇年以上八箇年以下タルヘク授業日数ハ毎年三十二週日以上タルヘシ

　但授業時間ハ一日三時ヨリ少カラス六時ヨリ多カラサルモノトス

第17条　学齢児童ヲ学校ニ入レス又巡回授業ニ依ラスシテ別ニ普通教育ヲ授ケントスルモノハ郡区長ノ認可ヲ経ヘシ

　但都区長ハ児童ノ学業ヲ其町村ノ小学校ニ於テ試験セシムヘシ

第18条　小学校ヲ設置スルノ資力ニ乏シクシテ巡回授業ノ方法ヲ設ケ普通教育ヲ児童ニ授ケントスル町村ハ府知事県令ノ認可ヲ経ヘシ

第19条　学校ニ公立私立ノ別アリ地方税若クハ町村ノ公費ヲ以テ設置セルモノヲ公立学校トシ一人若クハ数人ノ私費ヲ以テ設置セルモノヲ私立学校トス

第20条　公立学校幼穉園書籍館等ノ設置廃止其府県立ニ係ルモノハ文部卿ノ認可ヲ経ヘク其町村立ニ係ルモノハ府知事県令ノ認可ヲ経ヘシ

第21条　私立学校幼穉園書籍館等ノ設置ハ府知事県令ノ認可ヲ経ヘク其廃止ハ府知事県令ニ開申スヘシ

　但公立小学校ニ代用スル私立小学校ノ廃止ハ府知事県令ノ認可ヲ経ヘシ

第22条　町村立私立学校幼穉園書籍館等設置廃止ノ規則ハ府知事県令之ヲ起草シテ文部卿ノ認可ヲ経ヘシ

第23条　小学校ノ教則ハ文部卿頒布スル所ノ綱領ニ基キ府知事県令土地ノ情況ヲ量リテ之ヲ編成シ文部卿ノ認可ヲ経テ管内ニ施行スヘシ

　但府知事県令施行スル所ノ教則ニ準拠シ難キ場合アリテ之ヲ斟酌増減セントシ府知事県令之ヲ許可セントスルトキハ其意見ヲ附シテ文部卿ノ認可ヲ経ヘシ

第24条　公立学校ノ費用府県会ノ議定ニ係ルモノハ地方税ヨリ支弁シ町村人民ノ協議ニ係ルモノハ町村費ヨリ支弁スヘシ

第25条　町村費ヲ以テ設置保護スル学校ニ於テ補助ヲ地方税ニ要スルトキハ府県会ノ議定ヲ経テ之ヲ施行スルコトヲ得ヘシ

第26条　公立学校ノ敷地ハ免税タルヘシ

第27条　凡学事ニ供スル寄附金等ハ其寄附人ヨリ指定セシ目途ノ外ニ支消スルコトヲ得ス

（略）

第33条　各府県ハ小学校教員ヲ養成センカ為ニ師範学校ヲ設置スヘシ

第34条　公立師範学校ニ於テハ本校卒業ノ生徒ニ試験ノ後卒業証書ヲ与フヘシ
第35条　公立師範学校ハ本校ニ入学セサルモノト雖モ卒業証書ヲ請フモノアラハ其学業ヲ試験シ合格ノモノニ卒業証書ヲ与フヘシ
第36条　削除
第37条　教員ハ男女ノ別ナク年齢十八年以上タルヘシ
　　　　但品行不正ナルモノハ教員タルコトヲ得ス
第38条　小学校教員ハ官立公立師範学校ノ卒業証書ヲ有スルモノトス
　　　　但本文師範学校ノ卒業証書ヲ有セスト雖モ府知事県令ヨリ教員免許状ヲ後タルモノハ其府県ニ於テ教員タルモ妨ケナシ
第39条　文部卿ハ時時吏員ヲ府県ニ発遣シ学事ノ実況ヲ巡視セシムヘシ
第40条　公私学校ニ於テハ文部卿ヨリ発遣セル吏員ノ巡視ヲ拒ムコトヲ得ス
第41条　府知事県令ハ管内学事ノ実状ヲ記載シテ毎年文部卿ニ申報スヘシ
第42条　凡学校ニ於テハ男女教場ヲ同クスルコトヲ得ス
　　　　但小学校ニ於テハ男女教場ヲ同クスルモ妨ケナシ
第43条　凡学校ニ於テ授業料ヲ収ムルト収メサルトハ其便宜ニ任スヘシ
第44条　凡児童ハ種痘或ハ天然痘ヲ歴タルモノニアラサレハ入学スルコトヲ得ス
第45条　伝染病ニ罹ルモノハ学校ニ出入スルコトヲ得ス
第46条　凡学校ニ於テハ生徒ニ体罰殴チ或ハ縛スルノ類ヲ加フヘカラス
第47条　生徒試験ノトキハ父母或ハ後見人其学校ニ来観スルコトヲ得ヘシ
第48条　町村立学校ノ教員ハ学務委員ノ申請ニ因リ府知事県令之ヲ任免スヘシ
第49条　町村立小学校教員ノ俸額ハ府知事県令之ヲ規定シテ文部卿ノ認可ヲ経ヘシ
第50条　各府県ハ土地ノ情況ニ随ヒ中学校ヲ設置シ又専門学校農学校商業学校職工学校等ヲ設置スヘシ

教育ニ關スル勅語

　　　　（明治23年10月31日　文部省訓令第8号）

朕惟フニ我カ皇祖皇宗國ヲ肇ムルコト宏遠ニ德ヲ樹ツルコト深厚ナリ我カ臣民克ク忠ニ克ク孝ニ億兆心ヲ一ニシテ世々厥ノ美ヲ濟セルハ此レ我カ國體ノ精華ニシテ教育ノ淵源亦實ニ此ニ存ス爾臣民父母ニ孝ニ兄弟ニ友ニ夫婦相和シ朋友相信シ恭儉己レヲ持シ博愛衆ニ及ホシ學ヲ修メ業ヲ習ヒ以テ智能ヲ啓發シ德器ヲ成就シ進テ公益ヲ廣メ世務ヲ開キ常ニ國憲ヲ重シ國法ニ遵ヒ一旦緩急アレハ義勇公ニ奉シ以テ天壤無窮ノ皇運ヲ扶翼スヘシ是ノ如キハ獨リ朕カ忠良ノ臣民タルノミナラス又以テ爾祖先ノ遺風ヲ顯彰スルニ足ラン斯ノ道ハ實ニ我カ皇祖皇宗ノ遺訓ニシテ子孫臣民ノ俱ニ遵守スヘキ所之ヲ古今ニ通シテ謬ラス之ヲ中外ニ施シテ悖ラス朕爾臣民ト俱ニ拳々服膺シテ咸其德ヲ一ニセンコトヲ庶幾フ

明治二十三年十月三十日

御名御璽

国民学校令

(昭和16年　勅令第148号)

第1章　目的
第1条　国民学校ハ皇国ノ道ニ則リテ初等普通教育ヲ施シ国民ノ基礎的錬成ヲ為スヲ以テ目的トス

第2章　課程及編制
第2条　国民学校ニ初等科及高等科ヲ置ク但シ土地ノ情況ニ依リ初等科又ハ高等科ノミヲ置クコトヲ得

第3条　初等科ノ修業年限ハ6年トシ高等科ノ修業年限ハ2年トス

第4条　国民学校ノ教科ハ初等科及高等科ヲ通ジ国民科、理数科、体錬科及芸能科トシ高等科ニ在リテハ実業科ヲ加フ

2　国民科ハ之ヲ分チテ修身、国語、国史及地理ノ科目トス

3　理数科ハ之ヲ分チテ算数及理科ノ科目トス

4　体錬科ハ之ヲ分チテ体操及武道ノ科目トス但シ女児ニ付テハ武道ヲ欠クコトヲ得

5　芸能科ハ之ヲ分チテ音楽、習字、図画及工作ノ科目トシ初等科ノ女児ニ付テハ裁縫ノ科目ヲ、高等科ノ女児ニ付テハ家事及裁縫ノ科目ヲ加フ

6　実業科ハ之ヲ分チテ農業、工業、商業又ハ水産ノ科目トス

7　前5項ニ掲グル科目ノ外高等科ニ於テハ外国語其ノ他必要ナル科目ヲ設クルコトヲ得

第5条　国民学校ニハ高等科ヲ修了シタル者ノ為ニ特修科ヲ置クコトヲ得其ノ修業年限ハ1年トス

2　特修科ヲ設置シ又ハ廃止セントスルトキハ市町村、市町村学校組合又ハ町村学校組合ニ於テ地方長官ノ認可ヲ受クベシ

3　特修科ニ関スル規程ハ文部大臣之ヲ定ム

第6条　国民学校ノ教科用図書ハ文部省ニ於テ著作権ヲ有スルモノタルベシ但シ郷土ニ関スル図書、歌詞、楽譜等ニ関シ文部大臣ニ於テ別段ノ規定ヲ設ケタル場合ハ此ノ限ニ在ラス

第7条　国民学校ノ教則及編制ニ関スル規程ハ文部大臣之ヲ定ム

第3章　就学
第8条　保護者（児童ニ対シ親権ヲ行フ者、親権ヲ行フ者ナキトキハ後見人又ハ後見人ノ職務ヲ行フ者ヲ謂フ以下同ジ）ハ児童ノ満6歳ニ達シタル日ノ翌日以後ニ於ケル最初ノ学年ノ始ヨリ満14歳ニ達シタル日ノ属スル学年ノ終迄之ヲ国民学校ニ就学セシムルノ義務ヲ負フ

第9条　前条ノ規定ニ依リ就学セシメラルベキ児童（学齢児童ト称ス以下同ジ）ノ瘋癲白痴又ハ不具癈疾ノ為之ヲ就学セシムルコト能ハズト認ムルトキハ市町村長ハ地方長官ノ認可ヲ受ケ前条ニ規定スル保護者ノ義務ヲ免除スルコトヲ得

2 学齢児童ノ病弱又ハ発育不完全其ノ他已ムヲ得ザル事由ニ依リ就学時期ニ於テ之ヲ就学セシムルコト能ハズト認ムルトキハ市町村長ハ其ノ就学ヲ猶予スルコトヲ得此ノ場合ニ於テハ直ニ其ノ旨地方長官ニ報告スベシ

第10条　第28条ノ規定ニ依リ国民学校設置ノ義務ヲ免ゼラレタル区域内ノ学齢児童ノ保護者ハ第8条ニ規定スル保護者ノ義務ヲ免除セラレタルモノトス

第11条　学齢児童国民学校以外ノ学校ニ於テ国民学校ノ課程ト同等以上ト認ムル課程ヲ修ムルトキハ第8条ニ規定スル保護者ノ義務ノ履行ニ関シテハ其ノ期間国民学校ニ就学スルモノト看做ス

2 前項ノ課程ノ認定ニ関スル規程ハ文部大臣之ヲ定ム

第12条　学齢児童ヲ使用スル者ハ其ノ使用ニ依リテ児童ノ就学ヲ妨グルコトヲ得ズ

第13条　国民学校長ハ伝染病ニ罹リ若ハ其ノ虞アル児童又ハ性行不良ニシテ他ノ児童ノ教育ニ妨アリト認ムル児童ノ国民学校ニ出席スルヲ停止スルコトヲ得

第14条　児童ニシテ其ノ年齢就学ノ始期ニ達セザルモノハ之ヲ国民学校ニ入学セシムルコトヲ得ズ

第4章　職員

第15条　国民学校ニハ学校長及訓導ヲ置クベシ

2 国民学校ニハ教頭、養護訓導及准訓導ヲ置クコトヲ得

第16条　学校長及教頭ハ其ノ学校ノ訓導ノ中ヨリ之ヲ補ス

2 学校長ハ地方長官ノ命ヲ承ケ校務ヲ掌理シ所属職員ヲ監督ス

3 教頭ハ学校長ヲ輔佐シ校務ヲ掌ル

第17条　訓導及養護訓導ハ判任官ノ待遇トス但シ学校長又ハ教頭タル訓導ハ奏任官ノ待遇ト為スコトヲ得

2 訓導ハ学校長ノ命ヲ承ケ児童ノ教育ヲ掌ル

3 養護訓導ハ学校長ノ命ヲ承ケ児童ノ養護ヲ掌ル

4 准訓導ハ学校長ノ命ヲ承ケ訓導ノ職務ヲ助ク

第18条　訓導及准訓導ハ国民学校教員免許状ヲ有スルモノタルベシ

2 養護訓導ハ女子ニシテ国民学校養護訓導免許状ヲ有スルモノタルベシ

3 教員免許状ハ師範学校ヲ卒業シ又ハ訓導若ハ准訓導ノ検定ニ合格シタル者ニ地方長官之ヲ授与ス

4 養護訓導免許状ハ養護訓導ノ検定ニ合格シタル者ニ地方長官之ヲ授与ス

5 前2項ノ検定ヲ施行スル為道府県ニ国民学校教員検定委員会ヲ置ク

6 国民学校教員検定委員会ニ関スル規程ハ別ニ之ヲ定ム

7 教員免許状及養護訓導免許状其ノ他検定ニ関スル規程ハ文部大臣之ヲ定ム

第19条　特別ノ事情アルトキハ地方長官ハ国民学校教員免許状ヲ有セザル者ヲシテ准訓導ノ職務ヲ行ハシムルコトヲ得

第20条　国民学校職員ハ教育上必要アリト認ムルトキハ児童ニ懲戒ヲ加フルコトヲ得但シ体罰ヲ加フルコトヲ得ズ

第21条　国民学校教員免許状ヲ有スル者左ノ各号ノ一ニ該当スルトキハ教員免許状ハ

其ノ効力ヲ失フ
- 一 禁錮以上ノ刑ニ処セラレタルトキ
- 二 破産ノ宣告ヲ受ケタルトキ
2 教員免許状ヲ有スル者不正ノ行為其ノ他教員タルベキ体面ヲ汚辱スルノ行為アリテ其ノ情状重シト認ムルトキハ文部大臣又ハ地方長官ニ於テ其ノ教員免許状ヲ褫奪ス
3 前2項ノ規定ハ国民学校養護訓導免許状ヲ有スル者ニ之ヲ準用ス

第22条 地方長官ニ於テ行ヒタル国民学校教員免許状又ハ国民学校養護訓導免許状ノ褫奪ノ処分ヲ受ケタル者其ノ処分ニ不服アルトキハ文部大臣ニ訴願スルコトヲ得

第23条 准訓導及第19条ノ規定ニ依リ准訓導ノ職務ヲ行フ者ニ関スル規程ハ文部大臣之ヲ定ム

第5章 設置

第24条 市町村ハ其ノ区域内ノ学齢児童ヲ就学セシムルニ必要ナル国民学校ヲ設置スベシ

第25条 地方長官ハ町村ガ左ノ各号ノ一ニ該当スト認ムルトキハ国民学校設置ノ為其ノ町村ト他ノ市町村トノ学校組合ヲ設クベシ
- 一 町村ノ資力ガ国民学校ノ経費ノ負担ニ堪ヘザルトキ
- 二 町村ニ於テ学齢児童ノ数一国民学校ヲ構成スルニ足ラズ又ハ適度ノ通学路程内ニ於テ一国民学校ヲ構成スルニ足ルベキ数ヲ得ルコト能ハザルトキ
2 地方長官ハ市町村ノ一部ニシテ前項第二号ノ事情アルモノガ其ノ市町村ノ国民学校ニ対シ適度ノ通学路程内ニ在ラズト認ムルトキ亦前項ノ例ニ依ルベシ
3 前2項ノ規定ニ依リ地方長官ニ於テ市町村学校組合又ハ町村学校組合ヲ設ケントスルトキハ組合規約ヲ定メ関係市町村ノ意見ヲ聞クベシ組合規約ヲ変更シ組合市町村ノ数ヲ増減シ又ハ組合ヲ解カントスルトキ亦同ジ

第26条 地方長官ハ一市町村ガ国民学校ヲ設置スルニ比シ著シク優等ナル国民学校ヲ設置シ得ベシト認ムルトキハ国民学校設置ノ為市町村学校組合又ハ町村学校組合ヲ設クルコトヲ得
2 前条第3項ノ規定ハ前項ノ場合ニ之ヲ準用ス

第27条 地方長官ハ町村ニ付第25条第1項第二号ノ事情アリト認ムルトキハ国民学校ノ設置ニ代ヘ其ノ町村ヲシテ学齢児童ノ全部又ハ一部ノ教育事務ヲ他ノ市町村、市町村学校組合又ハ町村学校組合ニ委託セシムルコトヲ得
2 地方長官ハ市町村、市町村学校組合又ハ町村学校組合ノ一部ニシテ第25条第1項第二号ノ事情アルモノガ其ノ市町村、市町村学校組合又ハ町村学校組合ノ国民学校ニ対シ適度ノ通学路程内ニ在ラズト認ムルトキ亦前項ノ例ニ依ルコトヲ得
3 前2項ノ規定ニ依リ地方長官ニ於テ児童教育事務ヲ委託セシメ又ハ其ノ委託ヲ止メシメントスルトキハ関係市町村、市町村学校組合及町村学校組合ノ意見ヲ聞クベシ

第28条 地方長官ハ町村ニ付第25条第1項第二号ノ事情アルモ同項及第34条ノ規定ニ依ルコトヲ得ズト認ムルトキハ其ノ町村ヲシテ国民学校設置ノ義務ヲ免レシムルコトヲ得

2　地方長官ハ町村ニ付第25条第1項第二号ノ事情アルモ同項、第27条第1項及第34条ノ規定ニ依ルコトヲ得ズト認ムルトキハ其ノ町村ヲシテ其ノ全部又ハ一部ニ関シ国民学校設置ノ義務ヲ免レシムルコトヲ得

3　地方長官ハ市町村、市町村学校組合又ハ町村学校組合ノ一部ニ付第25条第2項又ハ第27条第2項ノ事情アルモ同項及第34条ノ規定ニ依ルコトヲ得ズト認ムルトキハ其ノ市町村、市町村学校組合又ハ町村学校組合ヲシテ其ノ一部ニ関シ国民学校設置ノ義務ヲ免レシムルコトヲ得

第29条　国民学校ノ校数及位置ハ地方長官ニ於テ市町村、市町村学校組合又ハ町村学校組合ノ意見ヲ聞キ之ヲ定ムベシ

第6章　設備

第30条　国民学校ニ於テハ校舎、校地、校具及体操場ヲ備フベシ

第31条　校舎、校地、校具及体操場ハ国民学校ノ目的以外ニ之ヲ使用スルコトヲ得ズ但シ非常変災ノ場合又ハ教育、兵事、産業、衛生、慈善等ノ目的ノ為特別ノ必要アル場合ハ此ノ限ニ在ラズ

第32条　国民学校ノ設置ニ関スル規程ハ文部大臣ニ於テ定ムル準則ニ基キ地方長官之ヲ定ム

第7章　経費負担及授業料

第33条　国民学校ノ経費ハ特別ノ規定アル場合ヲ除クノ外市町村、市町村学校組合又ハ町村学校組合ノ負担トス児童教育事務委託ニ関スル経費ニ付亦同ジ

第34条　地方長官ニ於テ左ノ各号ノ一ニ該当スト認ムルトキハ北海道地方費又ハ府県ハ町村又ハ町村学校組合ニ相当ノ補助ヲ与フベシ

一　町村ニ付第25条第1項第一号ノ事情アルモ同項ノ規定ニ依ルコトヲ得ザルトキ

二　町村学校組合ノ資力ガ国民学校ノ経費ノ負担ニ堪ヘザルトキ又ハ市町村学校組合若ハ町村学校組合ノ一部タル町村ノ資力ガ其ノ学校組合費ノ分担ニ堪ヘザルトキ

三　町村又ハ町村学校組合ノ資力ガ児童教育事務委託ニ関スル経費ノ負担ニ堪ヘザルトキ

2　地方長官前項ノ規定ニ依ル認定ヲ為サントスルトキハ北海道参事会又ハ府県参事会ノ意見ヲ聞クベシ

第35条　訓導、養護訓導及准訓導ノ検定並ニ国民学校教員免許状及国民学校養護訓導免許状ニ関スル経費ハ北海道地方費又ハ府県ノ負担トス

第36条　国民学校ニ於テハ授業料ヲ徴収スルコトヲ得ズ但シ特修科ニ付テハ此ノ限ニ在ラズ

2　特別ノ事情アルトキハ地方長官ノ認可ヲ受ケ国民学校ニ於テ授業料ヲ徴収スルコトヲ得

3　授業料ハ市町村、市町村学校組合又ハ町村学校組合ノ収入トス

4　授業料ニ関スル規程ハ文部大臣之ヲ定ム

第8　管理及監督

第37条　市町村長、市町村学校組合管理者又ハ町村学校組合管理者ハ市町村、市町村学校組合又ハ町村学校組合ニ属スル国ノ国民学校ニ関スル教育事務ヲ管掌シ国民学校ヲ管理ス

第38条　市町村、市町村学校組合及町村学校組合ハ国民学校ニ関スル教育事務ノ為市制第83条若ハ町村制第69条ノ規定又ハ其ノ準用規定ニ依リ学務委員ヲ置クベシ此ノ場合ニ於テハ市町村会、市町村学校組合会又ハ町村学校組合会ノ議決ニ依ルコトヲ要セズ

2　学務委員ニハ国民学校職員ヲ加フベシ

3　委員中国民学校職員ヨリ出ヅル者ハ市町村長、市町村学校組合管理者又ハ町村学校組合管理者之ヲ任免ス

第39条　学務委員ノ職務其ノ他ニ関スル規程ハ文部大臣之ヲ定ム

第40条　国民学校職員ノ執行スル国ノ国民学校ニ関スル教育事務ハ地方長官之ヲ監督ス

第9章　雑則
（略）
附則
（略）

日本の教育制度の管理政策についての指令
（昭和20年10月22日　占領軍総司令部）

1　日本政府の新しい内閣に対して、教育についての占領の目的と政策を、よく解らせるために、次のように指令する。

a　教育の内容はすべて、次の方針によって、取り調べた上で、改め、取りしまる。

(1)　軍国主義の考えと極端な国家主義の考えをひろめてはならない。それで軍事教育と軍事教練はすべてやめる。

(2)　議会政治、国際平和、個人の尊さ、集会の自由・言論の自由・信教の自由のような人間の根本的な権利と合う考えを教えたり、行いを身につけさせるのがよろしい。

b　教育関係者はすべて、次の方針によって、取り調べた上で、留任させ、退職させ、復職させ、任用し、再教育し、取りしまる。

(1)　教員と教育官吏は、できるだけ早く、取り調べた上で、職業軍人・軍国主義と極端な国家主義をひろめた者・占領政策に進んで反対する者はやめさせる。

(2)　自由主義と反軍との考えか行いのために、解職され、休職にされ、辞職をさせられた教員と教育官吏は、その資格を直ちに取りもどしてやることを公表し、適当な資格があれば、他の者よりも先きに復職させる。

(3)　人種・国籍・信教・政治上の考え・社会的地位によって、学生・教員・教育官吏を

区別して扱ってはならない。この区別から起ってきた不公平は、直ちに改める。
(4) 学生・教員・教育官吏は、教育の内容のよしあしを、冷静にひはんするのがよろしい。政治上の自由・公民としての自由・信教の自由などの諸問題について、自由に遠慮なく論じ合ってよろしい。
(5) 学生・教員・教育官吏・一般社会に対して、日本占領の目的と政策・議会政治の理論と実際・軍国主義の指導者とその協力者とそれらに引きずられて日本国民に戦争をしかけさせその避けられない敗戦と苦しみとひどい現状をもたらした者の演じた役割をよく教えてやる。
c 教育に用いる材料は、次の方針によって、取り調べた上で、改め、取りしまる。
(1) 現在の教科目・教科書・教授指導書・教材は、とりあえず用いてもよいが、できるだけ早く取り調べた上で、そのうちで軍国主義の考えと極端な国家主義の考えをひろめるために作られた部分は取り除く。
(2) 教養があって平和的で責任を重んずる公民をつくるために、新しい教科目・教科書・教授指導書・教材を整えて、できるだけ早く現在のものと取りかえる。
(3) 教育活動は、できるだけ早く、平常にもどさなければならないが、設備が不十分なときは、初等教育と教員養成を、他のことよりも先きに扱う。

2 文部省は、マッカーサー司令部の関係部局と連絡する機関を設け、その要求によって、この指令のそれぞれの条項にもとづいてとったすべての処置のくわしい報告書を出さなければならない。
3 この指令のそれぞれの条項に関係のある日本政府の官吏と雇傭員、公私立学校の教員と職員はすべて、この指令の字句も精神も、一人一人責任をもって守らなければならない。

修身、日本歴史及ビ地理停止ニ関スル件

（昭和20年12月31日　連合国軍最高司令官総司令部参謀副官第8号民間情報教育部ヨリ終戦連絡中央事務局経由日本帝国政府宛覚書）

1 昭和20年12月15日附指令第3号国家神道及ビ教義ニ対スル政府ノ保障ト支援ノ撤廃ニ関スル民間情報教育部ノ基本的指令ニ基キ且日本政府ガ軍国主義的及ビ極端ナ国家主義的観念ヲ或ル種ノ教科書ニ執拗ニ織込ンデ生徒ニ課シカカル観念ヲ生徒ノ頭脳ニ植込マンガ為メニ教育ヲ利用セルニ鑑ミ茲ニ左ノ如キ指令ヲ発スル
（イ）　文部省ハ曩ニ官公私立学校ヲ含ム一切ノ教育施設ニ於イテ使用スベキ修身日本歴史及ビ地理ノ教科書及ビ教師用参考書ヲ発行シ又ハ認可セルモコレラ修身、日本歴史及ビ地理ノ総テノ課程ヲ直チニ中止シ司令部ノ許可アル迄再ビ開始セザルコト
（ロ）　文部省ハ修身、日本歴史及ビ地理夫々特定ノ学科ノ教授法ヲ指令スル所ノ一切ノ法令、規則又ハ訓令ヲ直チニ停止スルコト
（ハ）　文部省ハ本覚書附則（イ）ニ摘要セル方法ニ依リテ設置スル為メニ（1）（イ）ニ

依リ影響ヲ受クベキアラユル課程及ビ教育機関ニ於テ用ヒル一切ノ教科書及ビ教師用参考書ヲ蒐集スルコト
(ニ)　文部省ハ本覚書附則(ロ)ニ摘要セル措置ニ依リテ本覚書ニ依リ影響ヲ受クベキ課程ニ代リテ挿入セラルベキ代行計画案ヲ立テ之ヲ当司令部ニ提出スルコト之等代行計画ハ茲ニ停止セラレタル課程ノ再開ヲ当司令部ガ許可スル迄続イテ実施セラルベキコト
(ホ)　文部省ハ本覚書附則(ハ)ニ摘要セル措置ニ依リ修身、日本歴史及ビ地理ニ用フベキ教科書ノ改訂案ヲ立テテ当司令部ニ提出スベキコト
2　本指令ノ条項ニ依リ影響ヲ受クベキ日本政府ノ総テノ官吏、下僚、傭員及ビ公私立学校ノ総テノ教職員ハ本指令ノ条項ノ精神並ニ字句ヲ遵守スル責任ヲ自ラ負フベキコト
3　附則
(略)

米国教育使節団報告書（要旨）
　　　（昭和21年3月31日）

　日本派遣米国教育使節団員
(略)
　ジョージ・D・ストダード博士を団長とする米国教育界代表27名より成る米国教育使節団は、本報告の作成に当り日本に本年3月の1か月間滞在し、その間連合国最高司令部民間情報教育部教育課の将校および日本の文部大臣の指名にかかる日本側教育者委員、および日本の学校および各種職域の代表者とも協議をとげたのである。本報告は本使節団の各員の審議を基礎として作製し、ここに連合国最高司令官に提出する次第である。本使節団は占領当初の禁止的指令、例えば帝国主義および国家主義的神道を学校から根絶すべしというが如きものの必要は、十分認めるものではあるが、今回は積極的提案をなすことに主要な重点を置いたのである。
　本使節団はかくすることにより、日本人がみずからその文化のなかに、健全な教育制度再建に必要な諸条件を樹立するための援助をしょうと努めた次第である。
　　日本の教育の目的および内容　高度に中央集権化された教育制度は、かりにそれが極端な国家主義と軍国主義の網の中に捕えられていないにしても、強固な官僚政治にともなう害悪を受けるおそれがある。教師各自が画一化されることなく適当な指導の下に、それぞれの職務を自由に発展させるためには、地方分権化が必要である。かくするとき教師は初めて、自由な日本国民を作りあげる上に、その役割をはたしうるであろう。この目的のためには、ただ1冊の認定教科書や参考書では得られぬ広い知識と、型通りの試験では試され得ぬ深い知識が、得られなくてはならない。カリキュラムは単に認容された一体の知識だけではなく、学習者の肉体的および精神的活動をも加えて構成されているものである。それには個々の生徒の異たる学習体験および能力の相違が考慮されるのである。それ故にそれは教師をふくめた協力活動によつて作成され、生徒の経験を活

用しその独創力を発揮させなくてはならないのである。

　日本の教育では独立した地位を占め、かつ従来は服従心の助長に向けられて来た修身は、今までとは異った解釈が下され、自由な国民生活の各分野に行きわたるようにしなくてはならぬ。平等を促す礼儀作法・民主政治の協調精神および日常生活における理想的技術精神、これらは、皆広義の修身である。これらは、民主的学校の各種の計画および諸活動の中に発展させ、かつ実行されなくてはならない。地理および歴史科の教科書は、神話は神話として認め、そうして従前より一そう客観的な見解が教科書や参考書の中に現われるよう、書き直す必要があろう。初級中級学校に対しては地方的資料を従来より一そう多く使用するようにし、上級学校においては優秀なる研究を、種々の方法により助成しなくてはならない。

　保健衛生教育および体育の計画は教育全計画の基礎となるものである。身体検査・栄養および公衆衛生についての教育・体育と娯楽厚生計画を大学程度の学校にまで延長し、また、できるだけ速かに諸設備を取替えるよう勧告する。職業教育はあらゆる水準の学校において強調されるべきものである。よく訓練された職員の指導の下に、各種の職業的経験が要望せられ、同時に工芸、およびその基礎たる技術および理論に重点を置くべきである。技術工および労働者の寄与に対しては、これを社会研究のプログラム中に組み入れ、かつ独創性を発揮する機会が与えられるべきである。

　国語の改革　国字の問題は教育実施上のあらゆる変革にとって基本的なものである。国語の形式のいかなる変更も、国民の中から湧き出てこなければならないものであるが、かような変更に対する刺戟の方は、いかなる方面から与えられても差しつかえない。単に教育計画のためのみならず、将来の日本の青年子弟の発展のためにも、国語改革の重大なる価値を認める人々に対して、激励を与えて差しつかえないのである。何かある形式のローマ字が一般に使用されるよう勧告される次第である。適当なる期間内に、国語に関する総合的な計画を発表する段取にいたるように日本人学者・教育指導者・政治家より成る国語委員会が、早急に設置されるよう提案する次第である。この委員会はいかなる形式のローマ字を採用するかを決定するほか、次の役目を果すことになろう。すなわち

　（一）過渡期における国語改革計画の調整に対する責任をとること。（二）新聞・雑誌・書籍およびその他の文書を通じて、学校および一般社会ならびに国民生活にローマ字を採用するための計画を立てること。（三）口語体の形式をより民主的にするための方策の研究。

　かかる委員会はゆくゆくは国語審議機関に発展する可能性があろう。文字による簡潔にして能率的な伝達方法の必要は十分認められているところで、この重大なる処置を講ずる機会は現在が最適で将来かかる機会はなかなかめぐってこないであろう。言語は交通路であって、障壁であってはならない。この交通路は国際間の相互の理解を増進するため、また知識および思想を伝達するためにその国境を越えた海外にも開かれなくてはならない。

　初等および中等学校の教育行政　教育の民主化の目的のために、学校管理を現在の如く中央集権的なものよりむしろ地方分権的なものにすべきであるという原則は、人の認

めるところである。学校における勅語の朗読・御真影の奉拝等の式を挙げることは望ましくない。文部省は本使節団の提案によれば、各種の学校に対し技術的援助および専門的な助言を与えるという重要な任務を負うことになるが、地方の学校に対するその直接の支配力は大いに減少することであろう。市町村および都道府県の住民を広く教育行政に参画させ、学校に対する内務省地方官吏の管理行政を排除するために、市町村および都道府県に一般投票により選出せる教育行政機関の創設を、われわれは提案する次第である。かかる機関には学校の認可・教員の免許状の附与・教科書の選定に関し相当の権限が附与されるであろう。現在はかかる権限は全部中央の文部省ににぎられている。

　課税で維持され、男女共学制を採り、かつ授業料無徴収の学校における義務教育の引上げをなし、修業年限を9か年に延長、換言すれば生徒が16歳に達するまで教育を施す年限延長改革案をわれわれは提案する。さらに、生徒は最初の6か年は現在と同様小学校において、次の3か年は、現在小学校の卒業児童を入学資格とする各種の学校の合併改変によって創設されるべき「初級中等学校」において、修学することをわれわれは提案する。これらの学校においては、全生徒に対し職業および教育指導をふくむ一般的教育が施されるべきであり、かつ個々の生徒の能力の相違を考慮しうるよう、十分弾力性を持たせなくてはならない。さらに3年制の「上級中等学校」をも設置し、授業料は無徴収、ゆくゆくは男女共学制を採り、初級中等学校よりの進学希望者全部に種々の学習の機会が提供されるようにすべきである。

　初級と上級の中等学校が相伴って、課税により維持されている現在のこの程度の他の諸学校、すなわち小学校高等科・高等女学校・予科・実業学校および青年学校等の果しつつある種々の職能を、継続することになろう。上級中等学校の卒業は、さらに上級の学校への入学条件とされるであろう。本提案によれば、私立諸学校は、生徒が公私立を問わず相互に容易に転校できるようにするため、必要欠くべからざる最低標準に従うことは当然期待されるところであるが、それ以外は、完全な自由を保有することになろう。

　教授法と教師養成教育　新しい教育の目的を達成するためには、つめこみ主義、画一主義および忠孝のような上長への服従に重点を置く教授法は改められ、各自に思考の独立・個性の発展および民主的公民としての権利と責任とを、助長するようにすべきである。例えば、修身の教授は、口頭の教訓によるよりも、むしろ学校および社会の実際の場合における経験から得られる教訓によって行われるべきである。教師の再教育計画は、過渡期における民主主義的教育方法の採用をうながすために、樹立せらるべきである。それがやがて教師の現職教育の一つに発展するよう計画を立てるよう提案する。師範学校は、必要とせられる種類の教師を養成するように、改革されるべきである。師範学校は現在の中学校と同程度の上級中等学校の全課程を修了したものだけに入学を許し、師範学校予科の現制度は廃止すべきである。現在の高等師範学校とほとんど同等の水準において、再組織された師範学校は4年制となるべきである。この学校では一般教育が続けられ、未来の訓導や教諭に対して十分なる師範教育が授けられるであろう。教員免許状授与をなすその他の教師養成機関においては、公私を問わず新師範学校と同程度の教師養成訓練が、十分に行われなくてはならない。教育行政官および監督官も、教師と同等の師範教育を受け、さらにその与えられるべき任務に適合するような準備教育を受

けなくてはならぬ。大学およびその他の高等教育機関は、教師や教育関係官吏がさらに進んだ研究をなしうるような施設を拡充すべきである。それらの学校では、研究の助成と教育指導の実を挙げるべきである。

成人教育 日本国民の直面する現下の危機において、成人教育は極めて重大な意義を有する。民主主義国家は個々の国民に大なる責任を持たせるからである。学校は成人教育の単なる一機関にすぎないものであるが、両親と教師が一体となった活動により、また成人のための夜学や講座公開により、さらに種々の社会活動に校舎を開放すること等によって、成人教育は助長されるのである。一つの重要な成人教育機関は公立図書館である。大都市には中央公立図書館が多くのその分館とともに設置されるべきで、あらゆる都道府県においても適当な図書館施設の準備をなすべきである。この計画を進めるには文部省内に公立図書館局長を任命するのがよい。科学・芸術および産業博物館も図書館と相まって教育目的に役立つであろう。これに加うるに、社会団体・専門団体・労働組合・政治団体等をふくむあらゆる種類の団体組織が、座談会および討論会の方式を有効に利用するよう、援助しなくてはならない。これらの目的の達成を助長するために、文部省の現在の「成人教育」事務に活を入れ、かつその民主化を計らなくてはならぬ。

高等教育 日本の自由主義思潮は、第1次世界大戦に続く数年の間に、主として大学専門学校教育を受けた男女によって形成された。高等教育は今や再び自由思想の果敢な探究、および国民のための希望ある行動の、模範を示すべき機会に恵まれている。これらの諸目的を果すために、高等教育は少数者の特権ではなく、多数者のための機会とならなくてはならぬ。

高等程度の学校における自由主義教育の機会を増大するためには、大学に進む予科学校（高等学校）や専門学校のカリキュラムを相当程度自由主義化し、以て一般的専門教育を、もっと広範囲の人々が受けられるようにすることが望ましいであろう。このことは、あるいは大学における研究を、あるいはまた現在専門学校で与えられるような半職業的水準の専門的訓練を、彼等に受けさせることとなるが、しかしそれは、より広範囲の文化的および社会的重要性を持つ訓練によって一そう充実することとなるであろう。

専門学校の数を増加するほかに、適当な計画に基いて大学の増設が行われるようわれわれは提案する。高等教育機関の設置や先に規定した諸要件の維持に関する監督には政府機関に責任を持たせるべきである。開校を許可する前に、申請せる高等教育機関の資格審査、および上述の第一要件を満足させているか否かを確認する役目以外には、その政府機関は、高等教育機関に対する統制権を与えられるべきではない。その高等教育機関は、みずから最善と考える方法でその目的を追求するために、あらゆる点において安全な自由を保有しなくてはならない。

高等教育機関における教授の経済的および学問的自由の確立は、また極めて重要である。この目的達成のため、現在の文官制度の廃止が勧告される次第である。

学生にとって保証されるべき自由は、その才能に応じてあらゆる水準の高等な研究に進みうる自由である。有能な男女で学資の無いため研究を続けられぬ人々に、続いて研究ができるよう確実に保証してやるため、財政的援助が与えられなくてはならない。現在準備の出来ているすべての女子に対し、今ただちに高等教育への進学の自由が与えら

れなくてはならない。同時に女子の初等中等教育改善の処置もまた講ぜられなくてはならぬ。

　図書館・研究施設および研究所の拡充をわれわれは勧告する。かかる機関は国家再建期およびその後においても、国民の福利に計り知れぬ重要な寄与をなしうるのである。医療・学校行政・ジャーナリズム・労務関係および一般国家行政の如き分野に対する専門教育の改善に対し特に注意を向ける必要がある。医療および公衆衛生問題の全般を研究する特別委員会の設置をわれわれは要望する。

文部省・文部科学省　中央教育審議会答申
21世紀を展望した我が国の教育の在り方について（第1次答申）
（平成8年7月19日）

第1部　今後における教育の在り方
（略）
(3)　今後における教育の在り方の基本的な方向
　21世紀を展望した我が国の教育の在り方について（中央教育審議会第1次答申）
第1部　今後における教育の在り方
　我々は、以上のような認識の下に、今後の教育の在り方について種々検討を行った。
　教育においては、どんなに社会が変化しようとも、「時代を超えて変わらない価値のあるもの」（不易）がある。
　豊かな人間性、正義感や公正さを重んじる心、自らを律しつつ、他人と協調し、他人を思いやる心、人権を尊重する心、自然を愛する心など、こうしたものを子供たちに培うことは、いつの時代、どこの国の教育においても大切にされなければならないことである。
　また、それぞれの国の教育において、子供たちにその国の言語、その国の歴史や伝統、文化などを学ばせ、これらを大切にする心をはぐくむことも、また時代を超えて大切にされなければならない。我が国においては、次代を担う子供たちに、美しい日本語をしっかりと身に付けさせること、我が国が形成されてきた歴史、我が国の先達が残してくれた芸術、文学、民話、伝承などを学ぶこと、そして、これらを大切にする心を培うとともに、現代に生かしていくことができるようにすることも、我々に課された重要な課題である。
　我々はこれからの教育において、子供たち一人一人が、伸び伸びと自らの個性を存分に発揮しながら、こうした「時代を超えて変わらない価値のあるもの」をしっかりと身に付けていってほしいと考える。
　しかし、また、教育は、同時に社会の変化に無関心であってはならない。「時代の変化とともに変えていく必要があるもの」（流行）に柔軟に対応していくこともまた、教育に課せられた課題である。

特に、(2)で述べたように、21世紀に向けて、急激に変化していくと考えられる社会の中にあって、これからの社会の変化を展望しつつ、教育について絶えずその在り方を見直し、改めるべきは勇気を持って速やかに改めていくこと、とりわけ、人々の生活全般に大きな影響を与えるとともに、今後も一層進展すると予測される国際化や情報化などの社会の変化に教育が的確かつ迅速に対応していくことは、極めて重要な課題と言わなければならない。

　このように、我々は、教育における「不易」と「流行」を十分に見極めつつ、子供たちの教育を進めていく必要があると考えるが、このことは、これからの時代を拓いていく人材の育成という視点から重要だというだけでなく、子供たちが、それぞれ将来、自己実現を図りながら、変化の激しいこれからの社会を生きていくために必要な資質や能力を身に付けていくという視点からも重要だと考える。

　また、今日の変化の激しい社会にあって、いわゆる知識の陳腐化が早まり、学校時代に獲得した知識を大事に保持していれば済むということはもはや許されず、不断にリフレッシュすることが求められるようになっている。生涯学習時代の到来が叫ばれるようになったゆえんである。加えて、将来予測がなかなか明確につかない、先行き不透明な社会にあって、その時々の状況を踏まえつつ、考えたり、判断する力が一層重要となっている。さらに、マルチメディアなど情報化が進展する中で、知識・情報にアクセスすることが容易となり、入手した知識・情報を使ってもっと価値ある新しいものを生み出す創造性が強く求められるようになっている。

　このように考えるとき、我々はこれからの子供たちに必要となるのは、いかに社会が変化しようと、自分で課題を見つけ、自ら学び、自ら考え、主体的に判断し、行動し、よりよく問題を解決する資質や能力であり、また、自らを律しつつ、他人とともに協調し、他人を思いやる心や感動する心など、豊かな人間性であると考えた。たくましく生きるための健康や体力が不可欠であることは言うまでもない。我々は、こうした資質や能力を、変化の激しいこれからの社会を［生きる力］と称することとし、これらをバランスよくはぐくんでいくことが重要であると考えた。

　［生きる力］は、全人的な力であり、幅広く様々な観点から敷衍することができる。

　まず、［生きる力］は、これからの変化の激しい社会において、いかなる場面でも他人と協調しつつ自律的に社会生活を送っていくために必要となる、人間としての実践的な力である。それは、紙の上だけの知識でなく、生きていくための「知恵」とも言うべきものであり、我々の文化や社会についての知識を基礎にしつつ、社会生活において実際に生かされるものでなければならない。

　［生きる力］は、単に過去の知識を記憶しているということではなく、初めて遭遇するような場面でも、自分で課題を見つけ、自ら考え、自ら問題を解決していく資質や能力である。これからの情報化の進展に伴ってますます必要になる、あふれる情報の中から、自分に本当に必要な情報を選択し、主体的に自らの考えを築き上げていく力などは、この［生きる力］の重要な要素である。

　また、［生きる力］は、理性的な判断力や合理的な精神だけでなく、美しいものや自然に感動する心といった柔らかな感性を含むものである。さらに、よい行いに感銘し、間

違った行いを憎むといった正義感や公正さを重んじる心、生命を大切にし、人権を尊重する心などの基本的な倫理観や、他人を思いやる心や優しさ、相手の立場になって考えたり、共感することのできる温かい心、ボランティアなど社会貢献の精神も、［生きる力］を形作る大切な柱である。

そして、健康や体力は、こうした資質や能力などを支える基盤として不可欠である。

このような［生きる力］を育てていくことが、これからの教育の在り方の基本的な方向とならなければならない。［生きる力］をはぐくむということは、社会の変化に適切に対応することが求められるとともに、自己実現のための学習ニーズが増大していく、いわゆる生涯学習社会において、特に重要な課題であるということができよう。

また、教育は、子供たちの「自分さがしの旅」を扶ける営みとも言える。教育において一人一人の個性をかけがえのないものとして尊重し、その伸長を図ることの重要性はこれまでも強調されてきたことであるが、今後、［生きる力］をはぐくんでいくためにも、こうした個性尊重の考え方は、一層推し進めていかなければならない。そして、その子ならではの個性的な資質を見いだし、創造性等を積極的に伸ばしていく必要がある。こうした個性尊重の考え方に内在する自立心、自己抑制力、自己責任や自助の精神、さらには、他者との共生、異質なものへの寛容、社会との調和といった理念は、一層重視されなければならない。

今後、国際化がますます進展し、国際的な相互依存関係が一層深まっていく中で、子供たちにしっかりと［生きる力］をはぐくむためには、世界から信頼される、「国際社会に生きる日本人」を育てるということや、過去から連綿として受け継がれてきた我が国の文化や伝統を尊重する態度を育成していくことが、これまでにも増して重要になってくると考えられる。

我々は、［生きる力］をこのようなものとして考えたところである。そして、［生きる力］をはぐくむに当たっては、特に次のような視点が重要と考える。

(a) 学校・家庭・地域社会の連携と家庭や地域社会における教育の充実

まず第一は、学校・家庭・地域社会での教育が十分に連携し、相互補完しつつ、一体となって営まれることが重要だということである。教育は、言うまでもなく、単に学校だけで行われるものではない。家庭や地域社会が、教育の場として十分な機能を発揮することなしに、子供の健やかな成長はあり得ない。［生きる力］は、学校において組織的、計画的に学習しつつ、家庭や地域社会において、親子の触れ合い、友達との遊び、地域の人々との交流などの様々な活動を通じて根づいていくものであり、学校・家庭・地域社会の連携とこれらにおける教育がバランスよく行われる中で豊かに育っていくものである。特に、［生きる力］の重要な柱が豊かな人間性をはぐくむことであることを考えると、現在、ややもすると学校教育に偏りがちと言われ、家庭や地域社会の教育力の低下が指摘されている我が国において、家庭や地域社会での教育の充実を図るとともに、社会の幅広い教育機能を活性化していくことは、喫緊の課題となっていると言わなければならない。

人々が物の豊かさから心の豊かさへと大きく志向を移し、日本型雇用システムが揺らいでいる中で、今、人々は家庭や地域社会へと目を向け始めている。その意味で、今こ

そ家庭や地域社会での教育の在り方を見直し、その充実を図っていく必要があると考える。

　また、このように、子供たちは社会全体ではぐくまれていくものであることを再確認し、子供たちの健やかな成長は、大人一人一人の責任であり、大人一人一人が考え、社会のあらゆる場で取り組んでいく必要がある問題であること、また、大人の社会の在り方そのものが強く問われる問題であることを改めて強調しておきたい。

(b)　子供たちの生活体験・自然体験等の機会の増加

　次に、子供たちに［生きる力］をはぐくむためには、自然や社会の現実に触れる実際の体験が必要であるということである。子供たちは、具体的な体験や事物とのかかわりをよりどころとして、感動したり、驚いたりしながら、「なぜ、どうして」と考えを深める中で、実際の生活や社会、自然の在り方を学んでいく。そして、そこで得た知識や考え方を基に、実生活の様々な課題に取り組むことを通じて、自らを高め、よりよい生活を創り出していくことができるのである。このように、体験は、子供たちの成長の糧であり、［生きる力］をはぐくむ基盤となっているのである。

　しかしながら、(1)で見たように、今日、子供たちは、直接体験が不足しているのが現状であり、子供たちに生活体験や自然体験などの体験活動の機会を豊かにすることは極めて重要な課題となっていると言わなければならない。こうした体験活動は、学校教育においても重視していくことはもちろんであるが、家庭や地域社会での活動を通じてなされることが本来自然の姿であり、かつ効果的であることから、これらの場での体験活動の機会を拡充していくことが切に望まれる。

(c)　生きる力の育成を重視した学校教育の展開

　さらに、これからの学校教育においては、［生きる力］の育成を重視した教育を展開していく必要があるということである。組織的・計画的に教育を行う学校がどのような視点を重視して教育を行うかは極めて重要であり、このことなしに一人一人の子供たちにしっかりと［生きる力］をはぐくむということの実現は期し得ない。このような視点に立ったこれからの学校教育の在り方については、第2部第1章で詳しく述べることとしたい。

(d)　子供と社会全体の［ゆとり］の確保

　今後の教育の在り方について、これまで述べてきたように、子供たち一人一人に［生きる力］をはぐくんでいくことが大切であるとした場合、学校・家庭・地域社会は、具体的にどうあるべきであり、どう変わらなければならないのか。それぞれについての具体的な提言は、第2部以下に述べるが、我々は、［生きる力］をはぐくんでいくために、これらに共通のものとして、子供たちにも、学校にも、家庭や地域社会を含めた社会全体にも［ゆとり］が重要であると考える。今、子供たちは多忙な生活を送っている。そうした中で［生きる力］を培うことは困難である。子供たちに［ゆとり］を持たせることによって、はじめて子供たちは、自分を見つめ、自分で考え、また、家庭や地域社会で様々な生活体験や社会体験を豊富に積み重ねることが可能となるのである。そのためには、子供たちに家庭や地域社会で過ごす時間、すなわち、子供たちが主体的、自発的に使える時間をできるだけ多く確保することが必要である。そうした［ゆとり］の中で

子供たちは、心の［ゆとり］を持つことができるようになるのである。
　また、子供たちに［生きる力］をはぐくんでいくためには、子供たちに［ゆとり］を持たせるだけでなく、社会全体が時間的にも精神的にも［ゆとり］を持つことが必要である。社会全体が［ゆとり］を持つことにより、はじめて、学校でも家庭や地域社会でも、教員や親や地域の大人たちが［ゆとり］を持って子供たちと過ごし、子供たちの成長を見守り、子供たち一人一人と接することが可能となる。こうした社会全体の［ゆとり］の中で、子供たちに［生きる力］をはぐくんでいくことができるのである。
　ここで［ゆとり］と言うとき、もちろん時間的な［ゆとり］を確保することも重要であるが、心の［ゆとり］や考える［ゆとり］を確保することがさらに重要である。こうした心の［ゆとり］を社会全体が持つためには、実は我が国社会全体の意識を改革していくということが必要となってくる。なぜなら、我々が心の［ゆとり］を持つことを妨げているものとして、例えば、他人がしているから自分もするといった横並び的な意識があったり、高等学校や大学で学ぶのは、ある一定の年齢層でなければならないというような過度に年齢を意識した「年齢主義」的な価値観があるのではなかろうか。こうした意味で、我々は、自分の生き方を自ら主体的に決めていくという価値観に立って、真の意味で個を確立していくことが必要だと考えるのである。
（略）

教育振興基本計画について―「教育立国」の実現に向けて―
　　（平成 20 年 4 月 18 日）

（略）

　　第 2 章　今後 10 年間を通じて目指すべき教育の姿
(1)　今後 10 年間を通じて目指すべき教育の姿
　知識基盤社会の進展や国内外における競争の激化等の中で、未来に向けての教育の重要性を考えるとき、教育の発展なくして我が国の持続的な発展はなく、社会全体で「教育立国」の実現に取り組む必要がある。
　このことを踏まえ、教育振興基本計画においては、改正教育基本法に示された教育の理念の実現に向け、今後おおむね 10 年間を通じて目指すべき教育の姿として、以下の目標を掲げる。
①義務教育修了までに、すべての子どもに、自立して社会で生きていく基礎を育てる
　幼児期から義務教育修了までの教育を通じて、学校、家庭、地域が一体となって、基本的な生活習慣の習得や社会性の獲得をはじめとする発達段階ごとの課題に対応しながら、すべての子どもが、自立して社会で生き、個人として豊かな人生を送ることができるよう、その基礎となる力を育てるとともに、国家及び社会の形成者として必要な基本的資質を養う。
ア　公教育の質を高め、信頼を確立する
　世界トップクラスの学力水準を確保し、責任ある社会の一員として自立して生きてい

くための基礎となる力を育てる。このような力を、子どもの状況に応じ、特別な支援を必要とする子どもや不登校の子ども等も含め、すべての子どもたちに養う。このために、教育内容、教育条件の質の向上を図り、全国どの地域においても、誰もが安心して子どもを学校に通わせ、優れた教員の下で教育を受けることができるようにする。

イ　社会全体で子どもを育てる

教育の出発点である家庭の教育力を高める。地域全体で子どもをはぐくむことができるよう、その教育力を高めるとともに、地域が学校を支える仕組みを構築する。このことを通じ、地域の絆（きずな）や信頼関係を強化し、より強固で安定した社会基盤づくりにも資する。

②社会を支え、発展させるとともに、国際社会をリードする人材を育てる

義務教育後の学校教育の質を向上させるとともに、世界最高水準の教育研究拠点形成や大学等の国際化を通じ、我が国の国際競争力の強化に資する。また、個性や能力に応じ、希望するすべての人が、生涯にわたりいつでも必要な教育の機会を得ることができる環境を整備する。

ア　高等学校や大学等における教育の質を保証する

高等学校について、多様化する生徒の実情を踏まえつつ、高校生の学習成果を多面的・客観的に評価する取組を進めるとともに、その結果を高等学校の指導改善等に活用することなどを通じて教育の質を保証し、向上を図る。あわせて、将来の進路や職業とのかかわりに関する教育を重視し、社会の有為な形成者として必要な資質を育成する。

大学等の個性化・特色化を進め、それぞれの機能に応じた教育研究活動を促す。また、大学等における教育の質の保証・向上に向けた制度を整備・確立する。これらを通じ、教養と専門性を養い、社会の各分野を支え、発展させていく資質・能力を確実に養うことを重視する。

あわせて、生涯を通じていつでも必要な学習を行うことのできる機会の提供を推進する。

イ　世界最高水準の教育研究拠点を重点的に形成するとともに、大学等の国際化を推進する

国際的競争力を持ち、世界の英知が結集する教育研究拠点を重点的に形成し、知的な貢献ができる人材を育成するとともに、大学の教育研究の高度化を通じて「知」の創造・継承・発展を支える。

また、今後策定する「留学生30万人計画」を推進するとともに、国内外の優れた学生等が相互に行き交う国際的な大学等を実現する。

義務教育修了までの教育は、個人として、国民として生きる上での基本となる力を培うものであり、これに幼児期の段階から取り組むことにより、早い段階で能力と責任感を備えた社会の構成者を育成し、将来も含めた社会の安定や発展にも資することが期待される。また、義務教育後の教育、中でも高等教育は、知識基盤社会における活力の源泉となるものであり、将来にわたる社会の発展の基盤の構築に寄与すべきものである。これら各段階における教育の充実を通じて、生涯学習社会の実現を目指す必要がある。

(2) 目指すべき教育投資の方向

　今後10年間を通じて以上のような教育の姿の実現を目指すためには、関係者の一層の努力を促すとともに、その教育活動を支える諸条件の整備を行うことが必要である。

　現在、我が国の教育に対する公財政支出は、他の教育先進国と比較して低いと指摘されている。例えば、公財政教育支出のGDP比については、OECD諸国の平均が5.0パーセントであるのに対して、我が国は3.5パーセントとなっている。また、特に就学前段階や高等教育段階では、家計負担を中心とした私費負担が大きい。こうしたデータについては、全人口に占める児童生徒の割合、一般政府総支出や国民負担率、GDPの規模などを勘案する必要があり、単純な指摘はできないところであるが、そうした中で現下の様々な教育課題についての国民の声に応え、所要の施策を講じる必要がある。

　学校段階別に見ると、小学校就学前の段階では、近年、先進諸国では幼児教育の重要性を踏まえ、無償化の取組が一部で進められている。幼児教育の無償化については、歳入改革にあわせて財源、制度等の問題を総合的に検討することが課題となっている。

　小学校以降の初等中等教育段階については、多様化・複雑化する教育課題に対応するとともに一人一人の子どもに教員が向き合う時間を十分に確保しつつ、きめ細かな対応ができる環境を実現するなど、質の高い教育を実現するための条件整備を図る必要がある。

　高等学校及び高等教育段階については、家庭の経済状況にかかわらず、修学の機会が確保されるようにすることが課題となっている。高等教育段階については、知的競争時代において諸外国が大学等に重点投資を行い、優秀な人材を惹（ひ）きつけようとする中で、教育研究の水準の維持・向上を図り、国際的な競争に伍（ご）していくことが課題となっている。

　さらに、学校施設をはじめとする教育施設の耐震化など、誰もが安全・安心な環境で学ぶことのできる条件の整備が大きな課題となっている。

　以上を踏まえ、今後10年間を通じて、上述した教育の姿の実現を目指し、必要な予算について財源を確保し、欧米主要国と比べて遜色（そんしょく）のない教育水準を確保すべく教育投資の充実を図っていくことが必要である。

　この際、歳出・歳入一体改革と整合性を取り、効率化を徹底し、まとめ張りを付けながら、真に必要な投資を行うこととする。

　あわせて、特に高等教育については、世界最高水準の教育研究環境の実現を念頭に置きつつ、教育投資の充実を図るとともに、寄附金や受託研究等の企業等の資金も重要な役割を果たしていることから、その一層の拡充が可能となるよう、税制上の措置の活用を含む環境整備等を進める必要がある。

第3章　今後5年間に総合的かつ計画的に取り組むべき施策
(1) 基本的考え方

　従来、教育政策の策定と実施においては、例えば「教育課程」や「教職員定数改善」、「高等教育」など、個別のテーマに焦点を絞り、当該分野の中での完結を目指す傾向が強かった。教育振興基本計画は、これら個別の政策を横断的に捉え直し、教育政策の総合

的な推進を図ることを意図するものである。

　また、これまで教育施策においては、目標を明確に設定し、成果を客観的に検証し、そこで明らかになった課題等をフィードバックし、新たな取組に反映させるPDCA（Plan-Do-Check-Action）サイクルの実践が必ずしも十分でなかった。今後は施策によって達成する成果（アウトカム）を指標とした評価方法へと改善を図っていく必要がある。こうした反省に立ち、今回の計画においては、各施策を通じてPDCAサイクルを重視し、より効率的で効果的な教育の実現を目指す必要がある。

　これらの点にも留意しつつ、以下においては、第1章、第2章に示した現状と課題、今後10年間を通じて目指すべき教育の姿を踏まえ、今後5年間に総合的かつ計画的に取り組むべき施策を示すこととする。

　その際、取組の全般にわたり、以下のような考え方を重視する。

①「横」の連携：教育に対する社会全体の連携の強化

　教育は、個人により良く生きる力を与えるものであるとともに、社会全体の存立基盤を形づくる価値形成活動であり、国、地方公共団体、学校、保護者、地域住民、企業、社会教育団体、民間教育事業者、NPO、メディアなど、官・民を通じた様々な関係者の取組により成り立つものである。

　このうち、国、地方公共団体、学校、保護者等教育に直接携わる者に特に大きな責任があることは言うまでもないが、地域住民や企業等も、受身的な立場に止まることなく、自らも社会の一員として教育に責任を共有するとの認識の下、学校運営や教育活動に積極的に協力し、参画することなどが期待される。

　なお、学校については、ややもすれば閉鎖的になりがちで学校外からの協力を得ることについて消極的との批判も多い。学校や教育行政の側においてもこうした意識を改め、学校を広く様々な分野からの協力を得て地域に開かれたものにしていく努力が必要である。また、国や地方公共団体の行政部内においても、「縦割り」といわれる状況を改善し、一体となって教育に取り組む必要がある。

　同時に、今後の国際的な知識基盤社会において国や社会の活力の源泉となるのは「知」の力であることを考えるとき、教育をめぐる各主体がそれぞれの立場での責任を全うするのはもちろんのこと、それにとどまらず、「知」をはぐくむ教育の振興に向け、各主体が横の連携を強化し、社会全体で教育に取り組んでいくことが求められる。

　例えば、学校教育と社会教育、また、学校と地域との新しい連携の仕組みを構築することは、今後の重要な課題の一つである。こうした取組を通じ、社会の多様なニーズに応える学習機会が豊富に提供されるとともに、連携による相乗効果として、教育の質が一層高まることが期待される。

　社会全体で連携して教育に取り組むことは、一人一人の主体的な参画によるコミュニティづくりや、より良い社会づくりにも資するものである。同時に、社会の様々な世代の様々な主体が多様な形態で教育に関わることは、働くこと、社会とつながり、社会に参画することの意義を身をもって子どもたちに示し、将来に向けてその視野を広げ、生きる意欲を高めることにもなる。

②「縦」の接続：一貫した理念に基づく生涯学習社会の実現

改正教育基本法において、新しい時代の教育の理念が明示されるとともに、これを踏まえ、学校教育法において、義務教育の目標や各学校段階ごとの教育の目標が改めて規定された。今後は、こうした理念の下に、生涯学習社会の実現に努める必要がある。
　これからの変化の激しい社会においては、学校教育段階はもとより、生涯を通じて自らを磨き、高めていくことが一層重要になる。一人一人が、より良く生きるための意欲と力を生涯にわたって鍛え、豊かなものにしていかなければならない。
　そのために必要な力として、これまで初等中等教育に関して「生きる力」を掲げてきた。また、高等教育については、「課題探求能力」の育成などが課題とされてきている。
　さらに、OECDにおいては、「知識基盤社会」の時代を担う子どもたちに必要な能力を「主要能力（キーコンピテンシー）」と位置付け、①社会的・文化的、技術的ツールを相互作用的に活用する力、②多様な社会グループにおける人間関係形成能力、③自立的に行動する能力、の三つの観点を重視するようになっている。
　また、ユネスコ（国際連合教育科学文化機関）においては、地球的視野で考え、様々な課題を自らの問題として捉え、身近なところから取り組み、持続可能な社会づくりの担い手となるよう一人一人を育成する教育（「持続発展教育/Education for Sustainable Development〔ESD〕」）が提唱されており、2005年から2014年までの10年間は、「国連持続発展教育の10年」と位置付けられている。地球的規模での持続可能な社会の構築は、我が国の教育の在り方にとっても重要な理念の一つである。
　これらの理念はいずれも教育基本法の理念と軌を一にするものであり、こうした観点も踏まえながら、個人の発達段階やそのとき置かれている状況等を踏まえつつ、だれもが若年期から高齢期まで生涯を通じて質の高い教育や学習に取り組み、その成果を生かすことのできる社会の実現を目指す必要がある。
　そのためには、それぞれの教育の役割や学校ごとの目標の達成に留意しながら、例えば、家庭教育と幼児教育、幼児教育と小学校、小学校と中学校、中学校と高等学校、高等学校と大学等の学校間、さらには学校教育と職業生活等との連携・接続の改善にとりわけ意を用いていく必要がある。また、いったん学校教育を終えた後や、途中で中断した後に、それぞれのニーズに応じて再度学校教育の場に戻ったり、様々な社会教育を受けたりする機会が設けられていることが重要である。
　あわせて、大学等での先端的な研究によって得られた最新の成果等も生かした教育内容・方法の改善など、初等中等教育の現場と大学等との連携の強化も進められる必要がある。
（以下略）

索引

あ行

愛国心 …………… 190, 201
『赤い鳥』 ……………… 66
赤井米吉 ……………… 66
アカウンタビリティ …… 105
アクレディテーション … 108
旭川学力テスト訴訟 …… 170
芦田恵之助 …………… 67
アダムズ
　Adams, John ………… 92
アテネ ………………… 31
安倍晋三 ……………… 155
安倍能成 ……………… 121
天野貞祐 …………… 148, 201
アメリカ公立学校の父 … 96
アメリカ国立大学 ……… 93
アメリカ独立革命 ……… 91
アメリカ2000 ………… 106
荒木万寿夫 …………… 147
異学の禁 ……………… 42
生きる力 … 158, 161, 207, 210
1条学校 ……………… 133
一般地方学事通則 …… 3, 39
伊藤博文 …………… 14, 57
井上毅 ………………… 62
茨城県自由教育禁止事件 … 67
岩瀬六郎 ……………… 194
インクルーシブ教育 …… 173
ウィリアム＆メアリー大学
　………………………… 89
ウニヴェルシテ ………… 9
ウニヴェルシテ総長 …… 9
英国国教会 …………… 85
NSBA ………………… 109
及川平治 …………… 66, 193
岡野清豪 ……………… 202
小倉金之助 …………… 67

オバマ
　Obama, Barack ……… 109
小原国芳 …………… 66, 193
小渕恵三 …………… 154, 164
蔭位の制 ……………… 36
陰陽寮 ………………… 34

か行

改正教育令 …… 14, 58, 78, 188
開成所 ………………… 47
改姓名 ………………… 73
外的事項 ……………… 140
カウンティ …………… 100
カウンティ学区 ……… 101
学事諮問会 …………… 78
学事奨励ニ關スル被仰出書
　（學制序文）…… 54, 186, 252
『学習原論』 ………… 194
学習指導要領
　……………… 141, 150, 203, 204
「学習指導要領　一般編
　（試案）」 …………… 199
「学習指導要領　社会科編
　（試案）」 …………… 199
学習成果 ……………… 108
学習到達度調査（PISA 調査）
　……………………… 160, 183
学制 ………………… 7, 54, 74, 186
學制序文（學事奨励ニ關スル
　被仰出書）…… 252, 54, 186
学務委員 ……………… 90
学問の自由 …………… 116, 125
学力低下 …………… 158
学齢簿 ………………… 131
学区 …………………… 90
学区制［アメリカ］ …… 90
学区制［日本］ ………… 7

学区取締 ……………… 13
学校委員会 …………… 10
学校教育 …………… 124, 135
学校教育法 … 124, 125, 126, 198, 223, 235
学校教員品行検定規則
　……………………… 75, 15
学校選択制 ………… 149
学校図書館法 ……… 125
学校の公共性 …… 123, 132
学校の性格 …………… 123
学校令 ………………… 75
合衆国教育長官 …… 96, 98
合衆国憲法 …………… 93
活動主義教育 ………… 66
家庭教育 ………… 135, 169
カテキズム …………… 87
川井訓導事件 ………… 67
官位十二階の制 ……… 28
寛政異学の禁 ………… 43
寛文異学の禁 ………… 42
官立師範学校 ………… 74
『危機に立つ国家』 …… 105
菊地大麓 ……………… 191
期待される人間像 …… 148
紀伝道 ………………… 37
木下竹次 …………… 66, 193
義務教育
　………… 39, 122, 123, 124, 130
義務教育諸学校国庫負担法
　……………………… 144
義務教育諸学校施設費国庫負
　担法 ………………… 143
義務教育諸学校における教育
　の政治的中立の確保に関す
　る臨時措置法 …… 21, 145
義務教育諸学校の教科用図書
　の無償措置に関する法律

........................147
義務教育制度..........63, 116
義務教育に関する答申....143
義務教育費国庫負担法....143
キャリア教育................171
教育委員会..................198
教育委員会制度........12, 141
教育委員会法............18, 141
教育改革国民会議....154, 164
教育課程......................128
教育課程審議会............201
教育基本法
　......161, 165, 209, 211, 218
教育基本法（旧）
　...18, 122, 123, 163, 198, 222
教育基本法（旧）改正....164
教育基本法第16条教育行政
　..................................8
教育行政......84, 122, 124, 139
教育公務員特例法....125, 134
教育公務員特例法の一部を改
　正する法律................145
教育再生会議....154, 155, 212
教育刷新委員会....81, 121, 141
教育刷新審議会
　................21, 81, 121, 141
教育事務議会..................77
教育職員免許法........125, 150
教育審議会..........17, 80, 195
教育振興基本計画..........179
教育振興基本計画について─
　「教育立国」の実現に向け
　て─..........................271
教育政策......................84
教育長....................12, 95
教育勅語（教育ニ關スル勅語）
　........15, 62, 122, 123, 139,
　　　　　　190, 198, 256
教育的浪費..................110
教育特区......................149
教育ニ関スル戦時非常措置方
　策..............................70
教育ニ關スル勅語（教育勅語）
　........15, 62, 122, 123, 139,
　　　　　　190, 198, 256

教育二法......................145
『教育の機会均等』........104
教育の機会均等
　......116, 122, 123, 124, 128
教育の基本..................124
教育の力......................123
教育の方針............122, 124
教育の民主化..........18, 140
教育の目的......122, 124, 125
教育パージ..................118
教育立法勅令主義..........61
教育令［日本］
　..................14, 57, 74, 187
教育令［プロイセン］........5
教育令改正..................254
教育を受ける権利
　....................8, 128, 130
教育を変える17の提案
　..................................154
教員及び教育関係官の調査・
　除外・認可に関する件
　..................................117
教員の政治的中立性維持に関
　する答申....................145
教員の身分保障............123
教員免許更新制............175
教学刷新評議会........17, 194
教学聖旨...14, 57, 75, 188, 253
教学大旨......................188
教科書疑獄事件........64, 191
教科書検定制度
　..............64, 146, 189, 191
教科書制度の改善方策につい
　ての答申....................146
修身口授......................187
教師初任者研修制度......150
教職大学院..................176
行政委員会....................20
清瀬一郎......................202
キルパトリック
　Kilpatrick, William H.....67
キング
　King, Martin Luther, Jr.
　..................................103
国を愛する心..........211, 212

クリントン
　Clinton, William Jefferson
　..................................106
軍国主義教育..............196
軍国主義的・超国家主義的教
　育..............................116
軍国主義的・超国家主義的思
　想..............................116
経験主義的教育............126
ケネディ
　Kennedy, John F.........103
研究と修養..................134
研修............................134
遣隋使派遣....................27
検定教科書..................116
検定権........................146
ケンブリッジ大学............86
憲法............................124
憲法制定会議................92
権利の章典....................93
広域採択制..................147
皇運扶翼の道..............195
合科学習..........66, 193, 194
後期中等教育の拡充整備につ
　いての答申................148
公教育..........................2
公教育論........................3
公共性（学校の）....123, 132
皇国ノ道......................195
皇国民..........................76
高坂正顕......................148
工場法..........................6
公職選挙法..................146
公選制教育委員会制度
　..................19, 141, 144
高等学校学習指導要領....128
高等教育会議................79
高等教育法..................104
高等師範学校................75
高等女学校令................65
河野敏鎌......................58
公民............................137
公民科........................199
公民教育刷新委員会......199
公民権法....................104

索引　277

公立学校……………89,188
公立学校施設災害復旧国庫負
　担法………………………144
公立学校の学校選択制…180
公立義務教育諸学校の学級編
　制及び教職員定数の標準に
　関する法律……………144
公立小学校………………187
国語学校……………………3
国際数学・理科教育調査
　（TIMSS調査）…183,160
国体……………………194,196
国体観念………………192,194
国体ノ精華………………190
『国体の本義』………118,194
国定教科書制度…64,140,146
国定修身教科書…………191
国民科……………………195
国民皆兵制…………………70
国民学校…………8,69,195
国民学校令
　………………17,69,76,195,257
国民学校令施行規則……195
国民教育…………………191
国民教育制度………………64
『国民実践要領』…………148
国民精神作興ニ関スル詔書
　………………………………68
国民精神文化研究所………69
国有地賦与大学……………98
国有地賦与法………………97
護国………………………192
御真影……………………190
個人主義…………………197
個性重視…………………149
国家公務員法………21,134
国家思想…………………192
国家神道・神社神道に対する
　保護の禁止……………118
国家防衛教育法…………103
国庫補助…………………144
国庫補助金制度……………10
子どもを置き去りにしない法
　………………………………108
コミュニティ・スクール…180

コモンスクール………12,87
「コモンスクール・ジャーナ
　ル」…………………………95
『コモン・センス』…………91
コールマン
　Coleman, James S.………104
コンドルセ
　Condorcet, Marquis de …3

さ行

澤柳政太郎………………66,193
三教科停止指令（修身、日本
　歴史及ビ地理停止ニ関スル
　件）……………………197,118,262
算道…………………………37
CIE…………………………120
GHQ（連合国軍総司令部）
　………………………………116,197
ジェファソン
　Jefferson, Thomas ………92
自学主義……………………66
私塾…………………………29
思想局………………………17
実業学校令…………………65
実用主義に基づく理科教育
　………………………………66
児童の権利条約…………169
師範学校…………12,76,139
師範学校令………………189
師範教育令…………70,76
師範タイプ…………………75
社会科……………………199
社会教育……122,124,134,169
社会教育主事……………136
社会教育主事補…………136
社会教育法…………125,135
就学義務…………………130
自由教育…………………193
州教育委員会………………94
州教育長……………………94
自由教育令…………14,188
宗教教育……122,124,138,139
宗教的活動………………139
十七条憲法…………………27

自由主義…………………197
自由主義的な教育………193
習熟度別指導……………150
修身科………………186,188
修身、日本歴史及ビ地理停止
　ニ関スル件（三教科停止指
　令）……………118,197,262
修正憲法第10条……………94
「12年報」……………………95
住民基本台帳……………131
州立師範学校………………95
受益者負担…………………56
儒学…………………………28
儒教…………………………27
儒教道徳…………………189,190
朱子学…………………29,43
出席停止…………………132
出席督促…………………132
生涯学習…………………167
『小学修身訓』［西村茂樹編］
　………………………………189
『小学修身書』［文部省編］
　………………………………189
小学条目二件……………188
小学校学習指導要領……128
小学校教員心得………15,75
小学校教則綱領…………189
小学校教則大綱…………191
小学校祝日大祭日儀式規定
　………………………………190
小学校令……………7,60,189
小学校令施行規則………191
聖徳太子……………………26
昌平学校……………………44
昌平坂学問所（昌平黌）
　……………………………29,42
諸学校令……………………15
植民地教育…………………72
植民地支配…………………71
職務専念の義務…………134
女子教育…………………122
諸条件の整備確立………140
初等教育法………………6,11
初等中等教育法…………104
ジョンソン

Johnson, Lyndon B. 104
私立学校 188
私立学校法 125
私立小学校 187
私立大学 168
素人支配 96
人格の完成 125, 147
新学力観 157
新教育 66, 76
「新教育指針」 121
信教の自由 139
人事院規則 138
新小学校令 190
尋常高等小学校 63
尋常師範学校 75
尋常小学校 63
新日本建設ノ教育方針 ... 197
『臣民の道』 118, 149
進路指導 171
枢密院教育委員会 10
スコット
　Scott, Marion McCarrell
　........................ 74
鈴木三重吉 66
ストッダード
　Stoddard, George D.
　............ 111, 120, 197
スパルタ 26
スパルタ教育 30
スペリングズ
　Spellings, Margaret 108
スポーツ振興法 136
3R's 88
正学 42, 43
生活科 150, 157
生活経験 193
生活修身 194
『生活修身原論』 194
生活即学習 194
生活綴方運動 67
生活保護法 129
政教分離 138, 139
政治教育 122, 124, 137
政治的活動 137
政治的行為 138

政治的中立性 145
青少年学徒ニ賜ハリタル勅語
　........................ 70
誠心 192
聖堂 42
青年学級振興法 136
青年学校 8
青年学校令 69
政令改正諮問委員会 20
世俗化 90
戦後教育改革 116
全国学力・学習状況調査
　.............. 160, 163, 183
全国学力調査 105
戦時教育令 17
全人教育 193
全体の奉仕者 133
全面主義 203
全面主義道徳教育 201
専門教育 127
善良ナル臣民 189
1642年植民地法 86
総合的学習 158
総合的な学習の時間 208
創氏改名 73

た行

大学 168
大学規則 52
大学区 9
大学区視学官 9
大学設置基準 125
大学の自治 116
大学寮 34
大学寮別曹 38
第三次小学校令 63
大正デモクラシー ... 192, 193
第二次小学校令 63
第二次米国教育使節団 ... 200
大日本帝国憲法 15, 60, 189
タウン学務委員会 94
滝川事件 69
滝川幸辰 69
脱ゆとり教育 160

田中不二麻呂 57
棚橋源太郎 66
単位制高等学校 150
男女共学 123, 124, 129, 197
単線型学校体系 116, 129
治安維持法 67
地位利用 146
知識基盤社会 160
地方教育行政の組織及び運営
　に関する法律（地方教育行
　政法） 19, 125, 141, 240
地方公務員法 21, 134
地方分権化 140
地方分権主義 12
チャーター・スクール ... 107
中央教育審議会（中教審）
　........... 21, 121, 142, 154
中央集権体制 9
中学校学習指導要領 128
中学校教則大綱 189
『中学校指導書　道徳編』
　....................... 204
中学校令 65, 189
中教審（中央教育審議会）
　............ 142, 21, 121, 154
忠君愛国 189, 196
中小学規則 52
中等学校令 69
超国家主義 194
勅令主義 15, 61, 122
地歴・公民科 150
TIMSS調査（国際数学・理科
　教育調査）
　.............. 160, 183, 160, 183
帝国大学令 189
出来高払い 10
手塚岸衛 66, 193
デューイ
　Dewey, John 67
寺内正毅 192
天皇 196
天皇機関説事件 69
天皇制国家主義 134
典薬寮 34
統一学区 101

統一ドイツ…………………10
同化政策……………………72
道義国家……………………197
統合主義……………………66
道徳教育……………186,188,190
道徳教育振興方策……………201
道徳教育推進教師……………214
道徳教育のための手引書
　………………………………201
道徳的価値…………………208
道徳的実践力………………206
道徳の教科化………………212
「道徳」の時間………………202
道徳の特設…………………148,201
徳育…………………………181,190
徳育涵養ノ義ニ付建議………62
徳育論争……………………14
督学局………………………13
特殊教育……………………172
特殊教育諸学校……………129
特別支援学級………………174
特別支援学校………………174
特別支援学校教諭免許状
　………………………………174
特別支援教育………………172,174
特別支援教室………………174
独立宣言……………………92
図書館法……………………136
ドモラン
　Demolins, Edmond………67
ドロップアウト………………110

な行

内閣制度……………………15
内的事項……………………140
中曽根康弘…………………157
為さしむる主義による教育
　………………………………193
21世紀を展望した我が国の
　教育の在り方について（第
　1次答申）…………………267
二宮金次郎像…………………68
二宮尊徳……………………68
日本側教育家委員会…………119
日本教育制度に対する管理政
　策に関する件………………116
「日本語」教育………………72
日本国憲法……………19,123,198
日本国憲法第26条……………8
日本精神……………………194
「日本の教育」………………112,120
日本の教育制度の管理政策に
　ついての指令………………261
『ニューイングランド・プラ
　イマー』……………………88
ニューヨーク州大学区理事会
　…………………………………94
人間宣言……………………118
任命制教育委員会制度
　……………………………19,141
農工大学……………………98
農山漁村経済更正運動………68
野口援太郎…………………66

は行

バウチャー制………………107
パーカースト
　Parkhurst, Helen…………67
博物館法……………………136
バス強制通学………………105
パートナーシップ……………11
バーナード
　Barnard, Henry……………96
羽仁もと子…………………66
ハーバード
　Harvard, John……………86
審書調所……………………46
PISA 調査（学習到達度調査）
　…………………160,183,183,160
樋口勘次郎…………………66
PDCA サイクル……………179
ピューリタン…………………85
複線型学校体系……………129
府県学務官会同………………79
富国強兵……………………40
普通教育……………………126
ブッシュ
　Bush, George Herbert

　Walker…………………106
ブッシュ
　Bush, George Walker……107
不当な支配…………………140
史部…………………………27
フランクリン
　Franklin, Benjamin………89
フリードマン
　Friedman, Milton…………107
フリードリヒ大王
　Friedrich der Große……3,39
文化財保護法………………136
文化連邦主義…………………9
文政審議会………………16,80
『分団式各科動的教育法』
　………………………………193
分団式動的教育法…………66,193
『分団式動的教育法』………193
文治政治……………………42
文法学校……………………85
学識…………………………34
米国教育使節団……………18,119
米国教育使節団報告書
　…………………18,112,120,197,263
兵式体操……………………192
兵式体操導入…………………60
ペイン
　Paine, Thomas……………91
へき地教育及び特殊教育振興
　に関する答申………………144
へき地教育振興法…………129,144
ヘッドスタート・プロジェク
　ト……………………………104
ベル
　Bell, Terrel H.……………105
法律主義……………………19,122,123
法律に定める学校…………132
戊申詔書………………………65

ま行

前田多門……………………197
マサチューセッツ湾植民地
　…………………………………84
マッカーサー

MacArthur, Douglas
　　………………… 111, 120
マン
　Mann, Horace ………… 4, 95
ミシガン大学 ……………… 94
美濃部達吉 ………………… 69
明経道 ……………………… 36
明法道 ……………………… 37
民主主義 …………………… 198
民主主義教育 ……………… 123
無償学校法 ………………… 7
無償制 ……………………… 131
盲学校、聾学校及び養護学校
　への就学奨励に関する法律
　…………………………… 144
元田永孚 …………………57, 188
森有礼 …………… 15, 59, 189
モリル
　Morrill, Justin Smith …… 97
モリル法 …………………… 97
モルレー
　Murray, David ………… 57
文部科学省 ………………… 20
文部卿 ……………………… 13
文部省示諭 ………………… 78

文部省設置法 ……… 125, 141
文部省・文部科学省　中央教
　育審議会答申 ………… 267
文部大臣 …………………… 9

や行

勇敢ノ気 …………………… 192
ゆとり ……………………… 207
ゆとり教育 ………………… 156
ゆとり教育批判 …………… 158
洋学 ……………………… 45, 46
『幼学綱要』 ……………… 189
幼児期の教育 ……………… 169
洋書調所 …………………… 47
養老令 ……………………… 34
芳川顕正 …………………… 62
吉田茂 ……………………… 201

ら行

ラッシュ
　Rush, Benjamin ………… 92
蘭学 ………………………… 45
ラングラン

Lengrand, Paul ………… 167
陸軍日本語学校 …………… 111
リーツ
　Lietz, Hermann ………… 67
律令体制 …………………… 33
リュクルゴス制度 ………… 30
臨時教育会議 …… 8, 16, 79, 192
臨時教育審議会（臨教審）
　…………………… 149, 157
レディ
　Reddie, Cecil …………… 67
連合国軍総司令部（GHQ）
　…………………… 116, 197
連邦教育省 ………………… 13
ロエスレル
　Roesler, Karl Friedrich
　Hermann ……………… 61
6・3・3・4制 …………… 116
6・3制 …………………… 197
6年制中等学校 …………… 150
ロック
　Locke, John …………… 92
ローマ字 …………………… 198

編者・執筆分担

安藤　忠（あんどう　ただし）……………………………………第1章
日本大学法学部　教授

壽福隆人（じゅふく　たかと）……………………………はじめに、第2章
日本大学法学部　教授

執筆者（五十音順）・執筆分担

今泉朝雄（いまいずみ　ともお）……………………………………第6章
日本大学法学部・文理学部　非常勤講師

古賀　徹（こが　とおる）……………………………………………第3章
日本大学通信教育部　教授

関川悦雄（せきかわ　えつお）………………………………………第5章
日本大学文理学部　教授

羽田積男（はだ　せきお）……………………………………………第4章
日本大学文理学部　教授

藤原政行（ふじわら　まさゆき）……………………………………第7章
日本大学生物資源科学部　准教授

Next 教科書シリーズ　教育政策・行政

2013（平成25）年3月15日　初版1刷発行

編者	安藤　　忠・壽福　隆人
発行者	鯉渕　友南
発行所	株式会社　弘文堂　101-0062　東京都千代田区神田駿河台1の7　TEL 03(3294)4801　振替 00120-6-53909　http://www.koubundou.co.jp
装丁	水木喜美男
印刷	三美印刷
製本	井上製本所

©2013　Tadashi Ando & Takato Jufuku. Printed in Japan

[JCOPY]〈(社)出版者著作権管理機構　委託出版物〉

本書の無断複写は著作権法上での例外を除き禁じられています。複写される場合は、そのつど事前に、(社)出版者著作権管理機構（電話 03-3513-6969、FAX 03-3513-6979、e-mail: info@jcopy.or.jp）の許諾を得てください。

また本書を代行業者等の第三者に依頼してスキャンやデジタル化することは、たとえ個人や家庭内の利用であっても一切認められておりません。

ISBN978-4-335-00201-4

Next 教科書シリーズ

好評既刊

授業の予習や独習に適した初学者向けの大学テキスト

(刊行順)

書名	編者	定価	ISBN
『心理学』	和田万紀=編	定価(本体2100円+税)	ISBN978-4-335-00191-8
『政治学』	山田光矢=編	定価(本体2000円+税)	ISBN978-4-335-00192-5
『行政学』	外山公美=編	定価(本体2400円+税)	ISBN978-4-335-00195-6
『国際法』	渡部茂己・喜多義人=編	定価(本体2200円+税)	ISBN978-4-335-00194-9
『現代商取引法』	藤田勝利・工藤聡一=編	定価(本体2800円+税)	ISBN978-4-335-00193-2
『刑事訴訟法』	関 正晴=編	定価(本体2400円+税)	ISBN978-4-335-00197-0
『行政法』	池村正道=編	定価(本体2800円+税)	ISBN978-4-335-00196-3
『民事訴訟法』	小田 司=編	定価(本体2200円+税)	ISBN978-4-335-00198-7
『日本経済論』	稲葉陽二・乾 友彦・伊ヶ崎大理	定価(本体2200円+税)	ISBN978-4-335-00200-7
『地方自治論』	山田光矢・代田剛彦=編	定価(本体2000円+税)	ISBN978-4-335-00199-4
『憲法』	齋藤康輝・高畑英一郎=編	定価(本体2100円+税)	ISBN978-4-335-00204-5
『教育政策・行政』	安藤忠・壽福隆人=編	定価(本体2200円+税)	ISBN978-4-335-00201-4
『国際関係論』	佐渡友哲・信夫隆司=編	定価(本体2200円+税)	ISBN978-4-335-00203-8